VISUALIZING TAIWAN

A Spatial History

看得見的臺灣史

空間篇

30幅地圖裡的真實與想像

國立臺灣歷史博物館－策劃

蘇峯楠－主編

目錄

輯一　十七世紀以前的身影浮現

輯二 王朝與各方人群的交織輪廓

輯三 ✦ 帝國殖民下的大製圖時代

輯四 ✦ 二戰結束至今的多元表述

書系總序

看見臺史博，發現新臺灣

國立臺灣歷史博物館（以下簡稱臺史博）作爲典藏島嶼人民生活經驗與歷史記憶的首要機構，在「大家的博物館」的願景使命與「文化平權、知識平權」的理想信念下，自從籌備到開館二十多年來，已經累積了十四多萬件的文物，並舉辦超過一百場的特展。我們的常設展「斯土斯民：臺灣的故事」也在閉館十五個月後，於二〇二一年一月八日正式推出「交會之島」的更新展。「如何讓臺史博豐富的文物、紮實的研究、精彩的展示，以及各種實體和線上的學習資源更即時、更有效與更有趣地被更多人看見、欣賞及利用，進而展現具有臺史博特色及代表性的品牌形象？」正是全體館員同仁們共同思索和努力的目標。

「看得見的臺灣史」書系是本館同仁們回應上述課題的首度嘗試，大家結合了館藏文物研究、跨領域共筆及史普書寫的多重途徑，來面對大眾讀者的閱讀需求和品味。全書系規劃爲「空間、時間、人間」三部曲形式，每本作品選擇三十件代表性文物進行介紹敍事，並由各篇主編撰寫導讀。作者群除館內同仁，亦邀請相關領域學者專家參與，希望能達成「好看、好讀、好珍藏」的目標。

本書系首先推出的第一冊「空間篇」，以館藏地圖資料爲主要文物類型，各篇作品的編排兼顧通史時序及特色專題。第二冊「時間篇」從生活與文化入手，討論傳統歲時節慶、現代性時間觀、朝代政治更迭、以及集體與個人的時間記憶等專題。「人間篇」則呈現臺灣複雜的移民歷史與殖民經驗，從多元族群觀與社會生活史的視角來述說島嶼人群的動人故事。

整體而言，「看得見的臺灣史」書系是本館藏品研究與轉譯應用的集體努力，更是同仁們推動博物館歷史學的重要成果。作者群們從文物的生命史著眼，討論物件的歷史價值、物件轉換流通的過程、物件的材質特性、乃至於物件作爲博物館與社會連結的功能與意涵等多元面向。此一物件導向的規劃（object-oriented programming）目的，在於指出博物館歷史學不同於傳統文獻實證史學的特質，從而凸顯在博物館作歷史（doing history in the museums）所具有的公共性格、社會脈絡與時代精神。

面對當代博物館思潮、後疫情社會以及國際地緣政治的多重變局，臺史博將以新思維、新團隊與新行動，讓世界看見臺史博，發現新臺灣。

國立臺灣歷史博物館館長

導讀一

三十幅地圖，不只三十個看臺灣史的方法

國立臺灣歷史博物館研究組研究助理　蘇峯楠

在博物館做地圖史研究

臺史博自從在二〇〇一年入藏了第一批地圖文物後，地圖蒐藏工作仍持續進行，至今已累積了三千餘件地圖藏品，不僅是特色館藏之一，更可說是國內首屈一指的蒐藏成果。

目前這些文物大多可在臺史博「典藏網」（https://collections.nmth.gov.tw）檢索與瀏覽。為讓更多人認識這些館藏，臺史博也出版相關書籍，如二〇〇六年《經緯福爾摩沙：十六到十九世紀西方人繪製臺灣相關地圖》、二〇〇八年《測量臺灣：日治時期繪製臺灣相關地圖（一八九五—一九四五）》、二〇一〇年《臺灣輿圖暨解說圖研究》等；二〇一七年更推出「地圖很有事：地圖的臺灣史」特展，在展場向觀眾介紹地圖的豐富內涵。此外，許多臺灣地圖

史料皮藏於海內外，臺史博也嘗試整理與公開，如二〇一三年的《李仙得臺灣紀行》，即整理了美國國會圖書館藏李仙得手繪地圖相關資料；二〇一七年的《十八世紀末御製臺灣原漢界址圖解讀》，則針對旅法侯氏家族所藏的一幅長卷手繪臺灣番界圖進行研究。

這些成果，爲館藏臺灣地圖文物的蒐藏與整理累積了一定基礎，於是下一個要面對的課題便是：若每一幅地圖背後都有深刻故事，博物館該怎麼與大眾分享？此即《看得見的臺灣史・空間篇》這本書最主要的任務。

本書是以資料開放與面對大眾的方向，從館藏物件出發，結合歷史學與科學檢測分析進行研究，再以歷史普及書寫方法，與社會大眾分享臺灣地圖的精彩故事。因此，本書從大量館藏中挑選出三十幅地圖，由十一位館員採共筆協作模式進行研究與書寫。內容安排上，每一篇會先描述該圖的來龍去脈，接著在「地圖放大鏡」專欄中，針對有關該圖的時代、人物或圖像細節，以及博物館運用科學儀器發現的有趣線索等，進行深入介紹。

地圖的五百年臺灣史

本書收錄的三十幅地圖，各處於不同時代背景，最早的是一五二二年〈東印度與大韃靼地圖〉，最近的則是二〇一四年社會運動現場中的手繪地圖，整個時間跨度接近五百年。其內容與形式也不盡相同，既有嚴謹格式定義下的地圖或海圖，也有鳥瞰圖、宣傳漫畫、社會運動道具、手繪圖稿等具有地圖特徵的其它物件。

這些多樣的地圖，爲我們留下許多歷史線索，也讓我們對五百年間的臺灣能有不同焦距的觀看方式。像是從〈坤輿全圖〉能以宏觀角度確認臺灣在東亞與世界中的位置；而〈臺灣臺北城之圖〉、〈嘉南大圳平面圖〉、〈大日本職業別明細圖之內信用案內臺灣地方：彰化〉、〈始政四十周年記念臺灣博覽會鳥瞰圖〉、〈臺南市新舊街路名圖〉等，則帶我們進入地方城市、街區、生活環境或特定空間的微觀細節。

此外，這些圖也彷彿觀景窗，有著不同的觀看畫面。十七世紀澳門華人的〈艾爾摩沙島荷蘭人港口描述圖〉、十九世紀法國軍官筆下的〈內港繫泊處與澎湖群島圖〉、隨軍記者岸田吟香在《臺灣信報》中的〈臺灣全圖〉及戰事圖說、一八九五年山吉盛義編製的〈臺灣諸島全圖〉、日治初期的〈生蕃探險踏測圖〉、戰後上海發行的〈美麗富饒的臺灣省〉等，就呈現出不同人群對峙形勢下的特殊視野，與臺灣歷史舞臺上不同人群交會互動的過程密切相關。

空間的真實與想像

爲了走一條正確的道路，不論何時何地，人們都希望地圖可以幫助自己掌握空間訊息。統治者就是其中一種地圖的渴求者，也因此，許多地圖是由統治者或國家體系所生產，他們期盼在案桌與圖紙上就能迅速掌握大地輪廓，並且常動員龐人力物力來提升地圖的精確性。像是〈中國沿海地區海圖：廣東、福建與福爾摩沙島〉累積了荷蘭東印度公司於航海與臺灣探金所得情報；〈福建省圖〉是皇帝主導《皇輿全覽圖》其中一幅成果；《臺灣輿圖并說》誕生於官府「開山撫番」政策需求；臺灣總督府「理蕃事業」推動了〈五十萬分一臺灣蕃地圖〉的繪製；日、美、中接續製作聯勤版《臺灣省五萬分一地形圖》則是三個國家對臺治理與軍事行動的產物。這些地圖都在全力追求「精確」與「完整」，某程度上詳實記載了空間訊息，也因此能爲現在的我們提供不少歷史細節。

然而，理應精確的地圖所告訴我們的，眞的都是「眞實」嗎？像是〈中華領土及海岸線精確海圖〉的三島圖、〈福爾摩沙島與漁翁群島圖〉的橫躺臺灣、〈十九世紀臺灣輿圖〉的山水景觀、〈新高山阿里山案內〉的魚眼視野，卻也說明了臺灣地景會隨著不同觀點與描述而千變萬化。

甚至，地圖裡更不乏有虛幻之景的存在。十八世紀初期撒瑪納札編造的〈福爾摩沙地圖〉，是建立在部分眞實資訊上的空想地景；一九四二年〈米英擊滅大東亞建設大觀〉宣傳海報，畫出一大幅戰無不勝的帝國想像；一九五三年〈反共抗俄勝利中國疆域形勢圖〉，更在一九五〇年代冷戰局勢下，勾勒了整片從臺灣反攻亞洲大陸、直抵北極海的虛幻版圖。

地圖的空間，既有眞實、亦存想像。但重點可能不在眞假，而是人們紛紛用地圖表現自己對空間的理解與見解，甚至決定人們的行動策略。

大家的地圖：多元視野與聲音

卽便許多地圖是由權力者掌握，但也有人也用地圖來記錄與表達自己關心的事物，並藉以爭取資源或利益。十九世紀的傳教士用〈福爾摩沙島宣教地圖〉呈現長老教會宣教成果；海關工程師畢詩禮以〈南部福爾摩沙圖〉標示前往瑯嶠的路線；〈濁水溪上游聚落與道路手繪地圖〉則累積了民間漢人與布農族人長久互動下的空間知識。

此外，本書還特地挑選兩種來自大眾的手繪地圖。其一是一九三〇年代一名公學校小學生的手繪圖稿，雖然筆觸稚拙，卻可告訴我們地圖如何走進了這位小朋友與大家的近代日常生活之中。其二是二〇一四年三一八公民運動場合中，運動參與者製作的立法院周邊地圖，以及含有臺灣島圖像的各種看板道具。

這類手繪圖，與前面提到那些精繪細印的地圖完全不同，它們沒有嚴謹線條、精確比例、龐大訊息，卻反映了權力者之外更多人們的觀點與看法。這也提醒我們，更多人用地圖傳達自己的畫面與聲音；而當製圖愈自由，人們走的道路可能就愈寬廣。

未盡的第三十一幅地圖

本書收錄的三十幅地圖，也許還不足以稱作臺灣史上最精美、頂尖與傑出的作品。但本書關心的，其實是這些圖能爲我們道出哪些土地與人們的故事。

而臺灣的故事也並不會止於這三十幅地圖。會有那第三十一幅地圖，還收存於臺史博文物庫房、潛藏在其它館舍裡，或者就躺在你我家中或日常生活周邊，靜靜地爲時代留住各種訊息。大家可試著留意身邊的地圖。第三十一幅地圖的故事，也許就由你我接著講下去。

導讀二

地圖、臺灣、小王子

國立臺灣大學地理環境資源學系副教授　洪廣冀

收錄在本書中的三十張地圖，主角都是臺灣，共同呈現一部長達五百年的臺灣史。不過，若我們細究臺灣於這些地圖中現身的方式與姿態，同樣可以說，這些各有千秋的「臺灣們」，訴說著過去五百年製圖學（cartography）的變遷。

什麼是製圖學？從字面來看，carto 即為 card 或 chart，意指圖面；graphy 的字尾為 graphie，有著訴說與描述之意，這裡專指一種描繪土地特徵的知識，即地理學（geography）。因此，我們可以說，製圖學關心如何以圖面來記載、保存與傳播地理知識。從某地被製成地圖的歷史來書寫某地的歷史，為晚近大衆史學方興未艾的取向之一，史丹佛大學出版的 *Cartographic Japan: A History in Maps* 為相當膾炙人口的例子。各位手上這本書，以臺史博中珍貴的地圖收藏為經，館內研究者的心血結晶為緯，讓臺灣不至於在此蓬勃發展的文類中缺席。作為此 cartographic Taiwan 的導讀人，考慮到各圖已有精彩萬分的解題，為當中涉及臺灣之處做了細緻的梳理，我想就 cartographic 一詞多做說明。不過，不同於既有製圖學的教科書，我的切入點並非各種投影法，而是一本你一定知道的童書：《小王子》（*Le Petit Prince*）。

小王子在B612星球上遇到一位地理學家。他是個老先生，不停在編寫很厚的書。地理學家見到小王子時，驚呼「來了個探險家！」小王子問地理學家是做什麼的？老先生回答是「懂得山、海、城市位置在哪的科學家」。小王子對此答案感到滿意，說「這聽起來像是個專業」。

小王子環顧四週，問老先生是否知道自己的星球。老先生說他一概不知。小王子感到疑惑；老先生則解釋，「地理學家太重要了！」他不能分神去散步。他要做的是在自己的工作室裡接見探險家，記錄他們從遠方帶來的資訊；與之同時，他也要調查這些探險家的品行，確保這些資訊是可信的。

在解釋何謂地理學後，老先生開始訪問小王子，問小王子的星球上是否有什麼「永恆」的東西值得記錄。小王子說他關心的是他的花。地理學家回說他不關心花，因為花是稍縱即逝的。小王子感到懊悔。他說他的花只有四枚刺來抵抗這世界，而他卻把她留在家裡。

惦記著他的花，小王子啟程前往他的下一站：地球。

細讀前述段落，我們大概可體會到《小王子》作者聖修伯里（Antoine de Saint-Exupéry）對地理學家的不屑。地理學家怎麼可以四體不動地端坐在研究室中，靠著「接見」探險家來獲取知識？地理學家怎麼可以只把焦點放在那些他以為是永恆的事物，卻忘了駐足，欣賞路邊綻放的花朵，甚至還mansplaining，妄稱某人心繫之物稱不上永恆，不值得放在地圖上？即便我認爲前述質疑完全合理，在某個程度上也抓準了地理學研究的特色；但作爲地理學史的研究者，我仍想爲這位B612的地理學者辯解。事實上，回到《小王子》成書的五百年前，如此四體不動、認爲「不動卽永恆」的邏輯，是地理學得以成立、甚至被認可爲自然哲學（natural philosophy）之一支的主因。

尚未「著陸」的地理學

讓我細說從頭。早在十五世紀，受到亞里斯多德等希臘哲人的影響，歐洲的知識人認爲，世界是包含了土、水、氣、火等元素構成的環域（sphere）。位於中央者爲一個土球；該球浮在更大的水球中，露出個頭，人類與其它生物居住在其上。在土球與水球外圍則環繞氣圈與火圈；前者可理解爲大氣層，後者則含太陽、月亮、星星等天體。在此泛稱「文藝復興」的時期，地理學者已相當活躍於義大利、西班牙、葡萄牙等地的都市中。只是，與其說他們念茲在茲者爲geography，倒不如說是cosmography，卽他們關切者，不限於那個浮在水面上的土球，而是整個宇宙。十五世紀的地理學家得上知天文、下知地理——或者，更準確地說，他們得上知天文，方能下知地理。他們仔細觀察天體運作的軌跡，並以這些軌跡映照於地表上的線條爲經緯，爲在土球上活動的人群予以分類及定位。如同當代人多少相信星座與運勢間的關聯，十五世紀的地理學家相信，要掌握特定人群的性質，從而推估其過去、現在與未來，第一步便是探討該人群的位置如何對應至天上的星辰。即便在十五世紀已存在著地理學，但此「地理學」係衍生自宇宙學——地理學尚未「著陸」。

本書收錄的首幅地圖〈東印度與大韃靼地圖〉，即呈現此宇宙學的邏輯。首先，我們看到製圖者以梯形表達那顆突出水面的穹頂。再者，我們看到一條條線條將圖面切割成數個方格，讓「東印度與大韃靼」的地形地貌、風土民情都可擁有絕對且單一的座標。最後，在圖的邊緣，除了有數字列明這些線條的度數外，我們還可看到 clima 的小字。Clima 即爲氣候（climate），但此處的「氣候」與目前認知之「氣候變遷」的氣候，並不完全一致。那是個人們還認爲身體由多種體液所組成的時代。在此身體觀中，人出生與成長的「氣候」根本地形塑了各種體液組成的比例，從而影響人們的體質與心性。今日的地理學家稱此爲「氣候決定論」，即認爲居住於溫帶的人們體質較爲堅硬、性格剛毅，而居住於熱帶的人們則正好相反。氣候決定論無疑是僞科學；然而，以十五世紀的標準，這反映一群知識精英對宇宙永恆眞理的追尋。他們爲天上的星辰、地表的紋理，以及人群中間的差異所著迷，期待能「一以貫之」。在希臘哲人的知識遺產上，他們汲汲營營，最終成就一套自我圓滿——永遠能自圓其說的系統。

製圖的勇氣

什麼讓這套體系出現裂痕？什麼時候地理學才與宇宙學分家？答案即是地理大發現。在〈東印度與大韃靼地圖〉中，我們已可看到製圖者費力整合如馬可波羅等旅行者自所謂「東方」

帶回的資訊。事實上，就在該圖成圖的十六世紀上半葉，如此想像正吸引著一批又一批的航海家前往東方。回到前述十五世紀的宇宙觀，不難想像這些航海家需要多大的勇氣。難道他們不會害怕就此迷失在漫無邊際的水球表面？這個水球是否有邊界？若有，航行至該邊界時，他們會不會如爲瀑布捲入的一葉孤舟，落入不知伊於胡底的深淵？

當然，我們已知道，宇宙學家以爲會發生的慘劇並未發生。正好相反，當哥倫布於十五世紀末期「發現」了美洲，十六世紀初麥哲倫及其團隊完成環繞地球一週的壯舉，那套繼承自希臘哲人的宇宙學已岌岌可危。什麼給了這些航海家挑戰權威的勇氣？答案就在收錄於本書中的〈中華領土及海岸線精確海圖〉、〈福爾摩沙島與漁翁群島圖〉等圖。這些圖的特色有二：一爲羅盤指引的方位，二爲從各方位放射而出的航線。這是所謂 **Portolanos** 的製圖傳統。自十三世紀以來，隨著羅盤逐漸普及，地中海世界的航海人們發展出如此結合羅盤與航海所需之技術細節的製圖風格。遵循此傳統的製圖師，不太在意希臘哲人或宇宙學家說些什麼；他們關心的是如何操控船隻才不至於觸礁，或走那條路線才能最安全地靠岸。然而，就是這些實際、乍看之下「卑之無甚高論」的知識，爲啟蒙運動添了不可或缺的柴火。當越來越多人體會到，人們踩著的土地並非一顆浮在水球上的土球，而是由大陸與汪洋共組的「地球」，有位名叫哥白尼的宇宙學家，便開始思考，有無可能，這顆「地球」並非世界中心，反倒是繞著太陽轉的行星之一；當越來越多關於航海的技術細節湧入，有位叫牛頓的大學教授，開始思索潮汐與萬有引力的關聯。啟蒙時代的大思想家培根（Francis Bacon）表示，在其著作《大復興》（*Instauratio Magna*）中，對於自然奧祕的探索，就如同前往未知的大海。航向大海的人們需準備指南針，在面對自然時，人們也需把心靈鍛鍊地如指南針般地敏銳。培根對航海家的敬意，在該書封面上顯露無遺——那是艘大船駛入知識殿堂之景。對培根而言，航海代表了啟蒙最爲重要的精神：勇於求知。

現在我們知道，地理學家得四體不動、在工作室中接見探險家的理由。在那個資訊過量（information overloaded）的時代，他們一方面得消化從四面八方湧入的資訊，不停地修正、補充、推翻目前所知之地球最合理的樣子。另一方面，地理學家也明白，要推動此地理學計畫，他們得判斷那些資訊是可信的。設身處地地想，若你是這位B612上的地理學者，你該如何判斷，在你面前侃侃而談、號稱帶來福爾摩沙島及其周邊之地理資訊的，是在被荷蘭人俘虜期間、悉心搜集大員港之空間資訊的迪亞茲（Salvador Díaz），還是號稱來自福爾摩沙、實際上卻只是想利用當時對地理學之興趣牟利的法國人撒瑪納札（George Psalmanazar）？

捕捉稍縱即逝之物

B612的地理學家恐怕也難以想像，竟有地理學家關心者非永恆之物，反倒是稍縱即逝之事。

成圖於十九世紀前期的〈十九世紀臺灣輿圖〉，是這群「異類」地理學者的作品。對清代臺灣史略知一二的讀者，大概對此類山水畫式的輿圖不會陌生。然而，讀者應該也會納悶，到底是出自怎樣的視角，才會把臺灣畫成這幅模樣？如〈中華領土及海岸線精確海圖〉等圖，雖說當中的臺灣看來有些滑稽，至少還可推敲我們已相當熟悉的臺灣島。山水畫式的輿圖則不然。不僅缺乏那種一覽無遺的視角；嚴格說來，這些圖根本沒有視角。當我們在說視角，通常會指一個端坐不動的觀看者，如此的觀看才會有角度可言。然而，山水式的中國地圖中，觀看者的位置是不停游移的。以〈十九世紀臺灣輿圖〉爲例，你只能說這是一個由西往東的觀看方式；但這個觀看者究竟座落何處，卻無從判斷。

爲何山水畫式的中國地圖會與同時期的歐洲地圖呈現如此分歧？理由恐怕是，對這兩類製圖傳統的實踐者而言，值得納入地圖者，根本就不一樣。當地理大發現時期的地理學者，念茲在茲者爲定位山脈等「永恆之物」，他們地球另一端的同僚，傾向主張製圖的目的之一是捕捉土地上流淌而過、變動不居與稍縱卽逝的「氣」。如同中醫將身體想像爲大地，傳統中國之製圖者往往將大地想像爲身體；當受道教影響的中醫有時將人體描繪爲有男人在耕田、女人在織布、有條河流從尾椎直通天靈蓋、而天靈蓋則有人端坐修行的「內景」，地理學者悉心描繪山河地勢，彷彿這些土地的紋理相當於人體的經絡，爲氣得以流通的渠道。至於山水式地圖的「無視角」，則有個非常實際的理由。如〈十九世紀臺灣輿圖〉這樣的地圖並非 card 或 chart，而就是個長幅的畫作。在欣賞 card 或 chart 式的地圖時，你得將之攤平，定睛觀賞，山水式的中國地圖不期待讀者如此做。你會拿到一個卷軸；在將該卷軸的一頭拉出後，你先端詳一景，將看過的部分捲起，再移動至下一景。因此，當地理大發現後的歐洲地圖提供觀看者「一覽無遺」的感受，閱讀山水畫式的地圖時，你宛如坐在慢車中，望向窗外，看著緩慢後退的景緻。在這個意義上，山水畫式的地圖不僅要抓住流動之物，它也期待觀看者能親身經驗流動。

當然，正如地理大發現時期的製圖者，不時得消化航海者帶回的資訊，將之整合入最新版本的地圖中，前述山水畫式的製圖傳統，也會因與其它傳統接觸而有所改變。本書收錄的〈福建省圖〉與〈坤輿全圖〉兩圖，卽爲不同傳統撞擊、交融與交織後產出的傑作。前者雖採用當時最先進的歐洲測量技術，卻爲了忠實呈現當時清帝國之權力所及範圍，只畫了西半部的臺灣；後者則將本初子午線（零度經線）的起點定在北京，以符合「中國」作爲「世界中心之國」的地理觀。不過，相較於這兩幅地圖的好整以暇或精雕細琢，一八八〇年，大清帝國的製圖者忙不迭地刊行了《臺灣輿圖并說》，將原本不在〈福建省圖〉與〈十九世紀臺灣輿圖〉範圍內的東臺灣納入圖內。爲何會有如此轉變？根本原因是，他們在地球彼端的同僚，竟關心起植物這樣「稍縱卽逝之物」。

帝國尺度與鄉土

植物學史研究者常稱十八與十九世紀的植物學爲「大科學」或「帝國科學」；他們的意思是，如同二十世紀的物理學一般，此時期關於植物之分類、分布、馴化的探究，往往與帝國之治理與利益緊密交織。確實，當十七至十八世紀老牌帝國的利益多通過貿易而來，其在十八至十九世紀的繼承者，關心的是於境內氣候與土壤適宜之處栽植茶葉、罌粟、橡膠樹、金雞納樹、甘蔗等經濟作物。要讓植物爲帝國服務不是件容易的事；占有橫跨多氣候區的土地只是前提，更重要的是要爲這些土地劃界、分割、計算個別區塊的面積、衡量其生產力、釐清其所有者，以帝國為尺度，做出土地利用的規劃。

在此「圈地」的風潮中，地圖的意涵經歷地理大發現以來的另一波轉變。從〈臺灣信報及臺灣全圖〉、〈內港繫泊處與澎湖群島圖〉等圖都可看出，製圖者描繪的對象是「領土」，為「主權」所繫之處。面對寸寸進逼，擁有仿若客觀、公正與精確之測量技術的列強，大清帝國則忙不迭地啟動臺灣的「領土化」工程，但隨著臺灣被割讓予日本而無疾而終。自明治維新以來致力脫亞入歐的日本帝國，在半世紀的時光內，針對這個介於熱帶與亞熱帶間、地形與人群同樣複雜的殖民地，產製了大量地圖，將清帝國未竟的領土化工程，帶至歐陸帝國都難以企及的高度。

地圖也成為帝國臣民的基本素養。從郭金城先生捐贈的「手繪臺灣地圖」可見，就讀公學校的小朋友，得透過臨摹與抄錄，嘗試記憶臺灣的形狀，得知道有那些主要城市、有那些行政分區、那些物產（見〈大日本職業別明細圖之內信用案內〉），以及透過那些航線與母國及世界連結。可以想見，在其成長過程中，他一定會有各種機會，拿著〈新高山阿里山案內〉、〈始政四十周年記念臺灣博覽會鳥瞰圖〉等圖，揣摩一種特定的視野，按圖索驥地去認識臺灣人自己都不一定明白的「鄉土」。

如此鄉土臺灣的工程於二次戰後可說嘎然而止。如〈反共抗俄勝利中國疆域形勢圖〉所示，在反共抗俄、冷戰之意識形態所形塑的地理觀裡，相較於秋海棠狀的中華民國版圖，臺灣社會對於這個既像蕃薯、又如鯨魚的島嶼，並未被給予太多認識的機會（如最基本的地形圖，至一九七〇年代以前，都屬政府管制品）。雪上加霜的是，當臺灣社會有機會體認，地理課本上傳授的知識「已經是歷史了」（借用《這一夜，誰來說相聲》的名言），臺灣又被捲入所謂「全球化」的時代。人們歌頌著「地理的終結」或「地球是平的」，臺灣究竟在那裡，其時空特殊性為何，一點都不重要。

當然，我們都已明白，全球化後的全球非但沒有變平，甚至也未變圓，而是成為長著若干棘刺的怪獸。對此，臺史博的編輯團隊極具巧思地以二〇一四年三一八公民運動產出的地圖來代表此「地理之終結」的終結。如果說《海峽兩岸服務貿易協議》的目的是要讓臺灣寄生在某根棘刺之上，此企圖反倒激出了更紛雜異質的地理想像。

未來的地理大發現

如本書主編蘇峯楠所言，收錄在本書中三十張地圖，除了提供一個認識臺灣史的另類方式外，更希望能讓三十幅以外的臺灣地圖順利誕生。我完全同意峯楠的見解；但我也想要指出，就製圖學而言，這是個最光明的時代，同時也是個最黑暗的時代。之所以光明，係因我們現在可用手機輕易取得己身與周遭的空間資訊；之所以黑暗，也因我們現在可用手機輕易取得己身與周遭的空間資訊。當我們對於空間的理解多由商業衛星與電信公司所形塑，以及政府實際上可用某種理由掌握你的時空資訊，我們需要一種地理大發現，方能讓這三十幅以外的地圖能面向威權說話，保有其抵抗的力道，並確保更多元的地理想像，不至於因臺灣的輪廓逐漸明晰，反倒遭到排除或噤聲。

這不是件容易的工作。所幸，製圖學史告訴我們，如果說人類數百年繪製地圖的歷史有何規律，那就是新地圖永遠來自舊地圖的組裝與拼貼。在這個意義上，這三十幅地圖不會只是讓人們發思古之幽情的「史料」；它們或許可為新的「臺灣們」得以誕生的沃土，而這些臺灣可化身爲盛開的花朵，歡迎遠方的小王子回家。

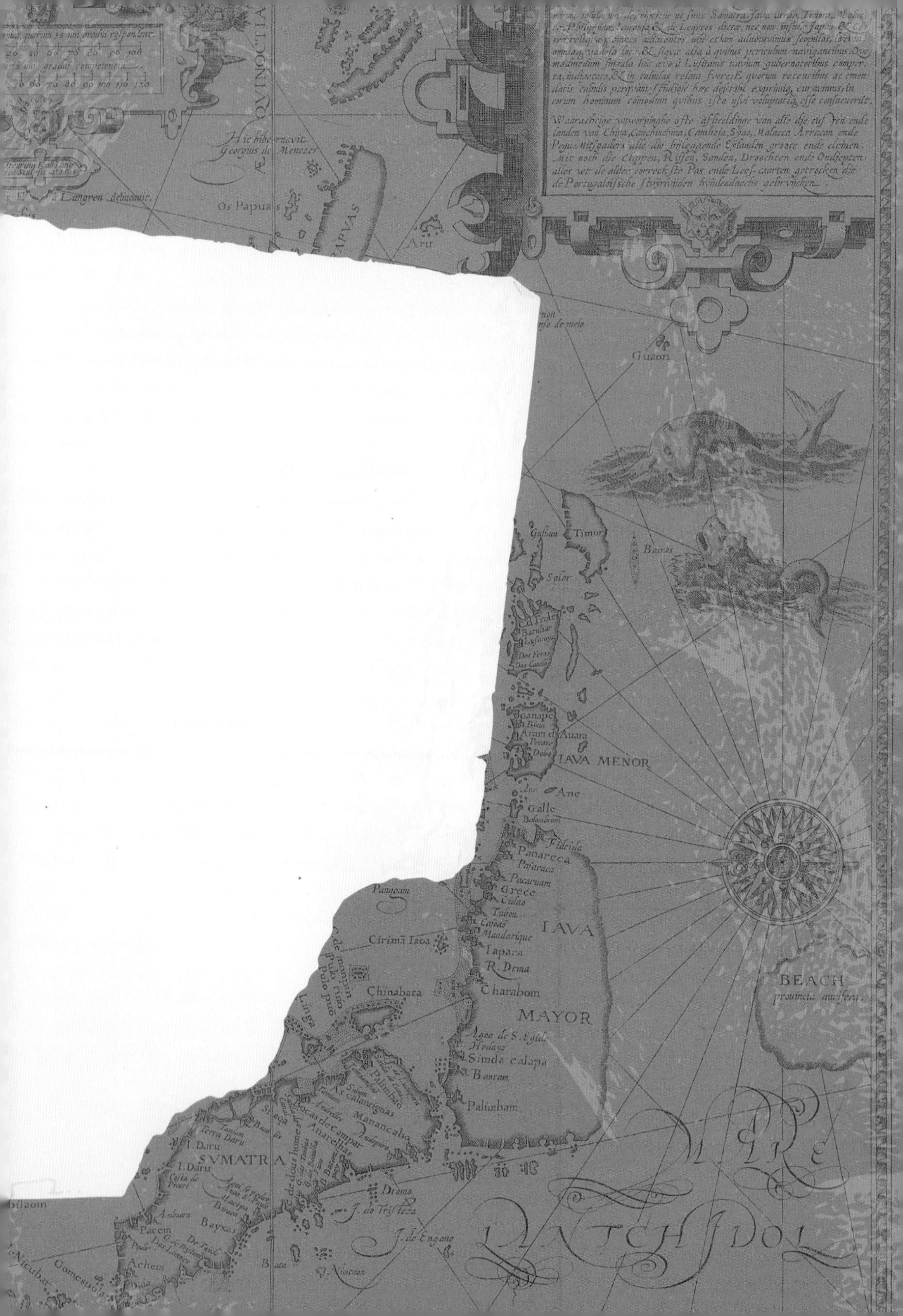
Hic hibernavit Georgius de Menezes
à Langren delineavit.
Os Papuas
PAPVAS
Aru
Guaon
Timor
Solor
Baixos
IAVA MENOR
Ane
Galle
Fideida
Panareca
Pasaraca
Pacaruam
Grece
Tuban
IAVA
Tapara
R. Dema
Charabom
MAYOR
Agoa de S. Egidi
Simda calapa
Bantam
Palimbam
BEACH
prouincia aurifera
Pangoum
Cirimã Iaoa
Chinabara
Linga
Palimbão
Manancabo
Anarellas
SVMATRA
Terra Daru
I. Daru
Ambuara
Baixas
Pacem
Achem
Gomespola
Nicubar
Dromo
I. de Engano
MARE
Waarachtige wtworpinghe ofte afbeeldinge van alle die cust ende landen van China, Cauchinchina, Cambaja, Syao, Malacca, Arracan ende Pegu. Mitsgaders alle die bijleggende Eylanden groote ende cleinen. Mit noch die Clippen, Riffen, Sanden, Droochten ende Ondiepten: alles wt de alder correckste Pas ende Lees-caarten getrocken die de Portugaloische stuyrluyden huydendaechs gebruycken.

輯一

十七世紀以前的身影浮現

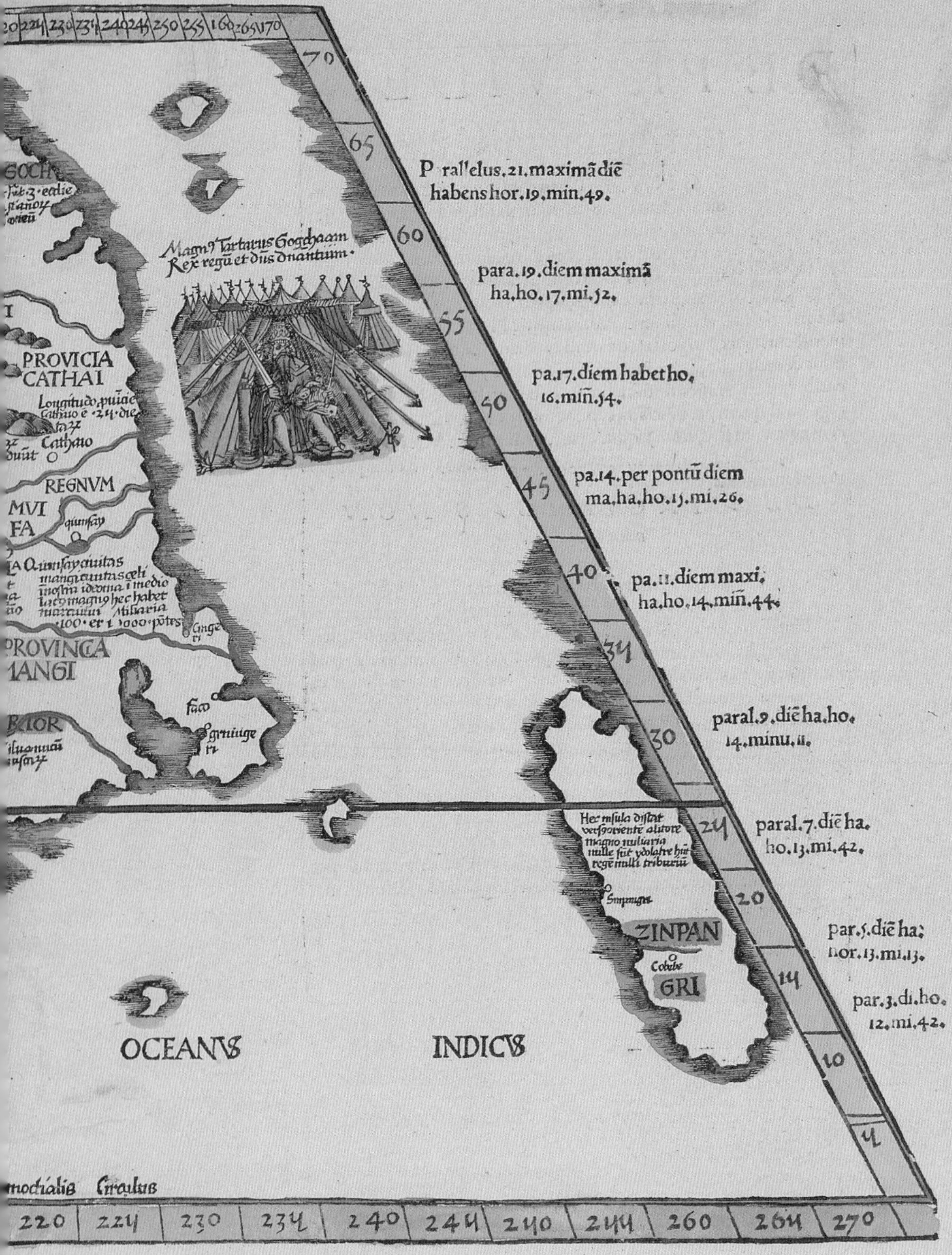

Magnus Tartarus Gogchaam
Rex regũ et dñs dnantium.
PROVICIA
CATHAI
REGNVM
MVI
FA
PROVINCIA
MANGI
ZINPAN
Cobibe
GRI
OCEANVS
INDICVS
P rallelus.21.maximã diẽ
habens hor.19.min.49.
para.19.diem maximã
ha.ho.17.mi.52.
pa.17.diem habet ho.
16.miñ.54.
pa.14.per pontũ diem
ma.ha.ho.15.mi.26.
pa.11.diem maxi.
ha.ho.14.miñ.44.
paral.9.diẽ ha.ho.
14.minu.11.
paral.7.diẽ ha.
ho.13.mi.42.
par.5.diẽ ha.
hor.13.mi.13.
par.3.di.ho.
12.mi.42.
70
65
60
55
50
45
40
35
30
25
20
15
10
5
220 225 230 235 240 245 250 255 260 265 270
noctialis Circulus

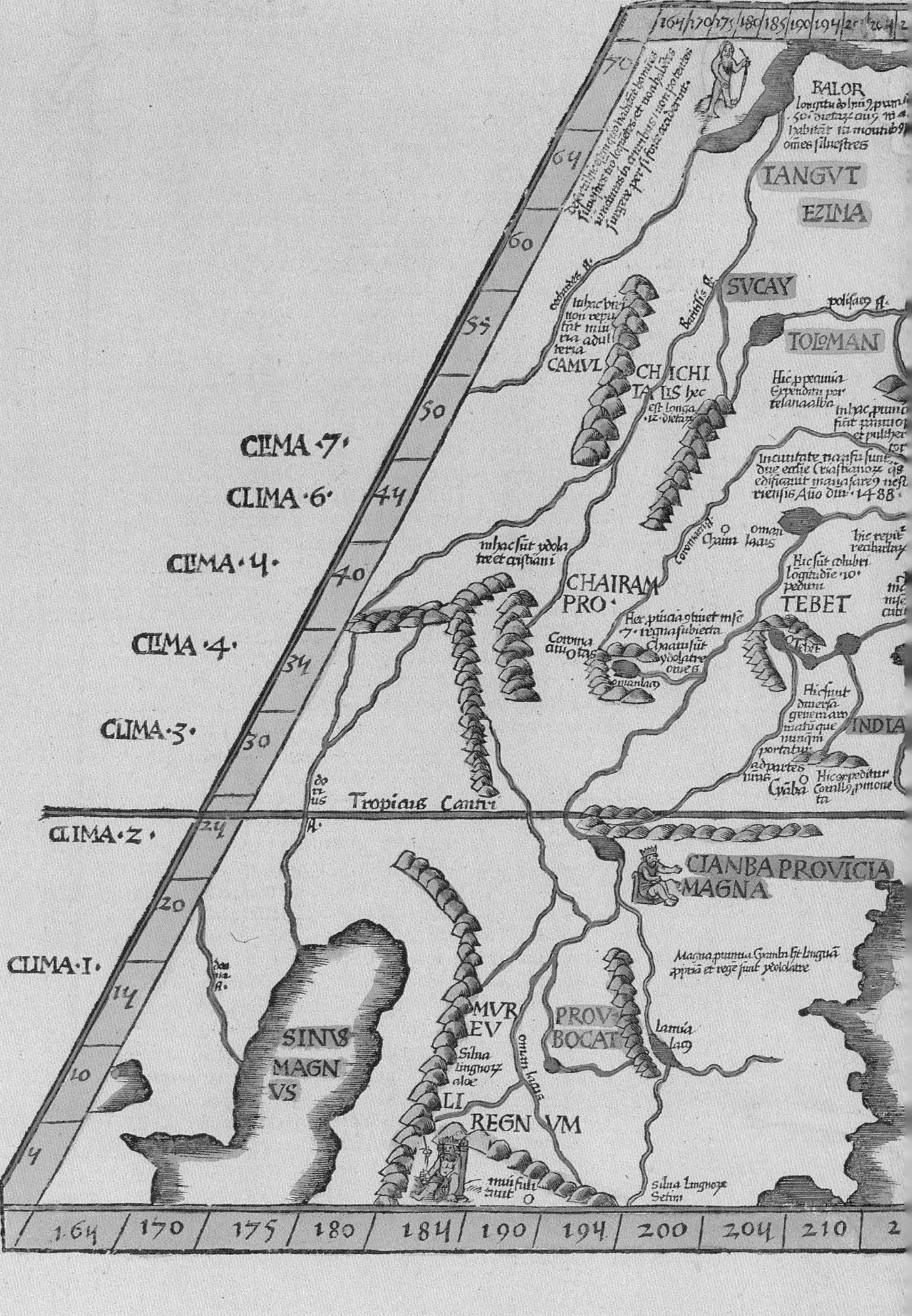
CLIMA ·7·
CLIMA ·6·
CLIMA ·4·
CLIMA ·4·
CLIMA ·3·
CLIMA ·2·
CLIMA ·I·
164 170 175 180 185 190 194
70
64
60
55
50
44
40
34
30
24
20
14
10
4
BALOR
omes siluestres
TANGVT
EZIMA
SVCAY
TOLOMAN
CAMVL
CHICHI TALIS hec est longa ·12· dietaz
Hic p pecunia expenditur pro tela na alba
TEBET
INDIA
CHAIRAM PRO·
Tropicus Cancri
CIANBA PROVICIA MAGNA
Magna puincia Cyanba hz linguā ppriā et regē sunt ydolatre
SINVS MAGNVS
MVR EV
PROV BOCAT
LI REGNVM
Silua lignoz aloe
Silua lignoz Setim
1·64 170 175 180 184 190 194 200 204 210

01 臺灣島的初登場？

東印度與大韃靼地圖

館藏號 2003.014.0001
年代 1530 年
材質 紙
尺寸 35.7 公分 × 54 公分

被攤平的亞洲大陸

一般我們看到的地圖是以攤平的四方格子呈現，不過這張〈東印度與大韃靼地圖〉（Tabula Suprioris Indiae et Tartariae Maioris）卻是用一個很像梯形、上寬下窄的畫法去呈現，這是早期繪製地圖所使用的投影方法之一。地球是個球體，梯形投影法就像是在地球球體取出某一區塊，然後加以平面化，所以就會看到這種緯度高的地方較窄，而越往低緯度則逐漸變寬的梯形地圖。

畫出這張梯形地圖的人是弗里斯（Lorenz Fries），依現在的國籍區分，算是德國人。十五、十六世紀西方人所繪製的世界地圖，基本上是繼承古希臘地理學家托勒密（Claudius Ptolemy）一五〇年的《地理學》（*Geography*）再加以重製，所以常被稱爲「托勒密式」的地

麥卡托（Gerard Mercator）於1578年出版的「托勒密式」世界地圖。（館藏號 2018.021.0009）

圖。這張圖也是當中具代表性的一張。

新舊混雜的亞洲觀

雖繼承托勒密的世界觀，弗里斯也補充不少新知，使得這張圖也呈現出歐洲文藝復興以來，關於東亞、南亞地區的新地理知識。這套新的地理知識，主要根據馬可波羅的《東方見聞錄》（*Livres des Merveilles du Monde*）。地圖雖沒有標示「中國」這個名字，卻有馬可波羅所使用的一些名字，像是位於中國東海岸的「Quinsay」（京師，即杭州）。由於馬可波羅對於杭州的描寫，杭州也成爲當時西方地圖特別喜歡標記的中國城市之一。不過此圖倒是沒標示出馬可波羅也提到的中國名城「Zaiton」（刺桐，即泉州）。另外，馬可波羅提到的黃金之國「Zinpangri」（日本）則位於與中國隔海相望的突出位置。

本圖左下角孟加拉灣處，標示爲「大海灣」（Sinus Magnus），太平洋則標示爲「印度洋」（Oceanus Indicus）。這是因爲當時歐洲人對於東亞的知識尚在發端時期，多視東亞爲印度的附屬地區之故。本圖底邊爲赤道，紅線則爲北回歸線。雖然整個中南半島都應該在赤道以北，弗里斯綜合馬可波羅遊記的記載時，似乎將整個東南亞誤置於赤道以南。

本圖底邊起中南半島上，如「Bocat」地區卽爲柬埔寨、「Cianba」爲占婆（今越南中南部）、「Mangi」指稱蠻子所統治的地區，爲元代漢人所在的華南一帶，北部「Cathai」卽華北蒙古人所在的契丹區域，並以龐大數量的帳棚來顯示其威勢。南北兩區之間爲西藏高原（Tebet）所分隔，孟加拉（Bangal）則誤置於其東側。日本繪製於北回歸線下，也應是出於猜測。

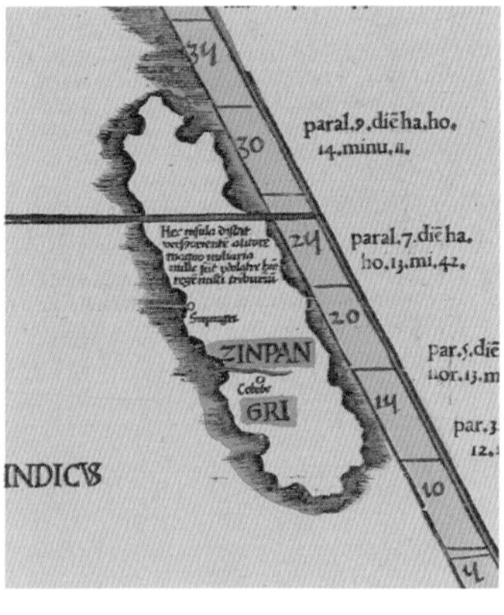

〈東印度與大韃靼地圖〉中的日本（Zinpangri）。

島嶼浮現中

值得注意的是，日本與東亞大陸間的一座小島，也位於北回歸線上，無地名標記。有些讀者或許會認爲那可能就是臺灣，但這個聯想目前沒有直接證據支持。基本上，在一五四〇年代

1540年出版的〈東方亞洲圖〉（Die Länder Asie nach ihrer gelegenheit bisz in India, werden in diser Tafel verzeichnet）局部。中國東邊大海只畫了許多島嶼，連日本也未標示，中國內陸則標示出 Quinsai（京師），即南宋的都城臨安（今浙江杭州）。（館藏號 2003.014.0018）

以前，歐洲人的地圖對於日本以南，琉球、臺灣海域一帶的描繪相當簡單。雖然葡萄牙人在一五一〇年代已航行至廣州灣，甚至北上到福建沿海，但是新的航海認識並沒有反映在地圖的繪製上，遑論這個時候對於東亞的地理認識，還是以幾個世紀前馬可波羅的《東方見聞錄》爲基調。

一五四〇年代以後，琉球、臺灣一帶海域才開始有較詳細的描繪。不過在十六世紀，臺灣在「琉球」概念混淆不清的狀態下，還是模糊的多島形象。等到十七世紀歐洲海權國家來到臺灣後，歐洲人對於臺灣一島的概念才逐漸清晰，並顯示在地圖上。（石文誠）

延伸閱讀

・呂理政、魏德文主編，《經緯福爾摩沙：十六－十九世紀西方人繪製臺灣相關地圖》。臺南：國立臺灣歷史博物館，二〇〇六。
・陳宗仁，〈Lequeo Pequeno 與 Formosa：十六世紀歐洲繪製地圖對臺灣海域的描繪及其轉變〉，《臺大歷史學報》四一期（二〇〇八年六月），頁一〇九－一六四。

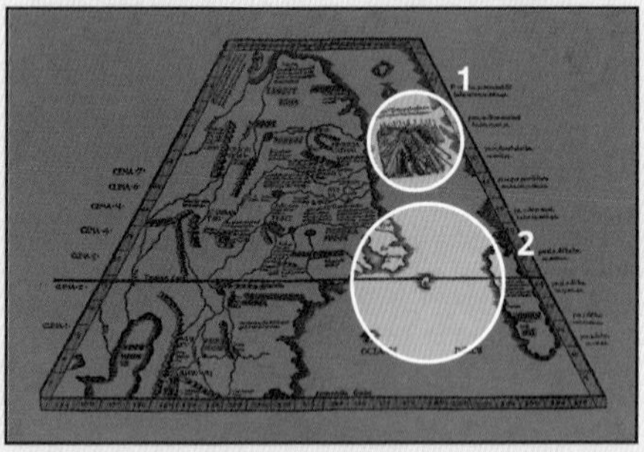

2

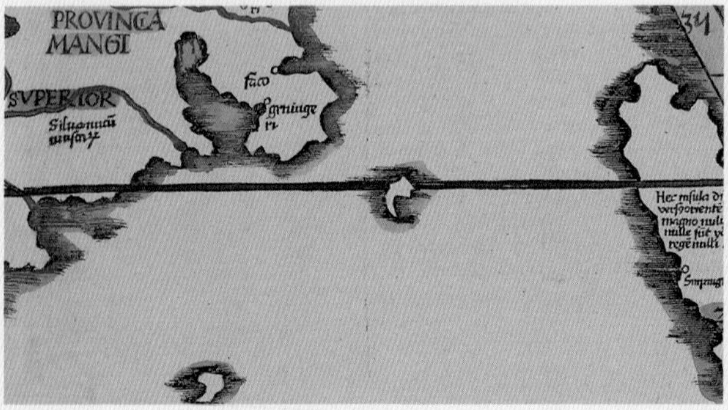

1

1－忽必烈

圖中契丹區域旁，畫了一個坐在營帳內、手拿雙劍王者形象的人，此人即蒙古大汗忽必烈。馬可波羅的遊記中描述他在元朝的都城大都拜見了忽必烈。忽必烈在馬可波羅的筆下是位仁民愛物的君王，馬可波羅對他印象極佳。

2－木版印刷

這幅圖是以木刻版、凸版印製而成。凸版（relief，或常稱作 letterpress）是在印刷版上將要印出來的部分保留，而畫面留白之處便從印刷版上剔除。

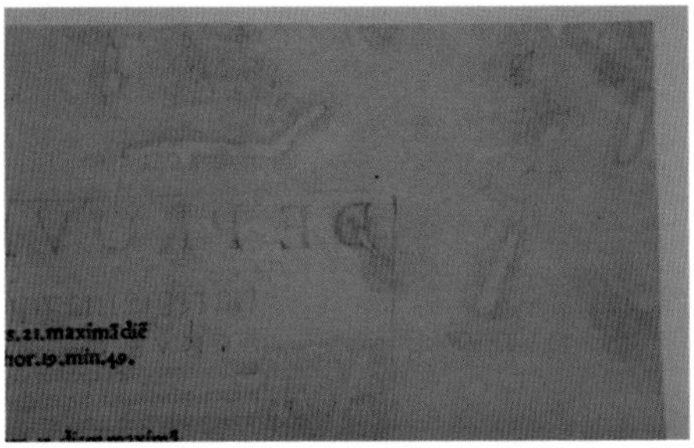

蟲蛀補洞

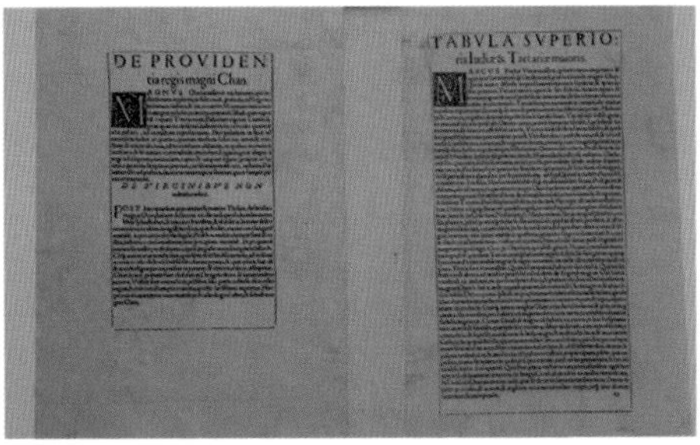

背面與中間的補紙

◇原本的模樣

在許多地圖上，可以仔細觀察到紙張單邊的邊緣，有時會是平整、或有時會是不甚平整的利邊割痕，它們間接證明了地圖原先可能是屬於書籍上的某頁附錄，後來因故割下來，而此件地圖的正中央摺痕，以及背面的印刷內容及補紙，也是另一種從書籍上裁切下的證據；此外還可以在畫面右上方，找尋到幾處紙張基底顏色不均的紋理，這其實是代表著書頁紙張曾受蟲蛀，再從後方以類似的紙張進行修補的痕跡，修補有可能是基於擁有者欲妥善保存的美意，也有可能是古物商為了「賣相佳」所進行的修飾，但無論如何，被蟲吃掉的部份已一去不復返。

◇凸版的辨識技巧之一

另外從文字的邊緣也能略微觀察到凸版的蛛絲馬跡，C字體邊緣有一些不屬於該字體的油墨，造成原因有很多，例如印刷的壓力、紙張種類、版印側面油墨因積墨而沒有清版等。（鄭勤思）

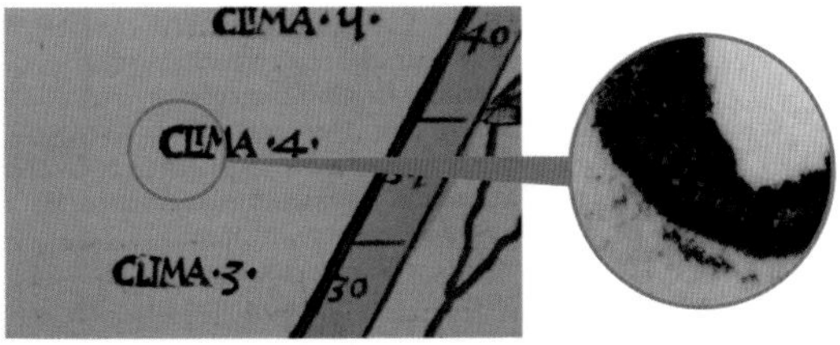

在 60 倍放大下，可以清楚看到左下方好像髒汙的油墨痕跡，放大處若以肉眼檢視較難查覺。

QVINOCTIALIS
NOVA GVINEA
OS PAPVAS
Os Papuas
I.d'agoada
I.dor Graos
I.das Palmeiras
Aru
Guaon
Patines
Caylaõ
I.Cenaõ
Batochina
Banda
Amboyno
I.da Talaya
Carangaõ
Ternati
Molucca
Mindanao
Xulla
Burro
Terra alta
Batombor
Timor
Solor
Baixas
Tagima
Sagim
Pangicaz
CELEBES
I.de S. Marta
Boqueiram
BORNEO
Borneo
Monte de S.Pedro
PuloTigao
Mon Pracem
B.Borublo
Bianacaõ
Nusasira
IAVA MENOR
Ane
Galle
Gicaliam
Crimata
I.de Madura
Panareca
Grece
IAVA
Iapara
R.Dema
Charabom
MAYOR
Cirimã Iaoa
Chinabara
Simda calapa
Bantam
Palimbam
BEACH
provincia aurifera.
Naruna
Ariabo
Pulo hube
Pulo Timaõ
Pedra branca
I.de Bintam
Linga
Malacca
Queda
SVMATRA
I.Daru
I.das Lorras
Apoluoreira
Pacem
Achem
Bayxas
Gomespola
Nicubar
J.de Engano
J.do Tristeza
Dramo
MARE
LANTCHIDOL
F. à Langren delineavit.

TROPICVS CANCRI
I. de Ladrones
C. dos Cestos
Meacum
IA:
PAN
Xicoca ins.
Hiu
Ionsa
Amangu
Minas de prata
Firando
Tuxima
Correa
IAPONES
Santa Clara
Lequeo grande
Las dos hermosas
Costa de Coray
I. dos Ladrones
ILHA DE COREA
C. de Liampo
Timbacam
Olepeyo
Sumbor
Liampo
I. de Lanquim
Das Reys Magas
SINENSIS
OCEANVS
Lequeo pequeno
NANQVII
CHEQ
VIAM
FOQVI
EM
CHINÆ
HONAO
PARS
CAN:
TAM
I. de Lamao
I. Brancos
Pulo Cao
Bona Ventura
Sanchoam
Omandari
I. de Pracel
Pulorio
Ponta de Aynam
Pulo Coram
Pulo S. Polo
QVANCII
QVI: AICII
FVQVAM
QVICHEV
SANCII
IVNNA
SVCHVAN
SVINAM
CAVCHI
INCHINA
SIAM
PEGV
Cochinchina
Enseada de Canchinchina
Terra Alta
Philippine
LVCONIA
INSVL
PHILI
I. dos Maraloces
CAMB
Camboia
Auarella
C. de Pulo Cecir
Pulo Tanaceri
Durudiua
Nacondan
Andemaon
I. de Mazaro
I. de chaibube
Bengala
Chatigam
Lacus Cin cui Hay
BRAMAS. R.
Chiamai Lacus
INDIÆ
INTRA
AVA
GANGEM PARS
40
35
30
25
20

02

裂成三塊的臺灣

中華領土及海岸線精確海圖

館藏號 2003.015.0002
年代 1596 年
材質 紙
尺寸 44.3 公分 x 58.3 公分

知識即商品

〈中華領土及海岸線精確海圖〉（Exacta et accurata delineatio cùm orarum maritmdrum tùm etjam locorum terrestrium quae in regionibus）原收錄在荷蘭人林斯豪頓（Jan Huygen van Linschoten）一五九六年編輯出版之《東印度水路誌》（*Itinerario, voyage, ofte schipuaert naer Oost ofte Portugaels*）一書中。林斯豪頓曾在葡屬印度果亞（Goa）停留五年時間，擔任葡萄牙駐果亞大主教書記或文書人員，因此有機會閱覽、抄寫葡萄牙關於亞洲東印度地區的文獻資料。

林斯豪頓藉機抄寫資料，行徑似乎有點像是潛伏的間諜。其實在十六、十七世紀的歐洲，這種刺探商業或政治機密的行爲時有所聞。當時關於各國商業機密的資訊本身便是一

林斯豪頓肖像。
（館藏號 2003.015.0168）

種商品，待價而沽，各出版商爭相購買。視爲極端機密的商業資訊，在競爭激烈、有利可圖下，被以各種管道付諸出版。

林斯豪頓回到荷蘭後，於一五九五年完成《東印度水路誌》，隔年交由阿姆斯特丹出版商出版。此書是一部以果亞爲中心，介紹葡萄牙在東印度各地狀況的見聞錄。書的原名「Itinerario」同於英文「Itinerary」，也就是旅程計畫、旅行導覽之意。它是當時荷蘭人瞭解東印度地區的重要導覽書，也對幾年後荷蘭人的海外探險事業起了一定的功效。

被繪製成三塊的臺灣

圖中臺灣一帶記有「I. Fermose」、「Lequeo pequeno」（小琉球），以及旁邊的無名島，而無名島旁邊的無名小島有可能是澎湖群島。這種所謂「三島型」的臺灣地圖在當時歐洲頗爲流行，大概到十七世紀三〇年代以後，才逐漸被單島樣貌的臺灣所取代。

本圖與另一位荷蘭製圖師普朗修斯（Petrus Plancius）於一五九四年所繪製的〈香料群島海圖〉（Insulae Moluccae celeberrimae sunt ob Maximam aromatum copiam quam per totum terrarum orbem mittunt）一樣，都把臺灣標示爲三個島嶼，而兩幅圖都一再被翻印流傳。若由近代初期東亞海域史的角度來觀察，此張以東方爲上位，臺灣橫躺的地圖正表現漢人所稱「東洋航線」所及的大致空間範圍：北至琉球、日本，南到呂宋、婆羅州、爪哇等地。以東方爲上位，這樣的視角恰好也看出臺灣與澎湖在東洋航線上的樞紐位置。臺灣在圖中描繪的比實際面積大，也可視爲臺灣受到關注，而逐漸浮現於世界歷史舞臺。

雖然這張圖表現歐洲人對亞洲地區的最新描繪成果，但也夾雜一些虛構想像的地理觀。例如林斯豪頓參考了馬可波羅遊記，將神祕的貝阿克島（Beach）描繪在地圖的右下角，有人認爲似乎接近之後被發現的澳洲地區。還有海面上的海怪巴勒亞（Balena）、陸上犀牛等動物的描繪，都是西方人常見的世界觀的投射。當時西方人繪製的地圖，基本上是「歷史文化」地圖，常常是各種知識概念與地理觀的濃縮與總結，調製出一個最符合期待與吸引目光的地圖版本——畢竟這是商業地圖，是要對外販售的。從這個角度來看，古地圖不只有空間觀，還隱含多重的時間觀。（石文誠）

延伸閱讀

陳宗仁，〈Lequeo Pequeno與Formosa：十六世紀歐洲繪製地圖對臺灣海域的描繪及其轉變〉，《臺大歷史學報》四一期（二〇〇八年六月），頁一〇九－一六四。

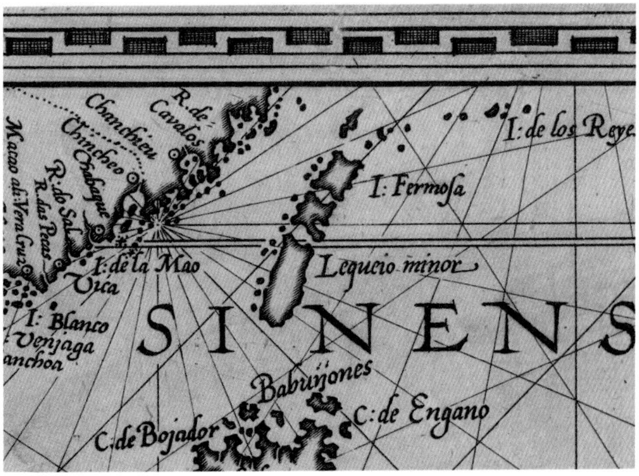

▲ 林斯豪頓地圖中的臺灣一帶，被描繪成三個島的型態。

▼ 普朗修斯於1594年所繪製的〈香料群島海圖〉中的三島型臺灣，與林斯豪頓的圖略有不同。圖中的小琉球（Lequeio minor）是三島中最南之島，林斯豪頓則把小琉球置於中間。（館藏號2018.021.0012）

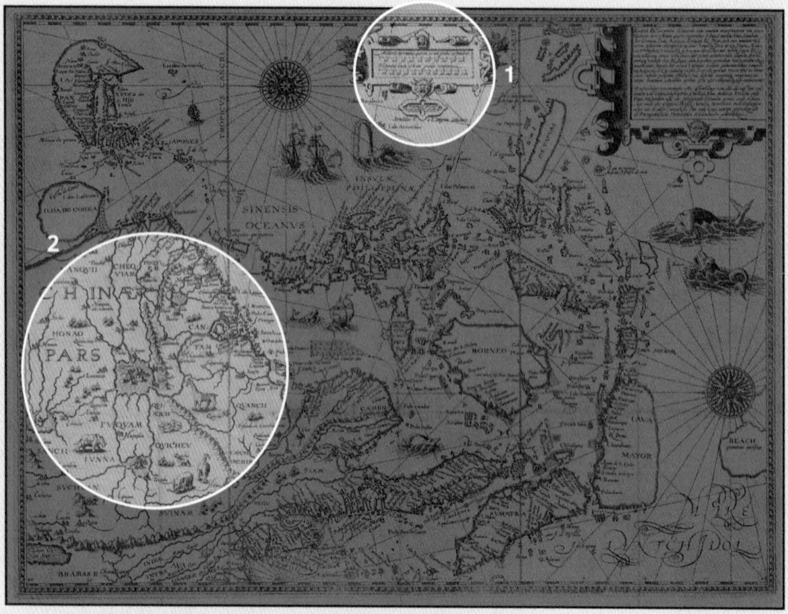

1 — 荷蘭製造

圖上張嘴怪獸下方的文字框內，寫著製版者的名字及製版年代：Arnoldus F. à Langren 及 Henricus à Langren、一五九五年，此圖是由阿姆斯特丹的地圖印刷工房製版。十六世紀末到十七世紀，荷蘭是歐洲製圖學發展的中心地區，阿姆斯特丹有許多地圖的印刷工房。

2 — 葡萄牙原產

根據林斯豪頓自己的說法，本圖是取自當今葡萄牙海員使用的最正確海圖。他這麼說倒也非自我吹噓，《東印度水路誌》一書就是根據葡萄牙人的許多機密資料所寫成的。其中的中國部分應該相當程度參考葡萄牙製圖師巴爾布達（Luis Jorge de Barbuda）一五八四年所製的〈中國地圖〉（Chinae, olim Sinarum regionis, nova descriptio），二圖對於中國內陸的描繪有許多細節相仿。

2

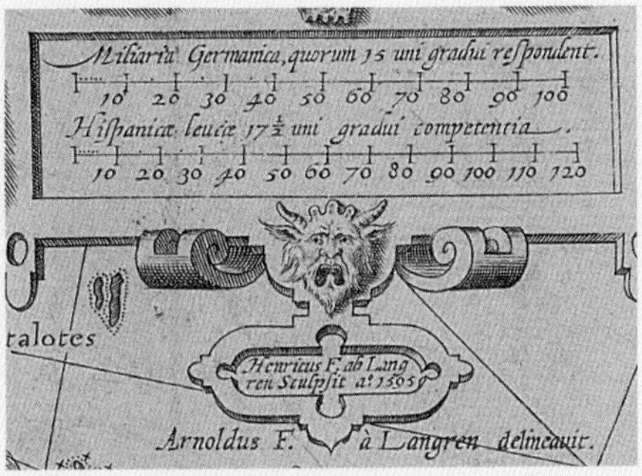

1

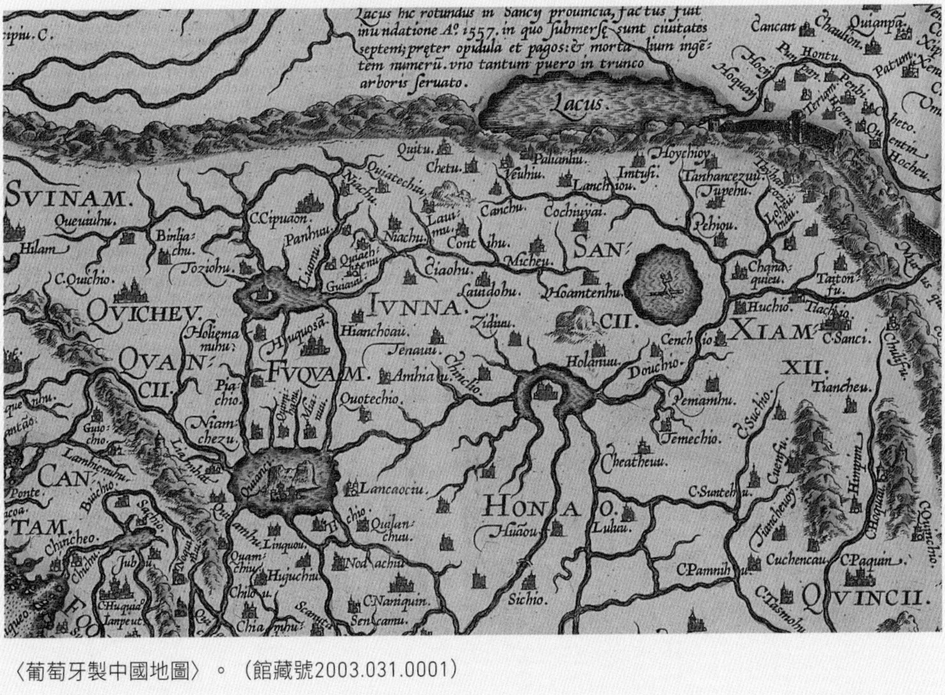

〈葡萄牙製中國地圖〉。（館藏號2003.031.0001）

23
22
142
141
140
de Hoek van Penimbos
Penimbos
Laruhali
Natsibay
Alanger
Meeuwen Eyl.
Eyl. Moaritus
't Eyl. Groot Tabaco
't Eyl. Klyn Tabaco
Matasar
Zuyder Eyland
FORMOSA
't Dorp Pangsoya
Rivier van Dolatock of Cattia
Handelaars Eylandt
't Goude Leeuws Eyland by de Inwoonders Lamey Genaamt
Apen Berg
't Canaal binnen Ièckan
Canaal van Wanken
Goede Reede voor Kleine Ionken
't Fort Zelandia
't Canaal voor Ponkas
de Swarte Klip
DORES
't Zuyd Ooster Eyl.
't Verdritig Eyl.
Kleine Taaffel
Groote Taaffel
't Rovers Eyl.
Steen Clipping Eyl.
't Zuyder Eyl.
't Wester Eyl.
't Hooge Eyl.
KAART VAN HET EYLAND FORMOSA EN DE EYLANDEN VAN PISCADORES.
J. VAN BRAAM & G. ONDER DE LINDEN. exc: Cum Privil.
Duytsche Mylen 15 in een graad

N°. 33.

Eylanden Dos Reys Magos
't Eyl. Gaclay
de Hoek van St. Jacob
de Noort Oost Hoek
Tranquidan
de Hoek van Gaydan
Bay van St. Laurens
Riv. Doero
Doero
't Eyl. Denual
Bay van Denual
't Eyl. Doati
't Eyl. Sapuat
't Eyl. Kelang
Derp
Derp
Klip Tellada
de Hoek van Camatiao
Tamkay
Medoldareu
Sabragoga
Baey van Casidor
HET EYLAN
Gierim of Zand duynen
Hier Vertoonen haar Eenige Boskens en Boomen een Myl uit Landt
Visschers Riff
Hier hebt gy al Eenparige Grondt en int Oversteeken al Steek gronde
Ouckouw
PISCA
Steek Grondt
Vuyle Eyl.
Lange Eyl.
Witte Eyl.
dit is al Vuyl en Steenachtige Grondt
Caap 't Samboeuw
de Vuyle Bay
de Goede Storin Bay
CHINA

03

三百年前的文創商品

福爾摩沙島與漁翁群島圖

館藏號	2003.031.0005
年代	1726 年
材質	紙
尺寸	56 公分 × 44 公分

這張躺著的地圖可說是臺灣古地圖文創界的寵兒，不只許多商店販售複製地圖，從臺史博的紙膠帶、紀念幣，到千里步道協會的〈臺灣守護地圖〉，主角都是它。不過讓它聲名大噪的，應該是二〇〇四年就任教育部部長的歷史學者杜正勝。他演講時曾提到「換個角度看臺灣」，之後教育部以這張橫躺地圖爲封面，出版「臺灣古地圖」月曆，向大眾介紹這幅地圖，一時引發社會熱議。

但仔細分辨，這些文創品所用的原圖〈福爾摩沙島與漁翁群島圖〉（Kaart van het eyland Formosa en de eylanden van Piscadores），大致分成兩種版本。一張是一六四〇年代前後，由荷蘭製圖師約翰・芬伯翁（Johannes Vingboons）所繪的手稿，現存於荷蘭國家檔案館；另一張則是臺史博館藏的這張最早於一七二六年出版的地圖。雖然地圖中的臺灣都

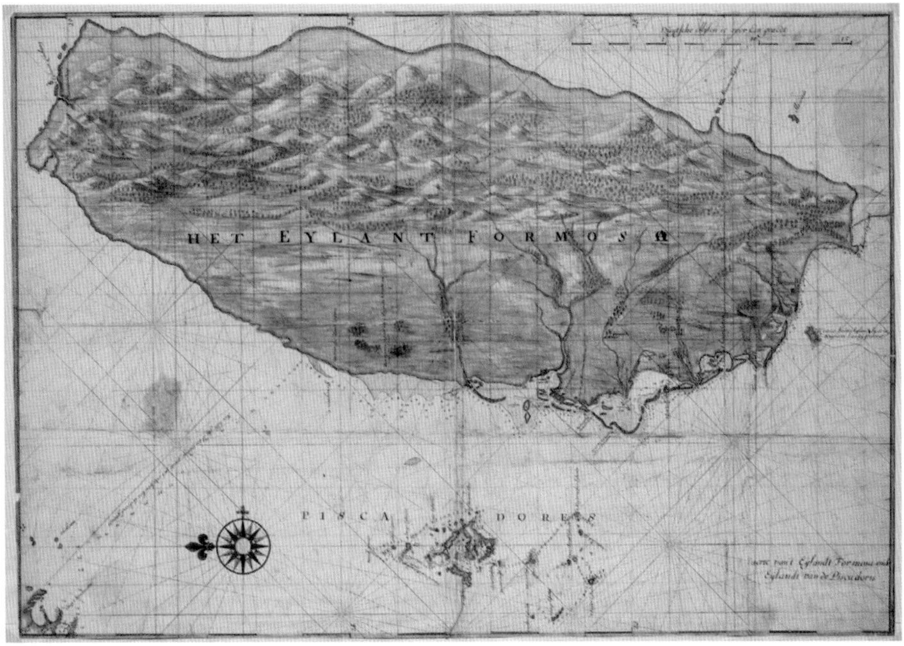

由芬伯翁所繪的〈福爾摩沙島與漁翁群島圖〉。此為 1665 年的抄本，現由荷蘭國家檔案館收藏。

是躺著的，輪廓也幾乎相同，諸如極盡誇張的西南沿岸、短了一截的恆春半島等。但由臺史博收藏的地圖，不只地名增加一倍，臺灣東部的輪廓也更加曲折，甚至分出了幾座小島。

大員商館的黃金年代

臺史博館藏的地圖出自荷蘭東印度公司的殖民地百科《新舊東印度誌》（*Oud en Nieuw Oost-Indien*）。學者推測，其原型來自前述芬伯翁的手繪地圖，而芬伯翁應該是根據一六三六年幾張西南沿岸地區的海圖，拼接成一張臺灣全島圖，但可能一個沒接好，腳短了一截。

一六四〇年代，荷蘭東印度公司在大員（今臺南安平）的業務可說是蒸蒸日上。

心頭大患麻豆社人已在一六三五年戰敗投降，其它南臺灣部落也陸續來服；引進中國的漢人來臺耕作、納稅的殖民業務日漸穩定；北邊西班牙人在一六三七年裁減軍力，更不造成威脅；與日本人的貿易，則因爲幕府於一六三〇年代中後期禁止本國人出海，並驅逐荷蘭人以外的外國勢力，而來到高峰。這些貿易野心也反映在地圖的繪製上：西南沿岸精雕細琢的沙洲輪廓及詳盡的水深資料，可爲前來大員的海員提供領航指引，而相對其它早期荷蘭人所繪製的臺灣地圖，芬伯翁的版本更多了內陸河流與村社的資訊，但仍以臺灣西南部爲主。

荷蘭東印度公司的大員商館不管是貿易利潤或本地稅收都前景可期，其地圖成爲公司的商務贈品，似乎不讓人意外。這類型的彩繪地圖和商館建築圖畫，有的被掛在東印度公司於荷蘭各地辦公室的牆上，或是贈送給有興趣的貴族，甚至

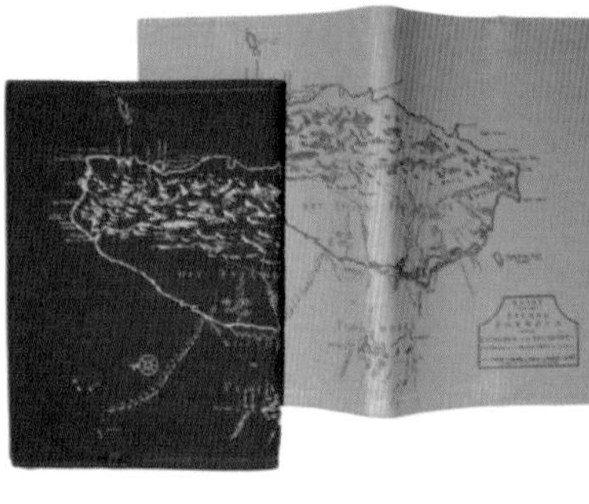

▶ 臺史博地圖文創品「地圖布筆記本」。

◀ 打敗麻豆社人後，荷蘭東印度公司年年召開地方集會，以此確認與原住民村落的從屬關係。這張描繪 1648 年赤崁地方集會的插畫，收錄於賈斯帕司馬卡爾（Caspar Schmalkalden）著《東西印度驚奇旅行記》（*Die wundersamen reisen des CASPAR SCHMALKALDEN nach West- und Ostindien*）重刊本。（館藏號 2002.006.0055）

是中國或日本的皇帝與將軍，也因此不同於其它由公司小心收存的機密海圖，流傳相對較廣。

跨世紀的福爾摩沙地名大雜燴

當成結緣品送人，輪廓不大精準大概沒關係，但過了將近一世紀後，這張地圖竟又因緣際會出現在一部跨時代的權威鉅作中。十八世紀初，曾在荷蘭東印度公司服務十餘年的牧師瓦楞汀（François Valentijn）決心利用自己工作與私下積累的資料與遊記，編撰成一本殖民地百科《新舊東印度誌》。全書分為五冊，是第一部全面描寫東印度公司在亞洲營運情況的著作。

本書雖然經典且獨特，但因瓦楞汀對各地區的熟稔情況不一，以及未必親身前往，使得各地區的記述良莠不齊。某些篇章時常隨意、片段式地堆砌史料，甚至被認為是「知識的雜物堆」，而很不幸的，關於福爾摩沙的記述就是屬於此類。

與臺灣相關的第四冊出版於一七二六年，全名《舊與新東印度，包括對於荷蘭人在中國貿易與航行的一個精確並完整的報告，還有關於臺灣或福爾摩沙，其分區、市鎮、城堡、人民風土、植物、海陸生物；包括世俗與教會的、從古至今發生事件鉅細靡的記載，並集合了非常清晰實用的地圖》，書中就附上這幅以芬伯翁地圖手抄本為底圖的〈福爾摩沙島與漁翁群島圖〉。瓦楞汀應是再參考了一六四〇到五〇年代，荷蘭人占據西班牙的雞籠據點以及開

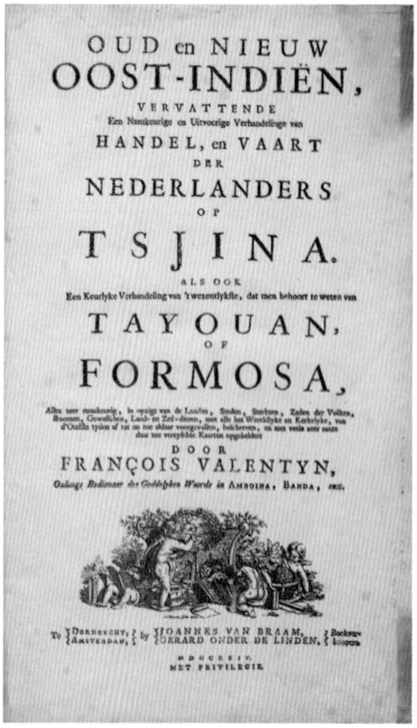

OUD en NIEUW
OOST-INDIËN,
VERVATTENDE
Een Naaukeurige en Uitvoerige Verhandelinge van
HANDEL, en VAART
DER
NEDERLANDERS
OP
TSJINA.
ALS OOK
Een Keurlyke Verhandeling van 't wezentlykste, dat men behoort te weten van
TAYOUAN,
OF
FORMOSA,
DOOR
FRANÇOIS VALENTYN,
Te Dordrecht, Amsterdam, by Joannes van Braam, Gerard onder de Linden, Boekverkoopers.
MDCCXXIV.
MET PRIVILEGIE.

瓦楞汀著的《新舊東印度誌》第 4 冊，書中第 33-93 頁為關於臺灣之專章，標題為〈臺灣或福爾摩沙的描述，以及我們在那裡的貿易〉（Beschryvinge van Tayouan, of Formosa, En onzen handel aldaar）。（館藏號 2003.015.0182）

啟東部探金事業後所增加的測繪資料，而略微調整東臺灣沿岸的輪廓，並且加上許多地名。但位置都有些錯置，如花蓮一帶的哆囉滿溪標註在東北邊宜蘭的位置，還硬生生地從花蓮分裂出幾個小島。

由於現在已無法追溯瓦楞汀從何處抄進這些地名，學者頗爲質疑這些新增資訊的史料價值。如果你是生活在一七二六年地圖出版時的臺灣當地人，看到這張大雜燴般的地圖，大概就像我們點開 Google 地圖，臺南市下方標示著「打狗」、新北市北邊顯示著「雞籠」，一時不知今夕何夕。

十七世紀中，這張從精密海圖拼接而來、腳短一截但美觀大方的臺灣地圖，是荷蘭東印度公司以商館及殖民地楷模之姿，贈送給各方權勢者的紀念品。到了十八世紀，「丟失」臺灣近百年後，荷蘭東印度公司百科的作者則選擇用這張文創地圖做爲底稿，加值成「清晰實用」的臺灣地圖。

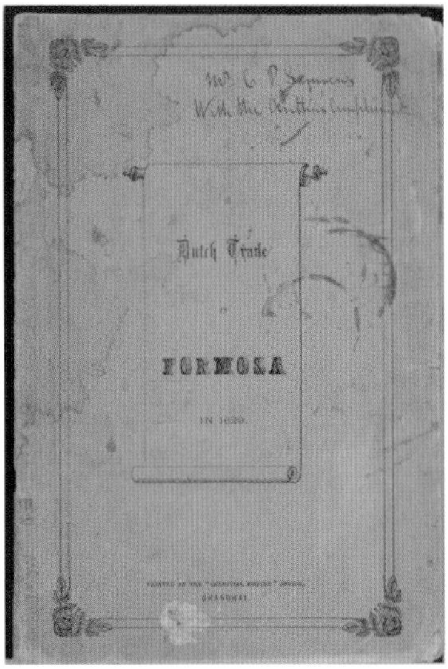

《新舊東印度誌》對臺灣的描述及使用的地圖也被後來許多談論荷蘭時期臺灣的著作引用，例如1878年英國人喬治菲利普（George Phillips）出版的《1629年荷蘭人在福爾摩沙的貿易》（*Dutch Trade in Formosa in 1629*），以及傳教士甘為霖（William Campbell）於日治時期出版的《荷蘭統治下的福爾摩沙》（*Formosa under The Dutch*）。（館藏號 2003.015.0194）

也許這是他最容易取得的地圖，也或許他覺得這張極盡描寫西南海岸輪廓的臺灣地圖既美觀，又最能代表東印度公司經營大員的輝煌年代。而將近四百年後，我們又透過這張躺著的地圖，用更多元的角度、以海洋的觀點來看待我們所在的地方，甚至重新放置國家面對世界的角色與地位。

（李文媛）

延伸閱讀

・漢聲雜誌社、冉福立（Kees Zandvliet）著，江樹生譯，《十七世紀荷蘭人繪製的臺灣老地圖》。臺北：漢聲雜誌社，一九九七。
・翁佳音，〈從舊地名與古地圖看臺灣近代初期史〉，收於國立歷史博物館編輯委員會主編，《臺灣史十一講》。臺北：國立歷史博物館，二〇〇六，頁七〇—八五。
・鄭維中，《製作福爾摩沙：追尋西洋古書中的臺灣身影》。臺北：如果，二〇〇六。
・簡宏逸，〈細考法蘭斯瓦・貓蘭實叮（François Valentyn）的福爾摩沙民族誌：史源、傳承、個人意見〉，《歷史臺灣：國立臺灣歷史博物館館刊》十七期（二〇一九年五月），頁一一一—一三四。

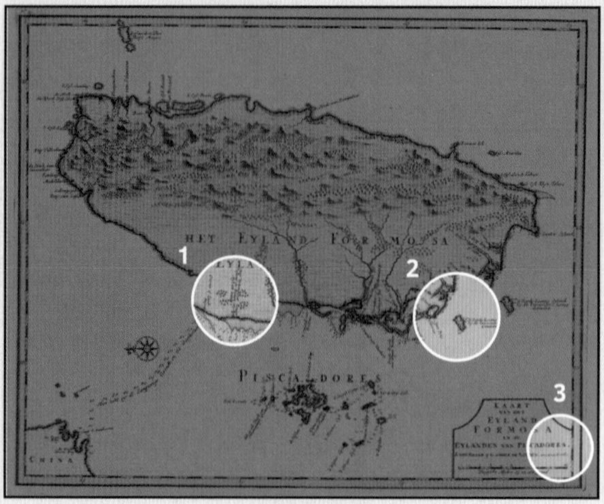

1 二林

以日治時期蔗農抗爭事件在史上留名的彰化小鎮二林，在荷蘭時期曾是船隻停靠頻繁，能與中國對渡的口岸。地圖上沿著二林（Gierim of Zand duyen）標記了一段水深資料，直達烏坵島（Ouckouw）。二林下方的沙丘寫著漁翁汕（'t Vissers Riff），約位於今彰化大城，一旁的文字寫道「此處有許多船停泊」，而荷蘭時期文獻如《熱蘭遮城日記》也多次提到二林有海盜盤據。

2 金獅島

地圖右下角有一座小島，島上繪製許多樹木，周邊標註詳細水深及「't Eyl. Goude Leeuws Eyland by de Inwoonders Lamey Genaamt」，意即金獅島，當地人稱之為拉美島。這座小島便是今日屏東外海的小琉球島，其位置有利於從巴士海峽過來的船隻判斷前往大員港的航線。荷蘭人常派船在此引導爪哇來的大船，過往船員多描述此處有許多椰子樹與濃密的森林。一六二二年荷蘭的船隻金獅號船員上岸補水，遭原住民殺害，此後荷蘭人稱之為金獅島。一六三六年荷蘭人以報復為名，動員新港等七社原住民攻打小琉球，屠殺四百多名島民，將剩餘的六百多名發配到巴達維亞或「分配」給新港社。據一六四四年統計，島上的生還者只餘十多名。

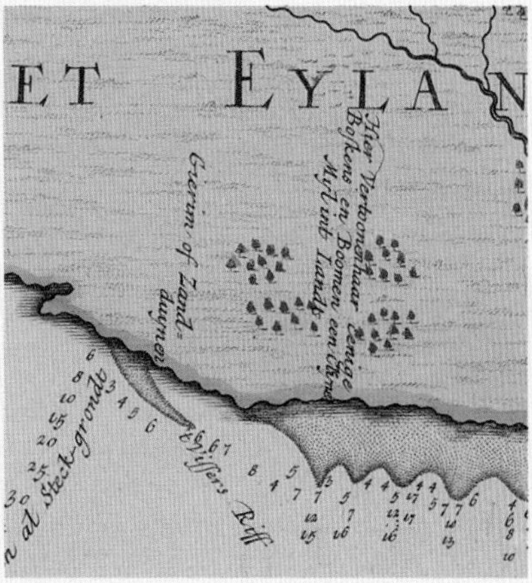

1

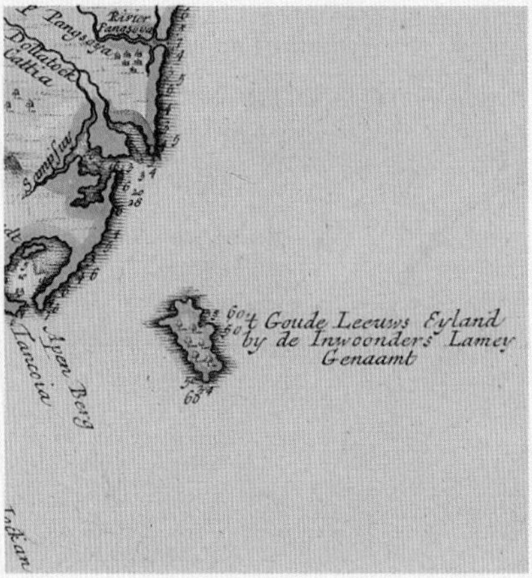

2

◇ 凹版的辨識技巧之一

凹版印刷（Intaglio）在義大利文的意思是切割或雕刻，最早可追溯自一四三〇年，本件地圖為凹版印刷，判定為凹版印刷的主要原因是「畫面邊緣的凹痕」：凹版的製作技巧，是使用銳利的工具，或是以酸來蝕刻，印刷版的材質多為銅、鋅等金屬；製版師在印刷版上製造出凹痕，上油墨後，由於油墨則會滲入到凹縫中，接著在擦拭掉表面油墨；而為了使印刷版和紙張能緊密結合，並可承受更大壓力，會均勻地將紙張加濕，接著放置於印刷版上、覆蓋羊毛毯，再以版畫壓印機加壓，也因此會留下印刷版邊緣的痕跡。然而此特徵並非是判斷凹版印刷的唯一關鍵，紙張乾燥之後，可能因為後加工的裁切處理，而使畫面邊緣的凹痕消失。（鄭勤思）

3

版畫邊緣的凹痕

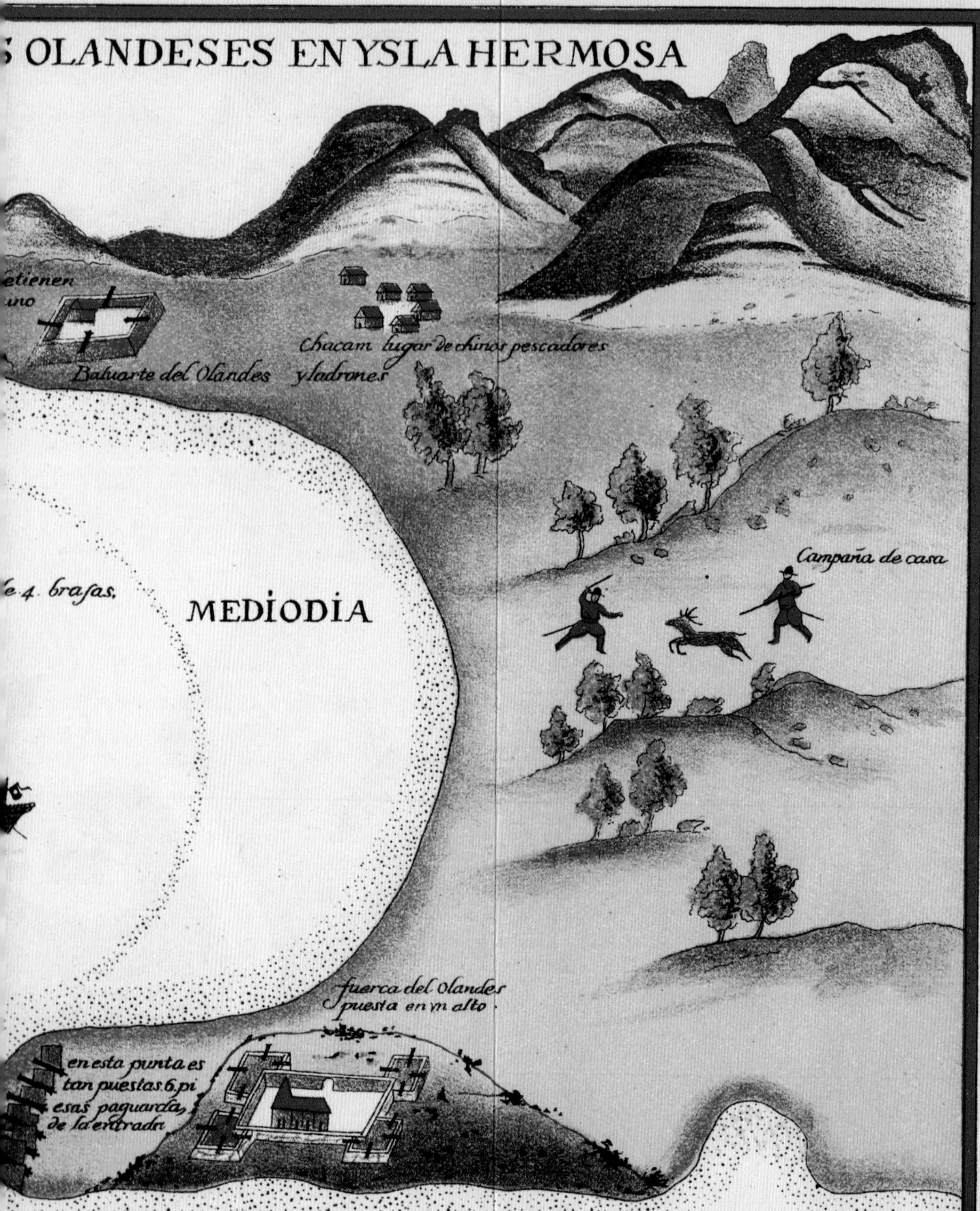
S OLANDESES EN YSLA HERMOSA
etienen
uno
Baluarte del Olandes
Chacam lugar de chinos pescadores
y ladrones
Campaña de casa
e 4. brasas.
MEDIODIA
fuerca del Olandes
puesta en vn alto
en esta punta es
tan puestas 6. pi
esas paguarda
de la entrada

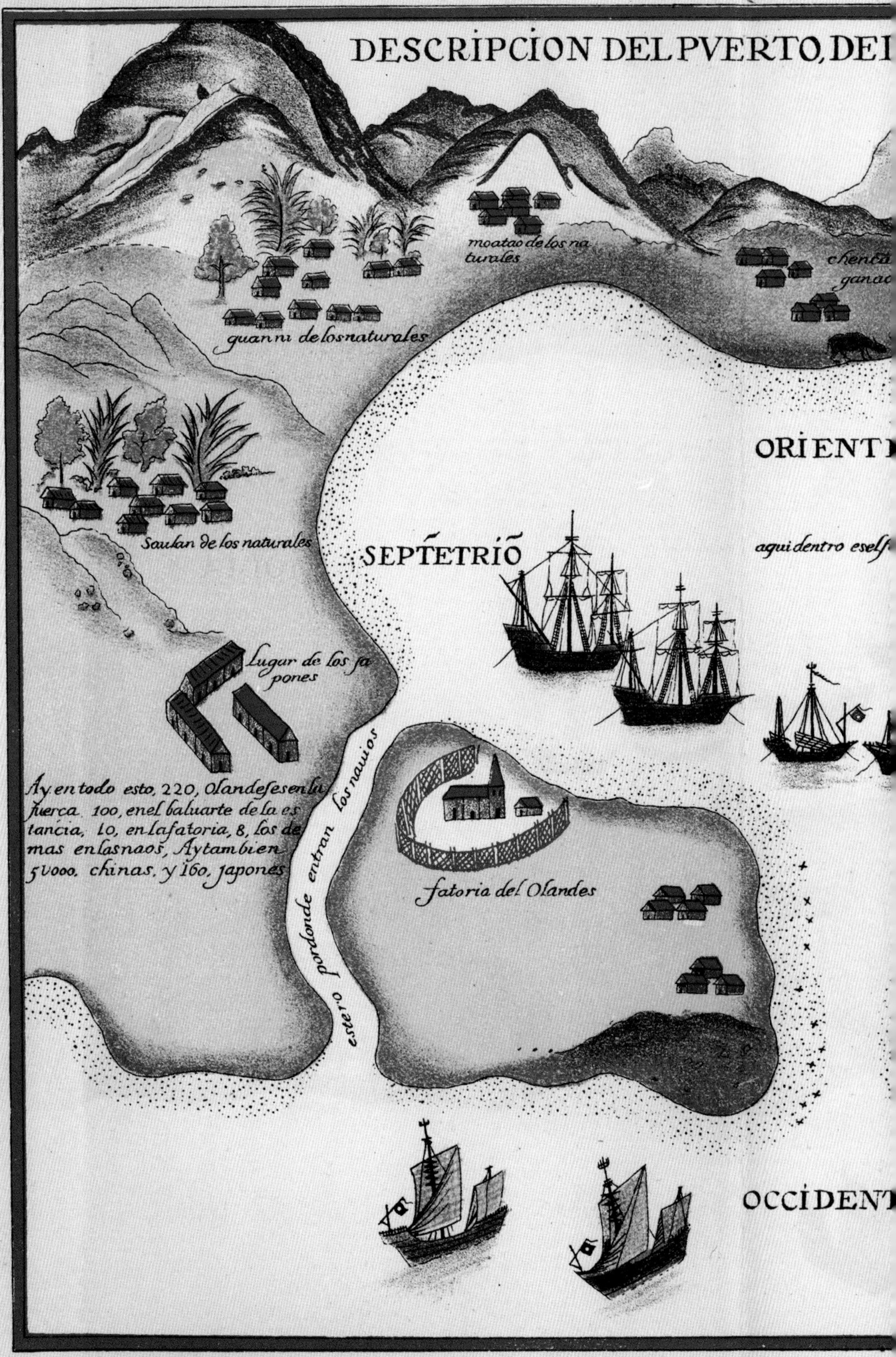
DESCRIPCION DEL PVERTO, DE
moatao de los na
turales
guanni de los naturales
Saulan de los naturales
SEPTETRIÕ
Lugar de los Ja
pones
Ay en todo esto, 220, Olandeses en la
fuerça 100, en el baluarte de la es
tancia, 10, en la fatoria, 8, los de
mas en las naos, Ay tambien
5V000, chinas, y 160, japones
estero pordonde entran los navios
fatoria del Olandes

04

西班牙間諜的大員攻略報告

艾爾摩沙島荷蘭人港口描述圖

館藏號 2014.002.0001.0002
年代 原圖於 1626 年繪製，館藏版本於 1930 年出版
材質 紙
尺寸 35.7 公分 × 24.6 公分

這幅從獵人追鹿、原住民部落畫到堡壘砲臺、祕密水道，可謂情報滿滿的荷蘭時代大員港（今安平）地圖，令人驚訝的並非出自荷蘭人之手，而是當時視荷蘭人為寇讎的西班牙人。其參考的一手情報則來自一名媽港（澳門）華人，一說為混血兒的迪亞茲（Salvador Díaz）。

歐洲世仇在臺灣島內互打

一六二二年，荷蘭與英國組成「防衛艦隊」，正在菲律賓馬尼拉到澳門之間的海域大肆劫掠，他們要對付的不是別人，正是他們的歐洲世仇西班牙王國。這三國的恩怨在十七世紀鬧遍全球，包括千里之外的福爾摩沙。荷蘭人於該年三月捕掠了九艘海船，其中一艘很可能就是迪亞茲所搭乘的船。這位倒楣的先生

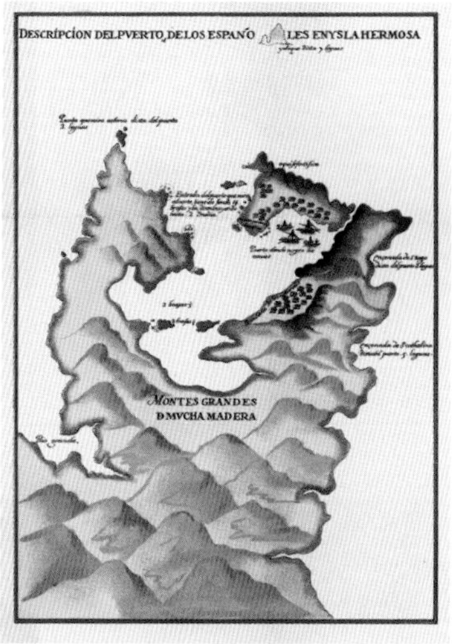

〈艾爾摩沙島西班牙人港口描述圖〉於1626年繪製。派遣艦隊占領雞籠的菲律賓總督施爾瓦（Don Fernando de Silva）卸任後，在同年7月30日，向國王呈送一篇任內的重要工作報告，其中便包括這張地圖。（館藏號 2014.002.0001）

從澳門出發前往馬尼拉，不幸遭到俘虜後，被荷蘭人帶到他們的新據點澎湖，在那遭拘留兩年，又跟著荷蘭人「轉進」福爾摩沙島的大員港，再待了兩年。

迪亞茲懂華文，因此在拘留期間常擔任翻譯，跟著荷蘭人去和當地的商人或官員談判。一六二六年四月的一個夜裡，迪亞茲趁著夜黑風高，搭乘中式帆船逃回澳門，將自己這幾年來的故事，和處心積慮蒐集來的荷蘭情報與圖資，統統交給澳門的葡萄牙官員。這份情資被稱爲〈迪亞茲報告〉，未久也傳到馬尼拉的西班牙人之手，而此時，馬尼拉已派出祕密艦隊，即將在五月占領雞籠。

間諜眼中的美麗之島

經過學者的比對與考證，這幅〈艾爾摩沙島荷蘭人港口描述圖〉（Descripción del Puerto del os Olandeses en Ysla Hermosa）應是馬尼拉的西班牙人佩德羅·德·維拉（Pedro de Vera）依照〈迪亞茲報告〉的描述繪製而成，同年，他也繪製了〈艾爾摩沙島西班牙人港口描述圖〉（Descripción del Puerto de los Españoles en Ysla Hermosa）。將兩張圖並置，敵人視角的〈艾爾摩沙島荷蘭人港口描述圖〉從海上望向陸地，荷蘭人所建造的軍事設施，包括守衛海港的六座大砲、於高處建造的要塞、要塞四個稜角突出的十六門砲、地圖上方赤崁地區的崗堡，及崗堡內的砲臺等歷歷在目，而船隻入港路線、港口的水深資訊也有概要性的標註。

要成爲一名稱職的間諜，只蒐集軍事情報顯然並不足夠。地圖上還繪製出在大員港周遭活動的人群，若以空間來劃分：左下方的北線尾島（約今臺南鹿耳門、四草一帶）有著荷蘭人商館，迪亞茲本人也被拘留在此；上方停著兩艘荷蘭船及兩艘較小的中式帆船，顯見此處是商人聚集貿易之處；左邊由下而上繪出日本人聚居的長屋、圍著樹叢的蕭壠社、灣裡社（目加溜灣）、麻豆社等原住民部落；正上方，即東方，是飼有牛群的新港、荷蘭人崗堡，以及聚居華人漁民、海盜的赤崁；右邊則有荷蘭人捕鹿的獵場。全圖左下角另以文字說明大員港周遭有兩百多名荷蘭人、五千名華人，以及一百六十名日本人在此活動。

大員港攻略地圖

參照〈迪亞茲報告〉來理解這張地圖，迪亞茲描繪出初到福爾摩沙的荷蘭人所面臨的情勢：人數眾多的華商與海盜、周遭的在地原住民勢力，以及雖是貿易對手卻不能太得罪的日

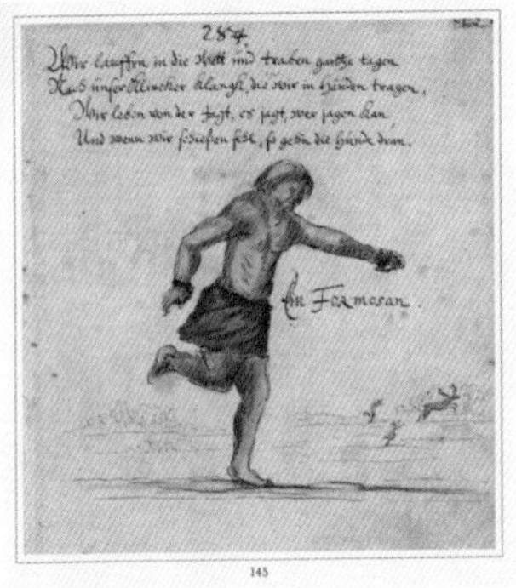

荷蘭人占領大員初期，當地的西拉雅原住民讓他們吃盡苦頭。圖為1648年一名受雇於荷蘭東印度公司的日耳曼人所繪製，正在獵鹿的「福爾摩沙人」，出自《東西印度驚奇旅行記》重刊本。（館藏號2002.006.0055）

本人，以免影響荷蘭與日本貿易的許可。同時，地圖也向西班牙人傳達荷蘭人在此築城的好處，包括與原住民交易、可取得鹿皮等可銷往日本的貨品。整體而言，荷蘭人在此的勢力似乎不算穩固，也正遭遇許多挑戰，迪亞茲希望能藉此遊說決策階層出兵占領大員。

西班牙國王及菲律賓總督是否因此心動，我們並不清楚，不過西班牙確實兩次派出艦隊遠征大員，但他們可能從未有機會進入圖中所繪的水道，也未能一嚐港口砲彈的滋味。根據記載，兩次遠征艦隊還沒到福爾摩沙，便都先因暴風雨而潰散。

這張情報地圖雖然未能達成原本攻略荷蘭人據點的目的，但間諜眼中的大員港繪出了四百年前臺灣島上不同族群的互動，成為我們回顧臺灣過往的重要圖像。（李文媛）

延伸閱讀

- 陳宗仁，〈一六二六年的大員港灣：一位澳門華人Salvador Díaz的觀察與描繪〉，收於戴文鋒主編，《南瀛歷史、社會與文化二》。臺南：臺南縣政府，二〇一〇，頁一－三一。
- 鮑曉鷗（José Eugenio Borao Mateo）著，那瓜（Nakao Eki）譯，《西班牙人的臺灣體驗：一項文藝復興時代的志業及其巴洛克的結局（一六二六－一六四二）》。臺北：南天，二〇〇八。
- 江樹生譯，〈蕭壠城記〉，《臺灣風物》卅五卷四期（一九八五年十二月），頁八〇－八七。

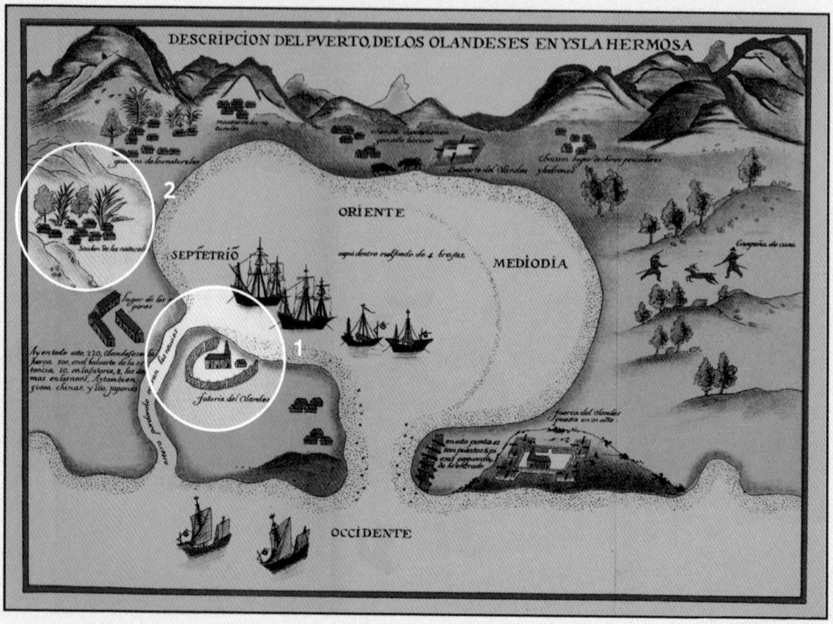

1 鹿耳門水道

荷蘭人商館所在之北線尾島與日本人聚落之間的小水道，當時華人稱之為「鹿耳門水道」。〈迪亞茲報告〉說明這個水道只有吃水較淺的船如華人帆船、西班牙的雙桅帆船（bergantin）可以出入，且須由熟悉當地水域華人水手領航。三十多年後，鄭成功圍攻熱蘭遮城的船隊便是由此進入大員港灣。

2 蕭壠

約於一六二三年，荷蘭人從澎湖遷入大員之前，便曾派人到大員調查，寫下〈蕭壠城記〉（Descriptie van de stadt Soolangh）。文中描述從大員到蕭壠，要往東北東航行，接近岸邊時水會愈來愈淺，必須換成舢舨船，才能抵達有著許多尖銳植物、沙洲的河口沼澤地，而越過沼澤、田園小路，出現大片竹叢時就可以看到蕭壠居民

1

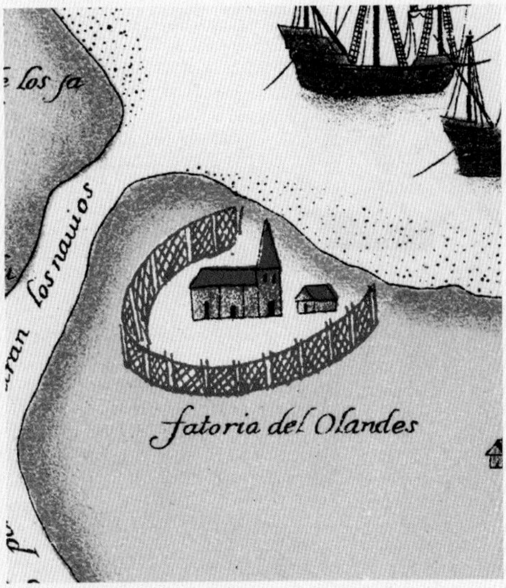

2

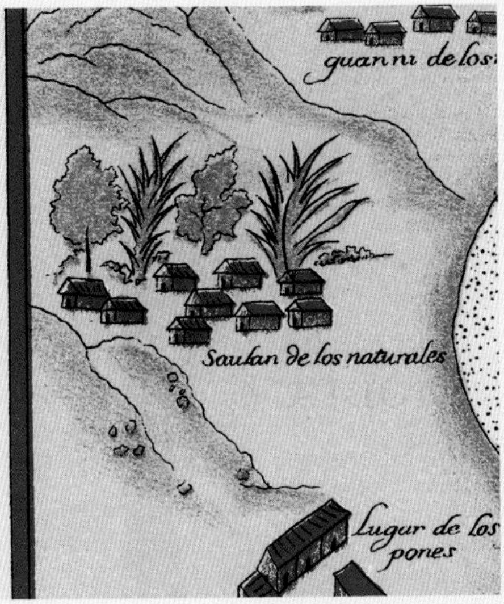

的房屋。每棟房子都圍著竹籬，竹籬內種著椰子及檸檬樹等植物。荷蘭人驚奇地寫道，此處之廣大「可與荷蘭任何最廣大的城市相比」，因此稱之為蕭壠「城」。地圖上的蕭壠社位於海岸靠山之處，村莊周圍亦繪出許多植物，但並沒有繪出竹子，而〈迪亞茲報告〉則描述原住民住在東邊的森林內，有很多村莊，荷蘭人會用布跟他們交易，並且送年輕人去學習他們的語言。

N A A U W V A N F O R M O S A
N E E S C H E
E E
CANCRI
Fou cheu foe
Hing-hou foe
Haytan
Namdit
Peho
Roover Eyland
Zuyder Eyland
Hooge Eyland
Witte Eyland
Swarte Klippen
Laag Eyland
Batoeyne
Steyl Eyland
Groote Valley
Klyne River of Goud River
Witte Sand boegt
Hoek van Pimada
Sanna sanna
De Botel

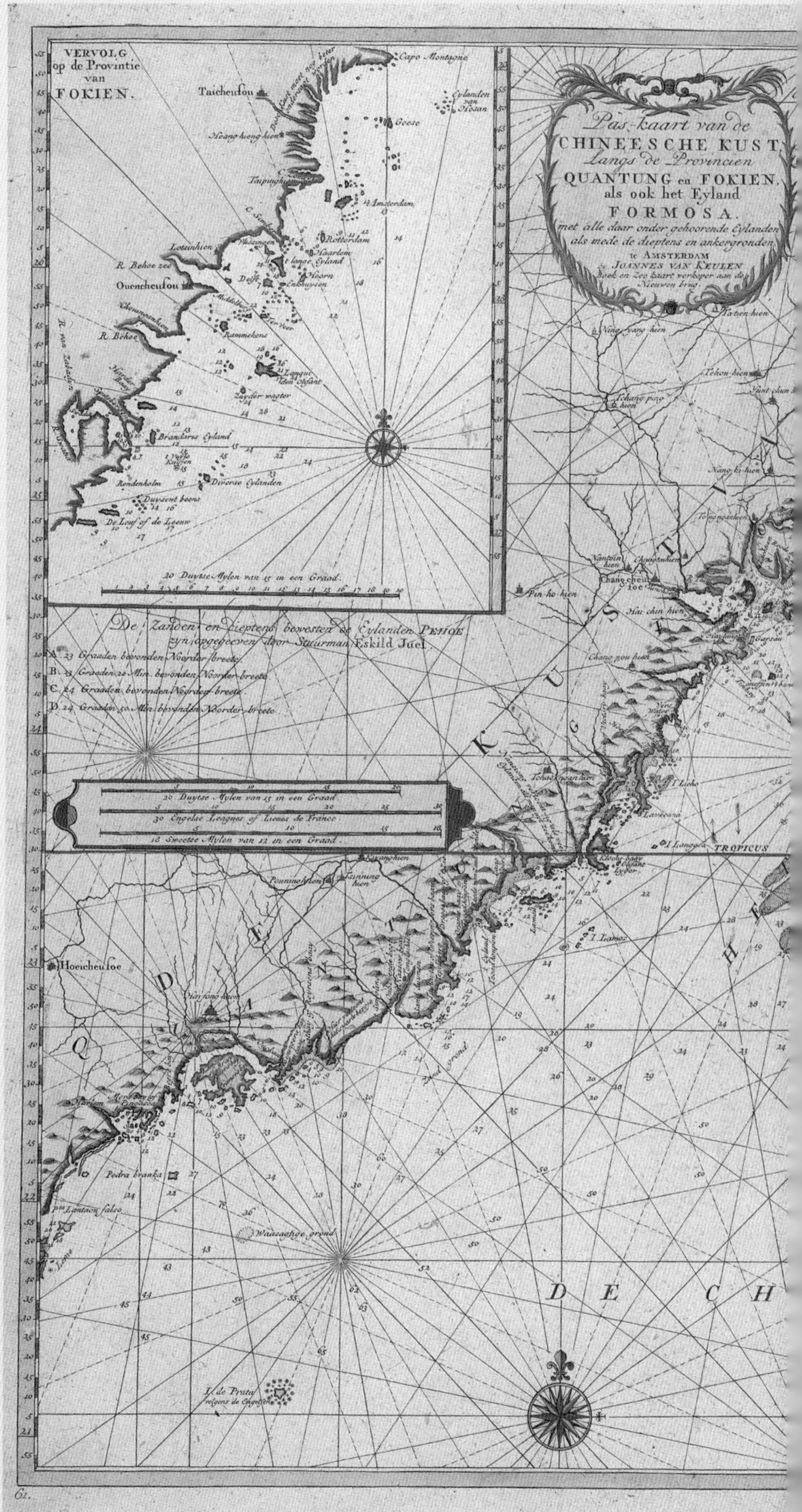
Pas-kaart van de
CHINEESCHE KUST,
Langs de Provincien
QUANTUNG en FOKIEN,
als ook het Eyland
FORMOSA.
met alle daar onder gehoorende Eylanden
als mede de dieptens en ankergronden.
te AMSTERDAM
by JOANNES VAN KEULEN
Boek en Zee kaart verkoper aan de
Nieuwen brug.
VERVOLG
op de Provintie
van
FOKIEN.
Capo Montogne
Taicheufou
Goese
Amsterdam
Rotterdam
Haarlem
Hoorn
Enkhuysen
Delft
Vlissingen
Loteinhien
R. Behoe zee
Ouencheufou
R. Behoe
Rammekens
Zuyder wagter
Brandaris Eyland
Rondenholm
Diverse Eylanden
Duysent beens
De Leeuw of de Leeuw
20 Duytse Mylen van 15 in een Graad.
De Zanden en dieptens bewesten de Eylanden PEHOE
zyn opgegeeven door Stuurman Eskild Juel.
A. 23 Graaden bevonden Noorder breete.
B. 23 Graaden 20 Min. bevonden Noorder breete.
C. 24 Graaden bevonden Noorder breete.
D. 24 Graaden 50 Min. bevonden Noorder breete.
20 Duytse Mylen van 15 in een Graad.
30 Engelse Leagues of Lieues de France.
18 Sweetse Mylen van 12 in een Graad.
Tatien hien
Ning yang hien
Tehon hien
Nang ki hien
Chang cheu foe
Pin ho hien
Hai chin hien
Chang pou hien
Tchao tcheou hien
I. Lamoa
TROPICUS
Hoeicheufoe
Pouninghien
Pedra branka
Pta. Lantaon falso
Waasagtige grond
I. de Prata
DE CH
QUANTUNG
FOKIEN

05

尋找黃金河的荷蘭人

中國沿海地區海圖：廣東、福建與福爾摩沙島

館藏號	2003.031.0006
年代	推測1728年繪製，1753年刊行
材質	紙
尺寸	60.4公分 × 53.6公分

一張地圖，通常是製圖者考察地理環境後所記錄的「事實」，不過有另一種地圖，是製圖人視覺化了當地迷人的「傳說」。荷蘭時代，至少有三幅地圖，是依據臺灣東部蘊藏黃金的傳聞繪製而成。

荷蘭黃金探險隊

一六三八至一六四五年，荷蘭東印度公司聽說福爾摩沙東部藏有黃金，三度派遣人員至此調查，期待能夠在此開採黃金，爲公司增加收入。第一次，魏斯凌（Marten Weselingh）代表公司在福爾摩沙東部調查黃金所在，不過直到一六四一年意外身亡時，仍無任何收穫。兩年後，公司第二次派遣探險隊來到東部的「哆囉滿」尋找黃金，依然無功而返。一六四五年，公司第三批遠征隊來到東部的另

《荷蘭聯合東印度公司的起源與發展》，收集了1602年東印度公司成立以來，於亞洲各地活動的許多航海日記及旅行遊記。其中與本張地圖最相關的，是荷蘭首位來臺新教牧師甘治士（Georgeius Candidius）對於南部原住民的民族誌描述。（館藏號 2010.018.0009）

一個「哆囉滿」，卻只在附近一條河找到沖刷出細碎金砂的蹤跡。荷蘭人失望之餘，改而派遣二至三名荷蘭壯漢常駐此地，一邊學習原住民語言，一邊蒐集有關黃金的資訊。

不過，荷蘭人把這三次的探險所得，包含尋找黃金的路線、沿途地理環境、沿線原住民村落位置，以及推論出的黃金下落，彙整在這張部分學者暱稱爲「卑南圖」的地圖內。

地圖內的「時」與「空」

這張地圖的原名是〈中國沿海地區海圖：廣東、福建與福爾摩沙島〉（Pas-kaart van de Chineesche Kust, Langs de Provincien Quantung en Fokien, als ook het Eyland Formosa, met alle daar onder gehoorende eylanden als mede de dieptens en ankergronden），刊行於凡・格倫二世（Johannes Van Keulen II）的《新編領航火炬》（*Nieuwe Lichtende Zee-Fakkel*）第六卷，圖面上的數字，便是航海圖特有的標誌，代表水的深度，數字愈大，即海水愈深，反之則愈淺。

雖然地圖完成於一七五三年，相距荷蘭人完成三次黃金遠征之旅已一個多世紀之久，但我們仍可推定其原型應成圖於一六五二年以後。因爲圖中福爾摩沙左下處，標記了一六五二年郭懷一事件爆發後才建成的赤崁城堡（Fort Seckam）。目前原圖無人知曉在何方，不過另有一說，本地圖爲格倫補足其祖父在一六八一年起出版的海圖集《領航火炬》（*Zee-Fakkel*）第六冊裡的一幅海圖，因此這幅圖最早的繪製年代應介於一六五二至一六八一年間。

圖面的空間，由左向右看，依序是亞洲大陸的東緣、臺灣海峽中間的島礁、相當完整的福爾摩沙。亞洲大陸東緣，沿岸地景樣貌具體，海水深度記錄淸楚，足見當時已有嚴密的調查。臺灣海峽上的島礁群，較左的六片黃色沙洲，參照今日對於地理之了解，這裡實無這麼大片的阻礙物，推測有可能是當年荷蘭人在此船隻難以航行、乃至於船隻擱淺，所以刻意畫出來，以提醒其他船員。而較右邊的紅色島嶼群，標註爲「peho」，依據形狀估測，爲現今的澎湖群島。最右側是福爾摩沙，西岸沿海的數字極多，顯示有做過詳盡的海水深淺探查，不過西部沿海地形以南部最爲淸楚，沙洲形狀及離岸遠近鉅細靡遺，表示荷蘭人對這裡的掌握度較佳。而值得注意的是，福爾摩沙的東岸是完整繪出的，有多層次的山脈、三條河流，以及完整的海岸線。

從「事實」踏查到「想像」的路線

地圖上的福爾摩沙南部，有兩條由西向東的路線，以虛線標示。一條從赤崁（今臺南）南下連結到南部的下淡水（或稱麻里麻崙，Vorovorang，鳳山八社之一，位於今屏東縣萬丹一帶）與放索（Pangsoya，鳳山八社之一，今屏東縣林邊一帶），再沿著南部海岸往東移動。另一條從從赤崁南下出發後，在放索社一帶通過山區，抵達東部。沿海的路線，是今日南迴，而穿越山區的路線，是今日南橫。此外，還有一條東部路線，縱貫東部由南至北的路線直抵島嶼東北邊標記黃金河之處（Goud River），這條路徑類似今日東部火車線。

西半部路線的距離比例還算實在，即便是現在，仍然可以估測出赤崁、打狗（今高雄）、放索的相對位置。但是路線來到東半部，便踏上了想像之地。虛構的內容，包含一直不知所蹤的黃金河，以及地圖所標示的村落位置。

地圖上的村落已經不可考。我們只能知道，東印度公司控制住福爾摩沙八十七個村落，但是難以得知是指今日的哪些原住民村落，連一六五〇年前後東印度公司製作的福爾摩沙原住民村落表（番社表）也無法對應參照，因爲公司檔案內的村舍名稱拼寫法均不同，甚至同一份檔案裡，地名拼寫也不一定相同。且因爲村落實際位置不明，也難以藉由其它史料，釐清村落在其它資料內的紀錄狀況。

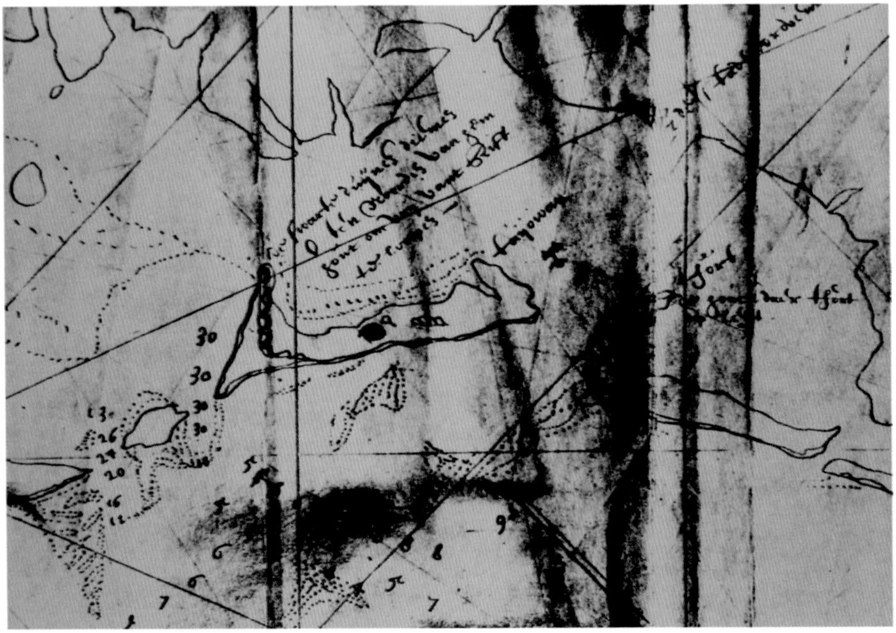

本物件為照片，圖面大面積污損，模糊不清，難以判讀，但仍有些許線索透露這是 1625 年安平及赤崁之古地圖（影印版）。在地圖上方，是赤崁較內陸的部分，下方，則是安平較靠外海的沙洲。地圖包含部分陸地形貌與相關數據，且從圖中線條來看，有可能是張航海圖，告訴海員如有進港，哪些航道可以安全入港，以及要避開哪些危險地形。（館藏號 2002.008.0063）

地圖東部各點的相對距離也不太對勁。從東部南到北的三條河流開始分析：「Hoek van Pinada」是卑南角之意，附近之河川，推測是今日卑南溪；「witte sand bogt」是「白沙灣」，有可能是今日的秀姑巒溪；「Kleyne Rivier of Goud River」翻譯爲「小金溪」，表示產有黃金，便是傳說中的黃金河。接著，從這條河川周遭的定位點推論，出海口南方標註了水漣（Sibilan）村社，中、上游則標記了馬太鞍（Madan）村社。由於已知馬太鞍部落位在馬太鞍溪沖積扇，而馬太鞍溪是花蓮溪支流之一，故黃金河極有可能是指花蓮溪。換言之，花蓮溪被畫在東北處，並非現今所知東部中央，代表這張地圖的東部是壓縮且變形的，且東北部幾乎在地圖上失蹤。

現代人很容易區辨古地圖當中，哪裡是事實、何處是傳說，但對當時的荷蘭人，都是眞實無僞。卽便部分內容被證實爲想像傳說，但無傷大雅，現在的我們反而透過這樣的地圖，認識荷蘭人心目中的臺灣。（張安理）

延伸閱讀

- 漢聲雜誌社、冉福立（Kees Zandvliet）著，江樹生譯，《十七世紀荷蘭人繪製的臺灣老地圖》。臺北：漢聲雜誌社，一九九七。
- 中村孝志著，吳密察、翁佳音編，《荷蘭時代的臺灣研究上卷（概說・產業）》。臺北：稻鄉，一九九七。

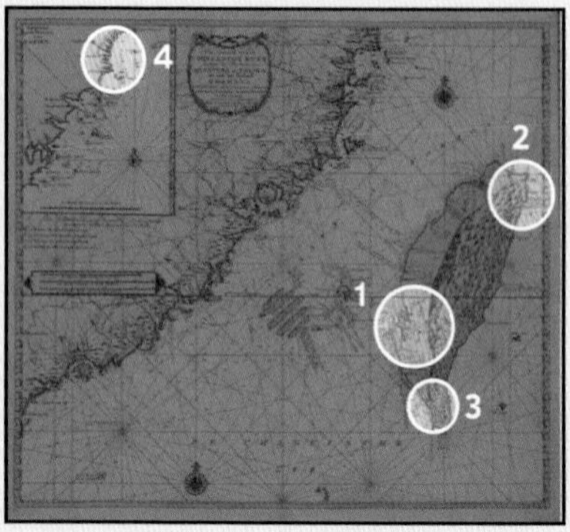

1

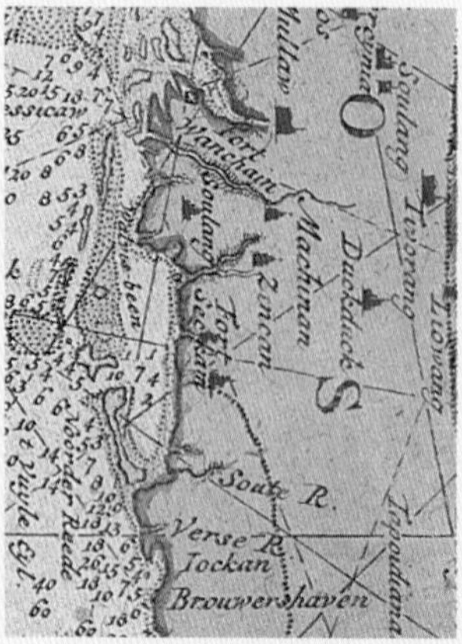

2

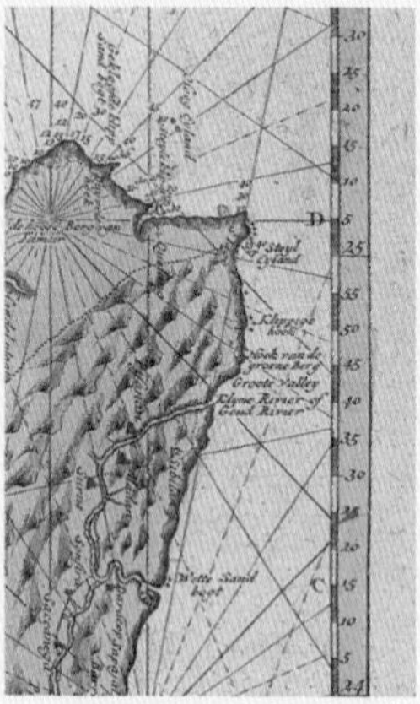

1 赤崁一帶

「Fort Seckam」為赤崁城堡，即今臺南赤崁樓。荷蘭時代赤崁城堡，被稱為普羅民遮城，係荷蘭時代的統治中心。城堡以西，是臺江內海，外有沙洲，今日已經因大自然沖積的力量，被填平成為陸地。城堡以北，「Saulang」即蕭壠，「Fort Wanchain」即魍港堡壘，大約位於今日臺南北門、嘉義交界處。城堡以東，「Zincan」即新港，再往東看，沿山一帶，「Tavorang」即大武壠。城堡以南，「Soute R.」即鹹水溪（今二仁溪）。

2 黃金河

「Klyne Rivier of Goud Rivier」為小金溪，係傳說中的黃金河，位置在地圖中偏北。上方有兩地標注著「十」符號，表示適合船隻下錨，分別是有三個「十」號的多礁石之岬（Klippige hoek），以及及一個「十」號的綠色山脊之岬（Hoek van de groene berg）。

3 往東捷徑

圖中穿越臺灣南部山區的路徑，相對另一條沿著福爾摩沙南端海岸的路線更為簡短，是一六四三至一六四五年開發出來的往東捷徑，不過往來南部和東部的傳教士和公司職員，肯定知道更多條路線。這條地圖上標注的路線跨越 Tamsuy（下淡水溪，今高屏溪），從南部的麻里麻崙

3

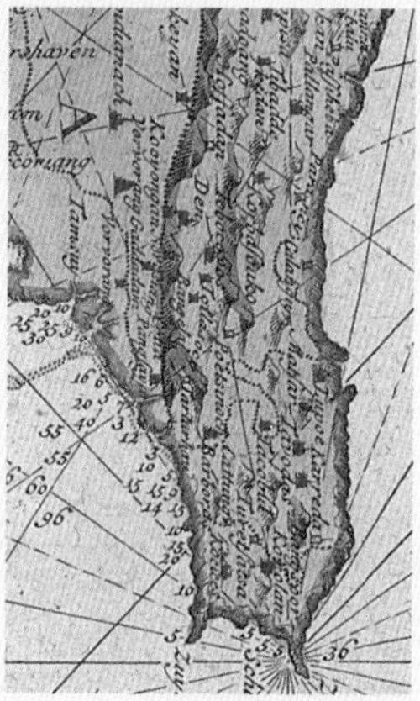

社與放索社往東轉，穿越山區抵達東部。地圖上的其它文字，是當時東印度公司所知道的河川、谷地或村落，而紅色的方塊，可能就是指村落。

4

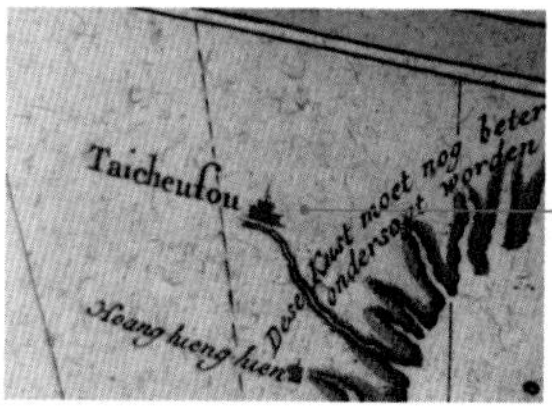

◇ 紅色顏料的科學檢測

地圖畫面左上方的福建省海圖，可以看見在海岸線邊緣以較深顏料加深，藉以彰顯海陸之間的區別，仔細以肉眼觀察，它其實是帶有橘色調的紅色；而「Taicheufou」字旁的房舍圖示，則有更濃厚橘紅的著色。臺史博以科學儀器X射線螢光光譜儀（XRF）檢測分析該處，再比對空白處的紙張基底元素，分析出橘紅色具有鎘（Cadmium）和硒（Selenium）等關鍵元素，推測該處使用的顏料為鎘紅。硫化鎘（黃色）與硒一起加熱時，所產生的礦物顏料就是鎘紅（紅色），它具有很高的遮蓋力及良好的持久性。而鎘紅開始正式成為商業產品，可追溯至一九一〇年代。此件地圖則是印製於一七二八年的荷蘭阿姆斯特丹，為什麼地圖的印製年與顏料的生產相隔了約一百八十年以上呢？這意味著顏料是後來加工繪製上去的，並非在地圖印製完成便上色（此情況在古地圖上偶爾會發現）。此外，鎘屬於重金屬化學元素，鎘紅所含的鎘雖然微量，但仍建議接觸此類古地圖後，以肥皂清洗手部，避免將重金屬吃下肚。（鄭勤思）

山南至砂碼磯
府治西南四百餘里其西
臺大海其東南為鳳山縣
治自木岡山北至玉案山
其西北三十里為嘉義縣
治自玉案山北至大武郡
鼻頭山在府治西地
北三百五十里為淡水廳
玉山在萬山中其山
皆稱為玉山
砂馬磯名曰仙人山
鹿耳門口

輯二

王朝與各方人群的交織輪廓

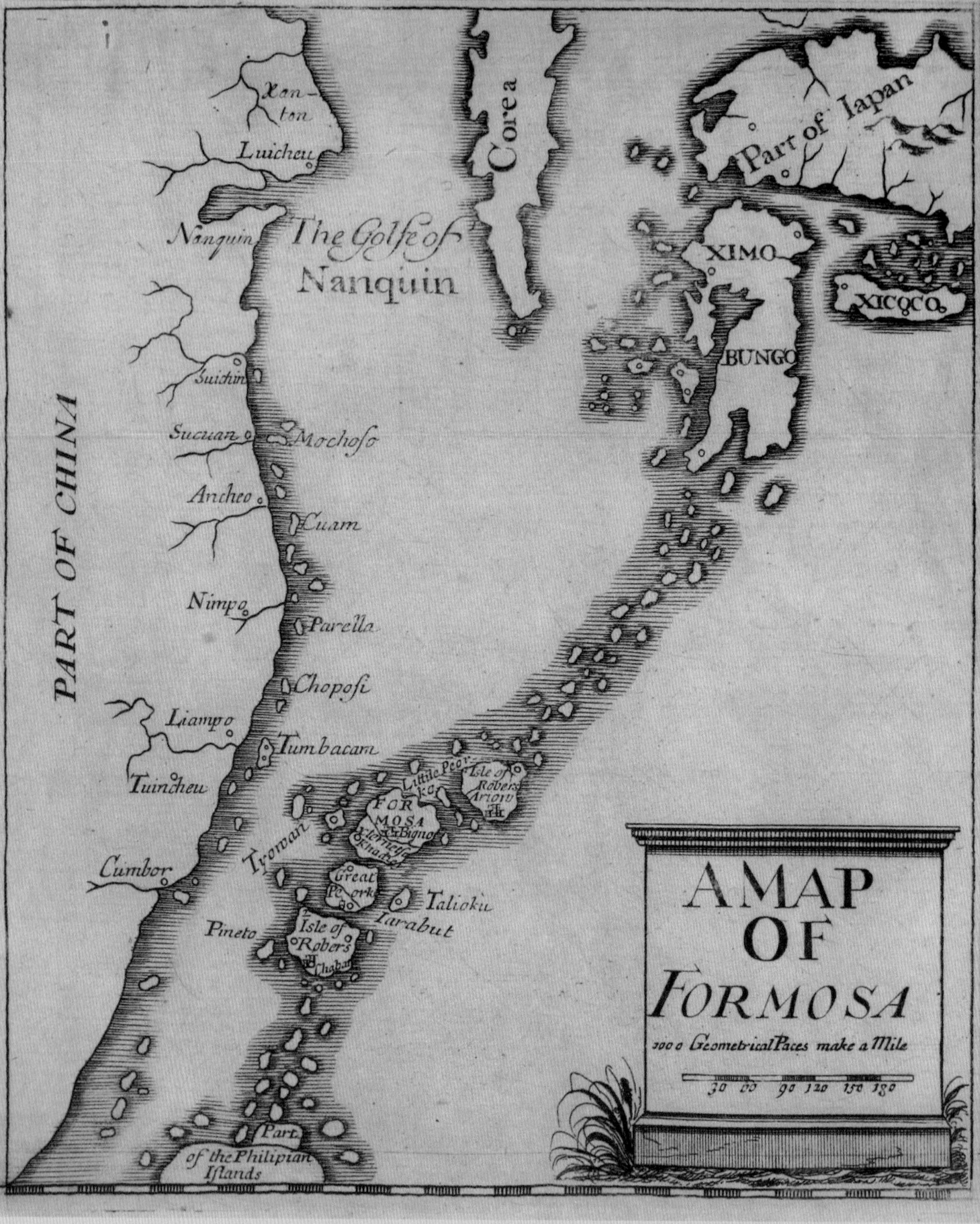

Xanton
Luicheu
Corea
Part of Iapan
Nanquin
The Golfe of Nanquin
XIMO
XICOCO
BUNGO
Suichin
PART OF CHINA
Sucuan
Mochoso
Ancheo
Cuam
Nimpo
Parella
Chopoſi
Liampo
Tumbacam
Tuincheu
Little Peorko
Isle of Robers Arrow
FOR MOSA
Tyowan
Cumbor
Great Peorko
Talioku
Tarabut
Pineto
Isle of Robers
Part of the Philipian Iſlands
A MAP OF FORMOSA
1000 Geometrical Paces make a Mile
30 60 90 120 150 180

06

在歐洲招搖撞騙的假臺灣人

十八世紀初福爾摩沙地圖

館藏號	2003.015.0179
年代	1705 年
材質	紙
尺寸	13.2 公分 × 20.4 公分

一七〇四年，一位歐洲白人撒瑪納札（George Psalmanazar）自稱祖國來自寶島臺灣，這個不合命名邏輯的拗口怪姓一聽就讓人覺得這個人「假鬼假怪」。撒瑪納札一七〇四年在英國倫敦出版了介紹臺灣史地的專書《福爾摩沙歷史與地理之描述》（*An Historical and Geographical Description of Formosa*），他在書中描述臺灣的歷史、地理、文化、語言文字等，出版後頗暢銷，且先後有多國語言的譯本刊行。

殊不知，這本書出版幾年之後便被揭穿是一本僞書。雖爲僞書，他也大量引用當時西方有關臺灣的遊記、報告書、地圖等，只是再加以誇大渲染。可以說撒瑪納札的書呈現的是一個看似眞實而又幻見的臺灣。

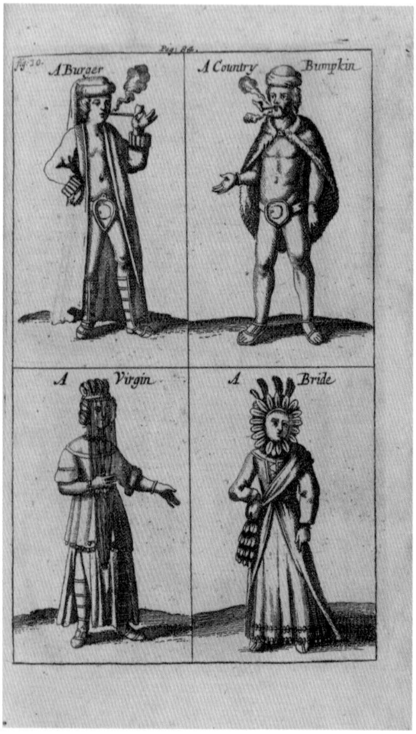

▶ 自稱來自臺灣的撒瑪納札，真實身分其實是法國人。（館藏號 2010.018.0013）
◀ 撒瑪納札書中所附的各種臺灣人形象插圖。（館藏號 2003.015.0179）

煞有其事的兩島論

一七〇五年書籍再版時，撒瑪納札爲了讓他的描述更爲有憑有據，特地附了一張福爾摩沙島地圖。基本上，在書中附上地圖，常見於十七、十八世紀西方遊記類書籍，是作者用來證明「確有其地」的寫作策略。例如同時期的《魯賓遜漂流記》（一七一九年），書中就附了地圖來做佐證說明。

撒瑪納札在書中說福爾摩沙島由五個小島組成：Avias dos Lardonos、Isles of Thieves、Great Peorko、Little Peorko、Kaboski。在一七〇五年再版書中的地圖裡，臺灣一帶的地名標示與書的描述略有不同，從北到南有：Isle of Robers、Little Peorko、Formosa、Great Peorko、Taliokiu、Isle of Robers。地圖特地把 Formosa 畫出來，也可能是爲了回應前一年書出版後受到的不少外界質疑，因此更明確地在地圖裡指出臺灣島的位置。

另外，他還特別在福爾摩沙島旁邊，以 Tyowan 之名標示海上的其它幾個小島。特地把 Formosa 跟 Tyowan 在地圖裡做了區隔，也是去回應跟反駁西方世界中把福爾摩沙跟大員混爲一談的看法。撒瑪納札試圖證明它們其實是二個鄰近的島，用 Tyowan 指稱當時與臺灣本島還隔著內海的岸外沙洲安平一帶。

這種一連串島嶼的文字描述與地圖形象，與上個世紀西方出版的東亞地圖中臺灣、琉球一帶的繪製呈現方式無甚差異，而且 Great Peorko、Little Peorko 之名，很可能就是轉化自十七世紀西方文獻裡的Lequio grande（大琉球）、Lequio minor（小琉球）。甚至他在書中寫說中國人稱呼福爾摩沙爲Pacando，這也沒錯，「北港」是明代閩南漢人對臺灣的稱呼之一，在十七世紀荷蘭人繪製的一些臺灣地圖裡，就註明臺灣也稱爲Pacan。

麥卡托（Gerard Mecartor）1595年繪製出版的〈亞洲圖〉局部。
（館藏號2003.014.0002）

因虛構而強大，因誤讀而成真

爲了證明自己是道道地地的臺灣人，三百多年前的撒瑪納札透過書籍、地圖跟相關言行來策劃一場行動劇，雖有人質疑他，但更多人相信他。或許可以這麼說，撒瑪納札是講了一個符合當時歐洲大眾期待的遙遠美麗島（Island Formosa）的故事。

二〇一二年臺北雙年展以「想像的死而復生」爲主題，當中有一件臺灣藝術家林宏璋的作品〈撒瑪納札博物館〉，就是轉化自撒瑪納札其人其事。林宏璋將撒瑪納札繪製的〈福爾摩沙地圖〉改爲衛星地圖的方式表現，而衛星地圖似乎比2D平面地圖更爲接近眞實，但幻見與謊言卻依舊存在於許多看似眞實的社會情境當中。若以藝術的角度觀之，撒瑪納札的地圖是多元視角的拼貼與合成，或可視爲一件極好的藝術作品，也能一定程度反諷、質疑跟批判當時歐洲社會的族群想像與異地觀，反映出現實生活中存在的許多虛幻與偏見。（石文誠）

延伸閱讀

· 翁佳音，〈虛實之間的臺灣：原住民及東部臺灣〉，收於何孟侯主編，《百年觀點特展：史料中的臺灣、原住民及臺東》。臺東：國立臺灣史前文化博物館，二〇〇七，頁六〇－六三。

· 喬治．撒瑪納札（George Psalmanazar）著，薛絢譯，《福爾摩沙變形記》。臺北：大塊，二〇一六。

1

2

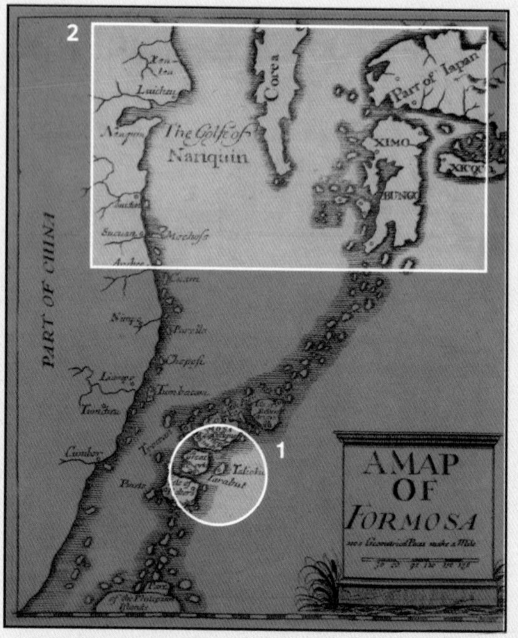

1｜東拼西湊的福爾摩沙

圖中福爾摩沙的概念包括數個大小島嶼，「Taliokiu」顯然得自大琉球，「Great Peorko」、「Little Peorko」則應是轉化自十七世紀西方地圖中常見的大、小琉球（Lequio grande、Lequio minor）。這也顯示這是一張東拼西湊的臺灣地圖，撒瑪納札把各種當時關於臺灣及其周遭的訊息都儘可能的含括到這張地圖裡。

2｜朝鮮與日本

圖中描繪的日本與朝鮮基本上不脫十六、十七世紀地圖對二地的呈現方式。圖中朝鮮（Corea）只出現一半，不過依照當時慣常的畫法，朝鮮是被繪成細長的島國，不與亞洲大陸相連，與中國間夾著內海南京灣（The Golfe of Nanquin）。日本（Japan）的形狀則與當時地圖（例如洪第烏斯一六〇六年繪製的〈中國地圖〉）一樣把南北方向壓縮得很扁，也沒有畫出北海道。圖中的日、朝二地依循上個世紀的地圖舊資料作呈現，撒瑪納札並沒多做文章，畢竟不是此圖所要強調的重點地區。

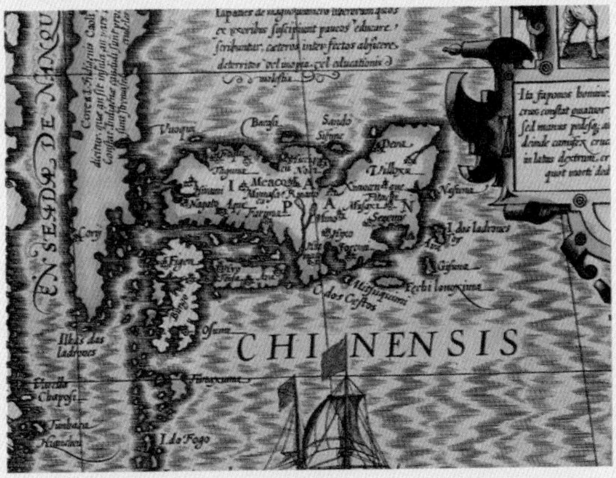

洪第烏斯（Jodocus Hondius）繪製，1606年〈中國地圖〉局部。（館藏號2003.015.0009）

◇ 凹版的辨識技巧之二

凹版的製作技巧，是使用銳利的工具、或搭配酸性溶劑來蝕刻印刷版，在印刷版上製造出凹痕作畫，而放大檢視字體或線條的邊緣，則會發現字體邊緣不平整與不銳利的情形，這也成為凹版印刷的主要特徵。造成不平整邊緣的原因可能有四種，一是油墨在凹版的凹槽內，由於壓印印製的方式與油墨毛細現象而產生，二是來自於印刷版持續的印製，導致版印邊緣受損，三是擦版時，油墨擦的過多或過少（如左圖的「H」字體的寬邊，中間各有兩道較淺墨色的直線），四是金屬版的「製版過度」，再加上版畫機的壓力以及紙張是以濕潤的狀態下進行壓印，進而形成字體邊緣模糊的特徵。

（鄭勤思）

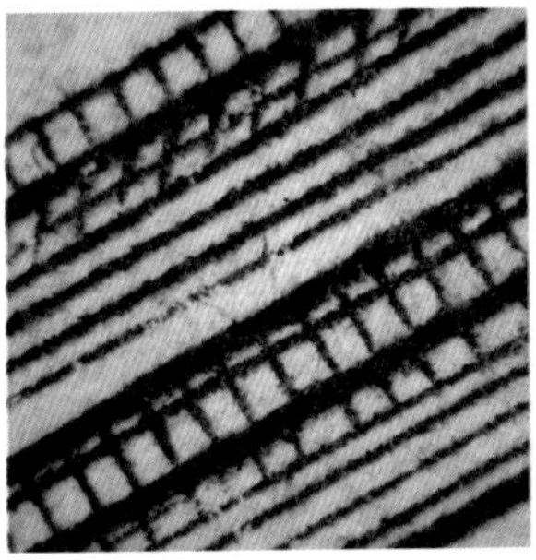

版印受損，印刷線條不連續

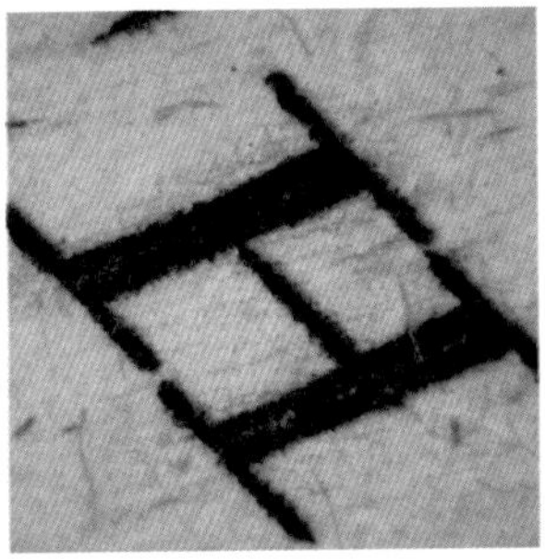

字體邊緣不銳利感

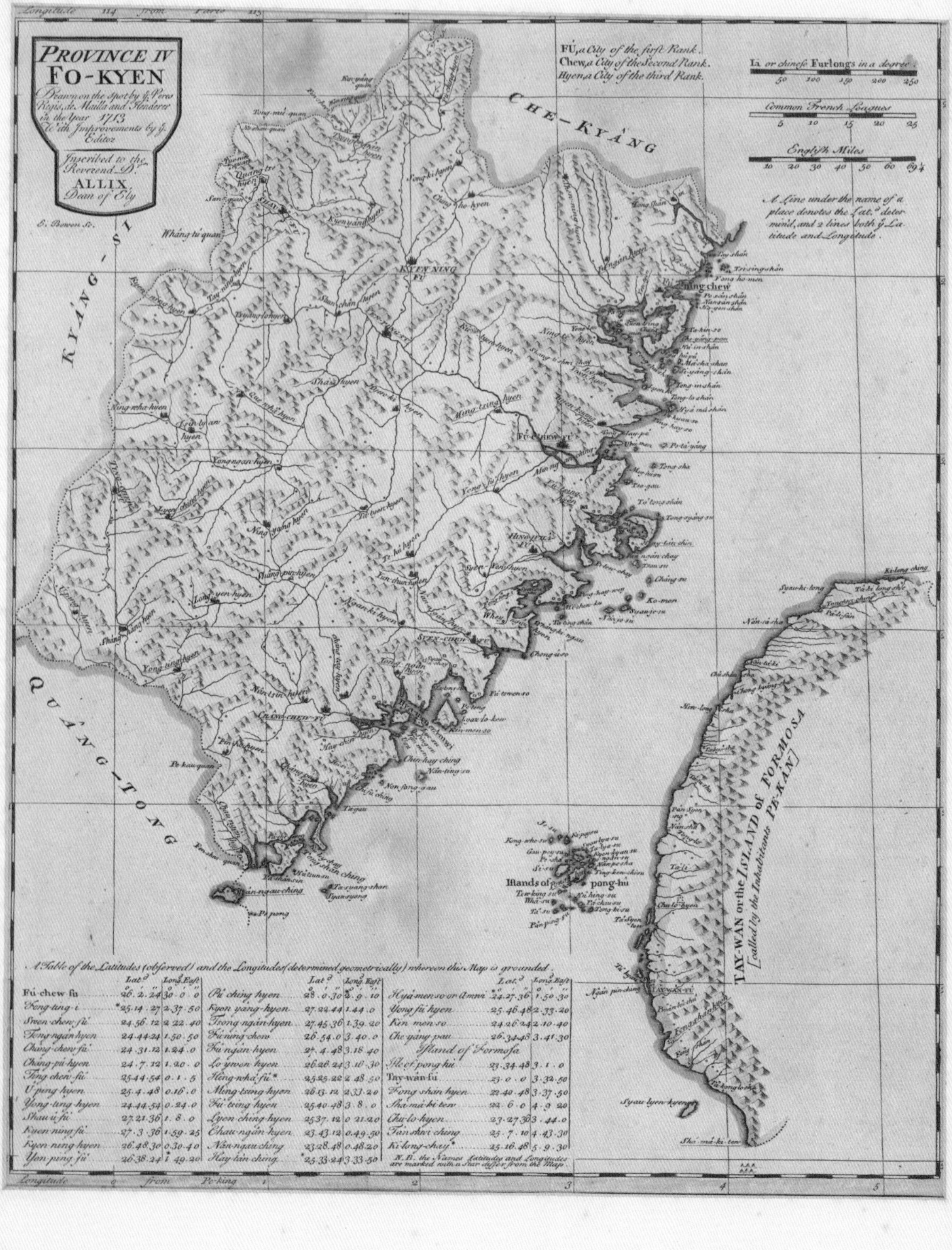

A Table of the Latitudes (observed) and the Longitudes (determined geometrically) whereon this Map is grounded.

	Latd.	Longd. East		Latd.	Longd. East		Latd.	Longd. East
Fú-chew fu	26. 2. 24	30. 0. 0	Pú ching hyen	28. 0. 30	*2. 9. 10	Hya men so or Amoy	*24. 27. 36	1. 50. 30
Fong-ting-i	*25. 14. 27	2. 37. 50	Kyen yang-hyen	27. 22. 44	1. 44. 0	Yong fú hyen	25. 46. 48	2. 33. 20
Swen-chew-fú	24. 56. 12	2. 22. 40	Tsong-ngan-hyen	27. 45. 36	1. 39. 20	Kin-men-so	24. 26. 24	2. 10. 40
Tong-ngan hyen	24. 44. 24	1. 50. 50	Fú-ning-chew	26. 54. 0	3. 40. 0	Che-yang-pau	26. 34. 48	3. 41. 30
Chang-chew-fú	24. 31. 12	1. 24. 0	Fú-ngan-hyen	27. 4. 48	3. 18. 40	Island of Formosa		
Chang-pú-hyen	24. 7. 12	1. 20. 0	Lo-ywen-hyen	26. 26. 24	3. 16. 30	Isle of pong-hu	23. 34. 48	3. 1. 0
Ting-chew-fú	25. 44. 54	0. 1. 5	Hing-wha-fú*	25. 25. 22	2. 48. 50	Tay-wan-fu	23. 0. 0	3. 32. 50
U-ping-hyen	25. 4. 48	0. 16. 0	Ming-tsing-hyen	26. 13. 12	2. 33. 20	Fong-shan-hyen	22. 40. 48	3. 37. 50
Yong-ting-hyen	24. 44. 54	0. 24. 0	Fú-tsing-hyen	25. 40. 48	3. 8. 0	Sha-ma-ki-tew	22. 6. 0	4. 9. 20
Shau-u-fú	27. 21. 36	1. 8. 0	Lyen-ching-hyen	25. 37. 12	0. 21. 20	Chu-lo-hyen	23. 27. 36	3. 44. 0
Kyen-ning-fú	27. 3. 36	1. 59. 25	Chau-ngan-hyen	23. 43. 12	0. 49. 50	Tan-shwi-ching	25. 7. 10	4. 43. 30
Kyen-ning-hyen	26. 48. 30	0. 30. 40	Nan-ngau-ching	23. 28. 48	0. 48. 20	Ki-long-chay*	25. 16. 48	5. 9. 30
Yen-ping-fú	26. 38. 24	*1. 49. 20	Hay-tan-ching	*25. 33. 24	3. 33. 50			

N.B. the Names Latitudes and Longitudes are marked with a Star differ from the Map.

07

皇帝跨國委託畫地圖，卻只畫了一半？

福建省圖

館藏號	2020.006.0029
年代	1738 年
材質	紙
尺寸	34.5 公分 × 40.1 公分

以歐洲技術畫清國地圖

十六世紀晚期起，歐洲天主教傳教士陸續遠赴亞洲傳教，中國一些傳統文人也對這些來自海外的「西僧」，以及他們帶來的歐洲知識與技術感到好奇，雙方因而揭開了東、西方文化交流的新篇章。

十七世紀晚期，清朝的康熙皇帝也頗注意這類知識，尤其對數學特別感興趣。他也想試試這些新事物是否能投入實際應用，其中一個嘗試，就是請傳教士幫他把帝國統治的天下畫成精確地圖。

在康熙皇帝委託下，耶穌會士白晉（Joachim Bouvet）、雷孝思（Jean-Baptiste Régis）、杜德美（Petrus Jartoux）等法國傳教士，就在一七〇八年於長城地區啟動測繪工作，隔年完成圖稿。之後，在其他耶穌會士與清廷官員參與

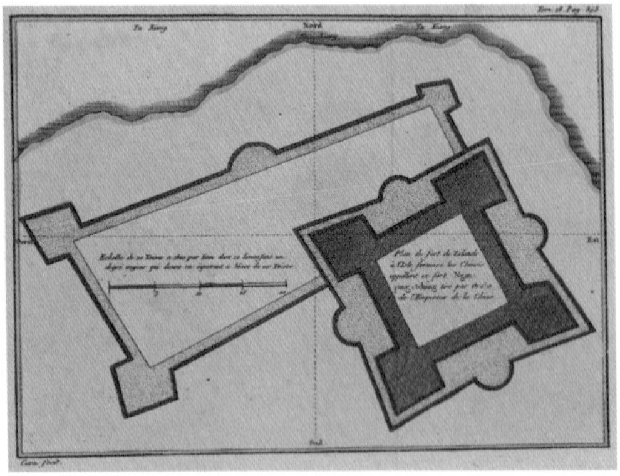

下，清朝各省份與周邊地區的測繪行動也接續展開，到了一七一七年，終於完成全套二十八幅的圖稿，送交木版雕刻印刷，這卽是《皇輿全覽圖》最初成果。一七二一至一七二二年又有一次增修刊印，圖幅數量更擴大到三十二幅的規模。

這套《皇輿全覽圖》是以天文觀測、三角測量等技術進行現場測繪，搭配相關文獻資料補充製作而成，主要描繪大清帝國領土，但也包含朝鮮半島全境、俄羅斯帝國南緣一隅等非版圖地區，原圖比例尺大約一百四十萬分之一。它跟中國常見的傳統山水畫式輿圖有非常大的差異，一條條的經緯網格線在圖上縱橫交錯，反倒像是當代人們常見的地圖。雖然它無法眞的跟現在的電子地圖完全吻合，但在十八世紀當時，已算是前所未見的精確地圖。

臺灣只畫一半

當時的臺灣已在清朝統治之下，所以也是《皇輿全覽圖》的描繪對象。爲了進行實地測繪，馮秉正（Joseph-Anne-Marie de Moyriac de Mailla）、德瑪諾（Romanus Hinderer）與雷孝思等三位法國耶穌會士，就在一七一四年四月從廈門坐船出發，先至澎湖、再抵臺灣府城，展開爲期一個多月的臺灣地圖測繪行動。

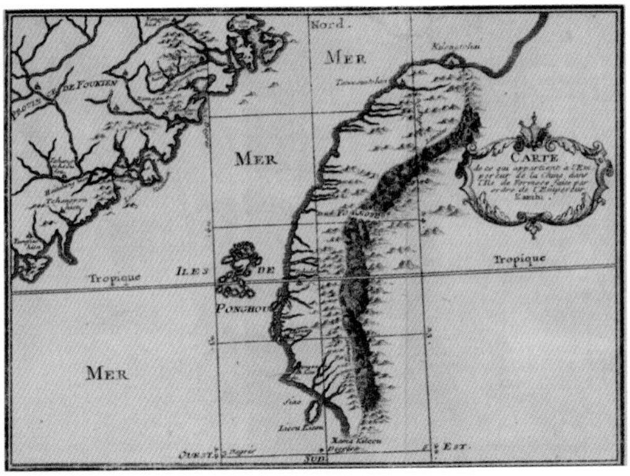

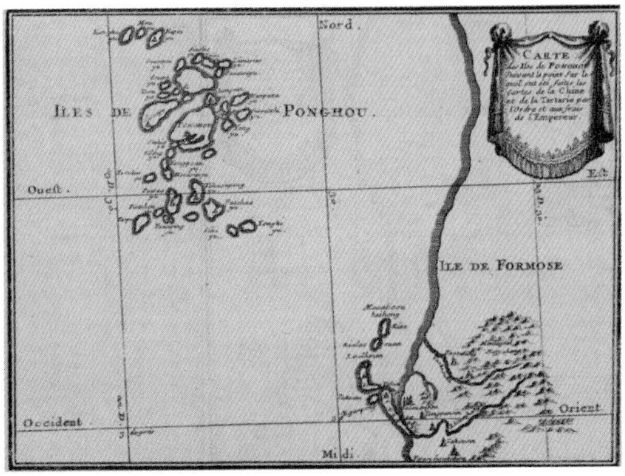

馮秉正等人留有全臺灣、府城附近、安平熱蘭遮城等圖資，收錄於《耶穌會士書簡集》。
（館藏號 2003.014.0088、2003.015.0040、2003.015.0128）

這段期間，三個人分頭工作。雷孝思、德瑪諾跟一些陪同的清朝官員，負責中、北部地區；馮秉正與另外兩名官員則負責府城及臺灣南端。最後繪製的成果被呈現在〈福建省圖〉右下角，圖中的臺灣很接近我們從衛星影像所熟知的形狀，但卻只有西半邊，少了東半邊。

爲何臺灣只畫一半？這是因爲馮秉正相當清楚當時清朝在臺灣的統治狀況。一七一五年，他給法國耶穌會科洛尼亞（de Colonia）神父寫了一封工作業務的報告信，描述：「臺灣島並未完全控制在中國人手中，它似乎被一條高大的山脈分爲東西兩部分……只有山巒以西的地方才屬於中國，東部只有野蠻人居住。」

由此可知，馮秉正等人知道臺灣有完整的輪廓，但仍然依照清朝統治者的觀點，只測繪西半部，不處理東半部。這套陸地實測的臺灣基本地圖，就因爲這段特定的時空背景，而呈現出獨特的半邊姿態。

風靡歐洲的中國地圖

之後，有些參與製圖的傳教士們回到歐洲，也把相關資料一併帶回，《皇輿全覽圖》因此流傳到歐洲，並影響歐洲製圖師對於東亞地理空間的描繪與認識。法國的唐維爾（Jean-Baptiste Bourguignon d'Anville）就是深受影響的其中一位。

唐維爾曾繪製一套法文中國地圖，就是依據《皇輿全覽圖》製成。那套圖先收錄在耶穌會士杜赫德（Jean-Baptiste Du Halde）在一七三六年於巴黎出版的《中華帝國及中華韃靼地理、歷史、編年、政治與自然環境的記述》（*Description Géographique, Historique, Chronologique, Politique et Physique de l'Empire de la Chine et de la Tartarie Chinoise*）一書，隔年又在荷蘭海牙單獨出版《中國新地圖集》（*Nouvel Atlas de la Chine*）。這些地圖出版品堪稱是十八世紀歐洲最新的中國地圖資料，所以也陸續受其他製圖師引用，例如十八世紀中葉法國地理學者培林（Jacques-Nicolas Bellin）所繪製的〈福爾摩沙島圖〉，就是以唐維爾地圖爲主，並且拿早先荷蘭人的圖資，把缺少的東半部給補起來。

至於這幅〈福建省圖〉也是唐維爾地圖相關延伸版本。它收錄在一七三八年於英國倫敦出版的杜赫德《中華帝國記述》英譯本裡，是中國各省分圖的第四幅，由英國地圖雕版師鮑恩（Emanuel Bowen）製作。其內容大致與法文版相同，所以也是源自《皇輿全覽圖》的資訊，只

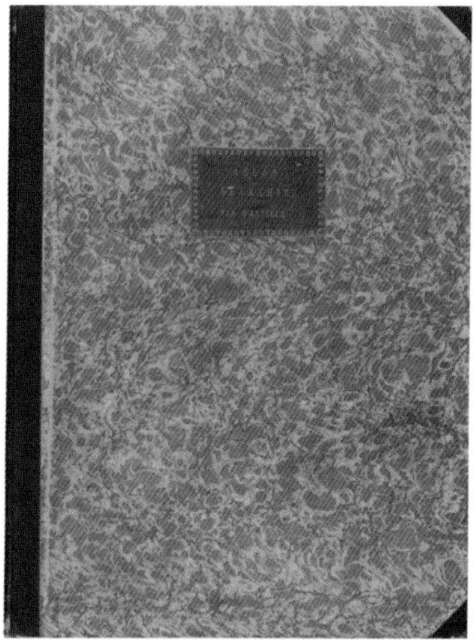

◀ 1737 年於荷蘭出版的唐維爾《中國新地圖集》。（館藏號 2003.014.0089）
▶ 唐維爾〈福建省圖〉法文版，後期上色。（館藏號 2002.006.0008）

是文字全部改成英文，並在左下角條列福建省各主要城市的經緯度數字，而在標題下方，則多註明了「Inscribed to the Reverend Dr. ALLIX, Dean of Ely」（題獻給伊利座堂主任牧師阿里克斯）等，應是製圖者給予其贊助或支持者的表揚回饋。

在這段橫跨千里的歐亞人群互動與地圖流通中，半邊模樣的臺灣，就這麼進入了十八世紀歐洲人的眼簾。直到十九世紀中葉歐美人士再度來到東亞海域測繪，臺灣才又有不一樣的輪廓。（蘇峯楠）

延伸閱讀

蘇峯楠，〈皇輿全覽圖〉，收於謝國興、陳宗仁主編，蘇峯楠等圖說撰述，《地輿縱覽：法國國家圖書館所藏中文古地圖》。臺北：中央研究院臺灣史研究所，二〇一八，頁六〇—八九。

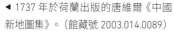

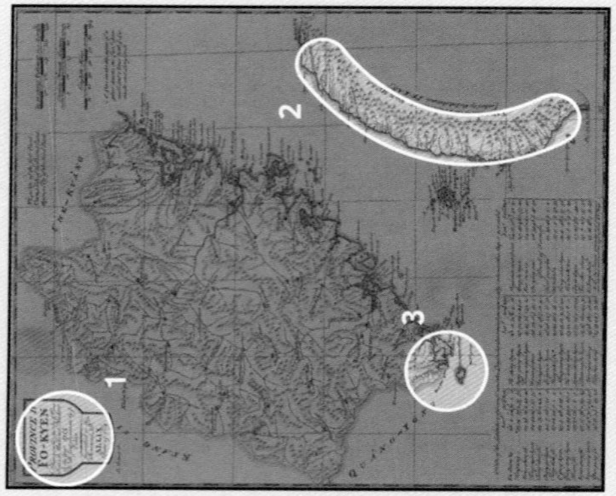

1

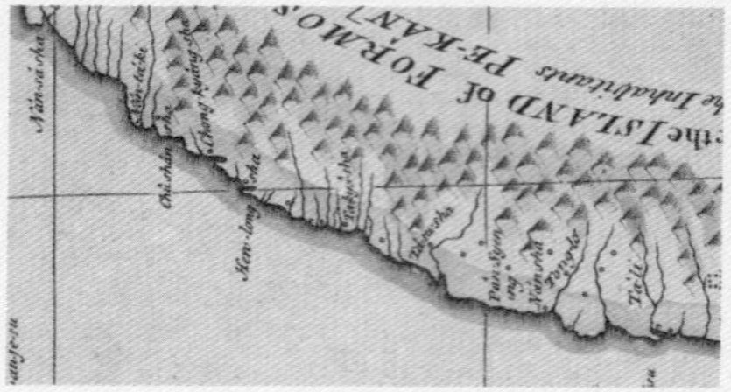
2

1｜耶穌會

地圖標題註記「一七一三年由雷孝思、馮秉正與德瑪諾現場測繪，並由編輯者修正」，即三位傳教士在臺灣測繪的緣由。他們都是耶穌會成員。十六世紀初，馬丁路德（Martin Luther）推行宗教改革，而為抗衡新教運動的衝擊，西班牙天主教羅耀拉（San Ignacio de Loyola）等人在法國組成耶穌會，主要活動之一就是遠赴歐洲以外地區傳教，拓展宣教版圖。

耶穌會搭上當時歐洲人在海外世界的貿易活動與探索熱潮，足跡遍及印度、日本、中國等地。在中國，他們除了傳教，也帶入各種學術知識及最新地圖，一六〇二年利瑪竇（Matteo Ricci）的《坤輿萬國全圖》，一六七四年南懷仁（Ferdinand Verbiest）的《坤輿圖說》等都受中國傳統文人注意。羅明堅（Michele Ruggieri）、衛匡國（Martino Martini）等人也曾在歐洲繪製中國地圖，刷新歐洲人對亞洲的認識。

2｜番界

此圖的臺灣只有西半部，而《耶穌會士書簡集》（*Lettres Édifiantes et Curieuses, Écrites des Missions Étrangères*）收錄的版本，還可在中央山脈看見一條虛線，標示法文「Limites」（邊界）。它們都反映出清朝只實質控制臺灣西半部的狀況。

一七二二年夏天，朱一貴、杜君英等人在南臺灣率眾抗官，不久遭清軍鎮壓。當時官府注意到，許多黨眾在東邊山區來去自如，認為若繼續放任漢人活動於官府無法掌握的地帶，可能會有治安隱憂，所以在山邊豎立五十四座石碑，隔出「番界」，禁止漢人越界闖入。

然而，漢人為了尋求更多謀生空間與資源，仍無視禁令，穿越界線；官府則屢次清查，重定界線。清代臺灣地圖曾有紅、藍、紫、綠等不同顏色界線，就是屢次修改的結果。每次修改都將界線往東推，代表漢人移民不斷往山邊趨近。

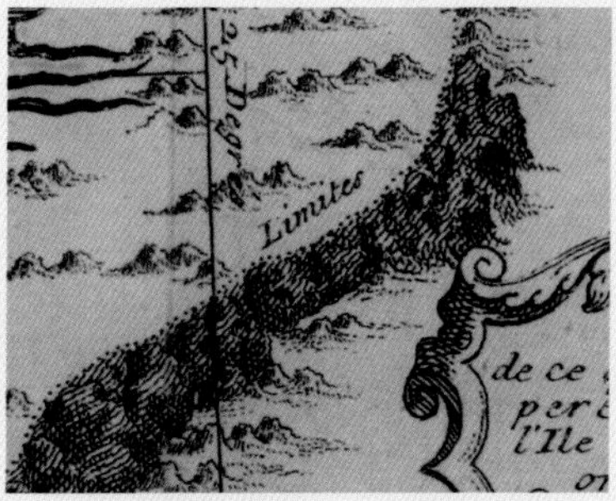

《耶穌會士書簡集》所收錄的臺灣地圖中，山邊畫了虛線並標示「Limites」（邊界）。（館藏號2003.014.0088）

3

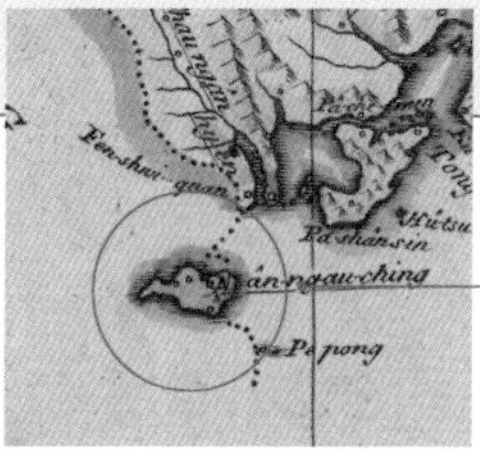

綠色區域雖然用了 XRF 檢測，但由於含有銅的綠色顏料很多，還無法進行確認。

◇ 綠色顏料的科學檢測

這件地圖的海岸線邊緣，以綠色作為海陸邊界，但綠色顏料在目前的科學分析中，還無法斷定為何種成份組成；雖然館員以XRF檢測到了銅（Copper）、鋅（Zink）元素，然而這樣還不夠，因為含有銅的綠色顏料不枚勝舉，例如銅綠（Verdigris）、孔雀石（Malachite）、翡翠綠（Emerald green）等，而且有部分種類的含銅顏料，如儲存環境長期是高濕，不但會提高劣化的風險（嚴格來說，劣化在此指的是材料從複雜分子逐漸分解成簡單分子的過程，此又稱作為「降解」），還會造成彩繪區域（或與其交疊的頁面）紙張產生變色、裂痕、脆化等劣化狀況，歷史上有許多手稿、書籍因而造成損壞。如果需要更進一步的確認是哪種綠色，則需要再透過拉曼光譜（Rama）、傅立葉變換紅外光譜（FTIR）、X光繞射儀（XRD）等儀器來交叉比對與分析。（鄭勤思）

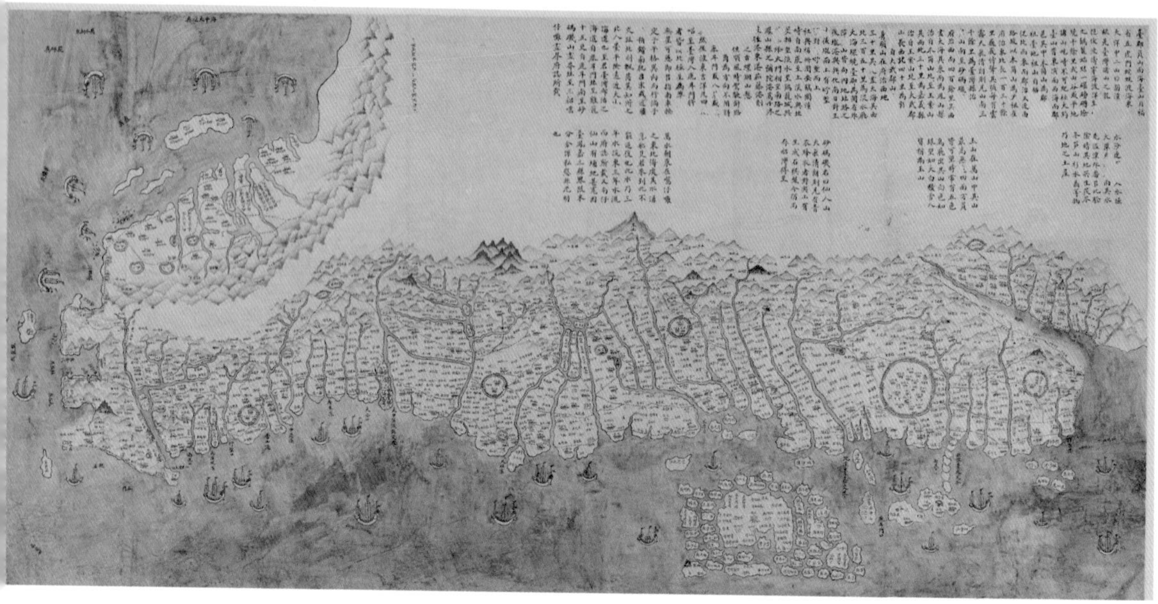

08

不單純的山水畫

十九世紀臺灣輿圖

館藏號　2018.011.0001

年代　19 世紀初期

材質　紙

尺寸　205.6 公分 × 96 公分

山水畫/化的地理空間

傳統中國所繪製的輿圖，畫面常由底部的近景、中間的中景、上方的遠景構成，而在日本、朝鮮、越南等也有使用類似製圖技法。圖像裡頭記載地名文字資訊，還可見海水的浪濤、林木蒼鬱的枝幹、層層矗立的青綠山巒，以及屋舍、牛車、船隻等。與其說是地圖，不如說像是一幅平視俯瞰的山水畫景觀。

這種山水畫式輿圖，跟現代人們熟悉的平面式地圖完全不一樣、也無法直接套疊比對，但或許不能因此說它們不精確、不好用。對當時的製圖者而言，能夠拿畫筆將眼睛所看到的樣子直接畫下來，還能用來辨識空間環境、處理各種問題，就已經是一幅非常好的地圖了。而對後世研究者來說，山水畫式輿圖往往隱藏著人們對空間的觀察、理解、想法與評價，所以比實測地圖含有更多元複雜的線索。

十七世紀起，臺灣也被這種製圖手法加以描繪，而有了「山水」的樣子。它們多以橫式長卷紙張細緻描繪，註記資訊量也很多，畫幅底部通常安排臺灣海峽與澎湖群島，中間是註記大量地形、村社與汛塘（駐軍據點）資訊的西半部地區，頂端則以整排重巒山岳作為背景，整體而言，是由西方望向東方的視野，也就是西邊統治者隔海望向東邊臺灣的方向。這類地圖很多是由官方製作與持有，除了輔助官方人員掌握地方情報或施行政策，也可能反映出官方製圖者的治理空間觀。

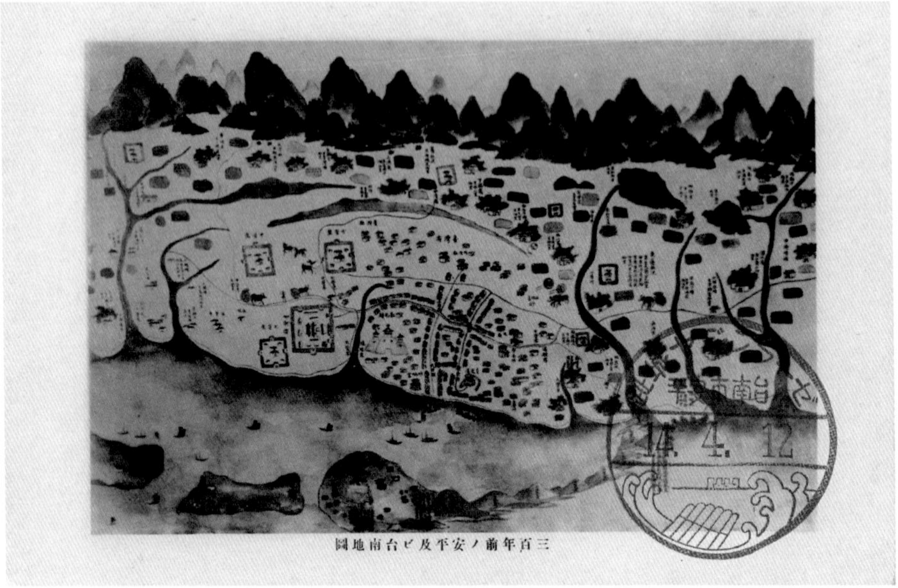

十七世紀晚期〈康熙臺灣輿圖〉是山水畫式臺灣輿圖代表作，臺南一帶特別被放大描繪。原件現藏國立臺灣博物館，此為日治時期翻拍該地圖的明信片。（館藏號 2001.008.0510）

移民在路／陸上

清治初期的山水畫式臺灣輿圖，剛開始是南部地區的記載較爲詳盡。尤其臺南一帶，更常被放大描繪，因爲十七世紀的漢人移民及統治者主要在臺南發展活動，所以掌握的情報相對較多。

到了十八世紀，漢人移民持續進入，人口激增，生活領域與墾殖活動也擴張到中、北部，空間地景因此有大幅變化。而在地圖繪製上，中、北部的資訊，特別是漢人聚落及相關地名數量也逐漸變多，不再只有臺南附近獨大。

這一幅繪製於十九世紀前期的〈臺灣輿圖〉，就是在十八世紀漢人活動基礎上繪製而成。其畫面仍以東方爲上，遠景描繪整排山巒，同樣屬於典型的山水畫式，但在整個西半部地區，從北到南都塡滿了密密麻麻的地名，可說是當時漢人社會擴展到中、北部的發展結果。

此外，圖中也針對海濱地區的輪廓、港埠、軍事駐點、海埔地等部分，給予細緻的描繪與註記；海面上也畫了許多帆船來來往往，將海域點綴得相當熱鬧。十八世紀以來，臺灣各地的生產、貿易與物流網絡逐漸串連起來，沿岸海港商業城鎮也隨之興起。在此背景下，這幅「地」圖也很關注海濱，因而充滿了「海」味。

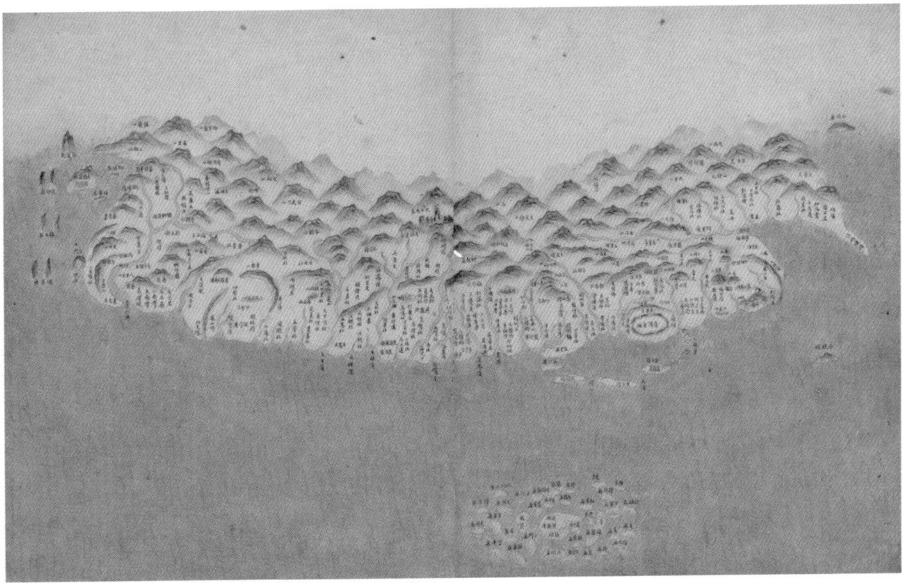

十八世紀清人繪製的《臺灣番俗圖冊》，也採用山水畫式描繪而成，值得注意的是，中、北部註記逐漸增加。（館藏號 2018.011.0049.0010、0011）

浮現的新領地

至於在東半部，這幅地圖仍維持半邊臺灣的畫法，顯示一片空白，只註記「此外箕萊地界，向未開墾〔墾〕，不能成筆」幾個寥寥小字。不過，還是有些顯著的變化值得注意，像左上方的噶瑪蘭，就已躍然浮現於圖紙上。

噶瑪蘭（Kavalan）是蘭陽平原的原住民地名。在清朝官府眼中，本來是界線外的「化外之地」，不受統治，但十八世紀晚期起，西部人群開始大規模進入，如吳沙等漢人組成武裝墾殖集團，陸續建立頭圍（今頭城）至五圍（今宜蘭市）等聚落；潘賢文等中部地區的平埔原住民，也翻山越嶺前往墾拓，因此清朝在一八一二年新設「噶瑪蘭廳」，將宜蘭納為新領地。然而，大批新移民擠壓噶瑪蘭人的生活空間，許多族人因而離開原鄉，有的遷到山邊的叭哩沙喃地區（今宜蘭縣三星鄉），有的南遷花蓮平原。

這幅地圖就在半邊臺灣的格局上，於左上角另隔出一小塊版面來描繪噶瑪蘭，除了註記許多噶瑪蘭人部落，也有漢人聚落地名。此外，還可見「巡司署」的標示，應是指一八一二年與噶瑪蘭廳一同設立的頭圍縣丞署；「五城三結街」旁亦標示「都司署」，應是一八二五年改制的軍營。這些官署名稱，說明圖中的噶瑪蘭已由清朝設官治理，而噶瑪蘭浮現於地圖上的現象，更是揭示十九世紀西半部平原幾乎開墾殆盡後，人群繼續往山邊、內山甚至東半部推進的另一場變動時代。（蘇峯楠）

延伸閱讀

・夏黎明，《清代臺灣地圖演變史：兼論一個繪圖典範的轉移歷程》。臺北：知書房出版社，一九九六。

・林玉茹、劉序楓編，《鹿港郊商許志湖家與大陸的貿易文書（一八九五－一八九七）》。臺北：中央研究院臺灣史研究所，二〇〇六。

・李文良，〈清嘉慶年間蔡牽事件與臺灣府城社會的變化〉，《臺大文史哲學報》八六期（二〇一七年五月），頁一二七－一五七。

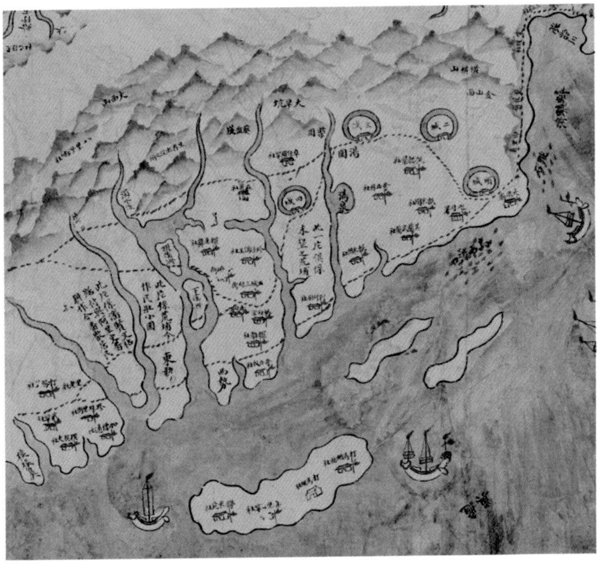

〈十九世紀臺灣輿圖〉噶瑪蘭地區局部。

1

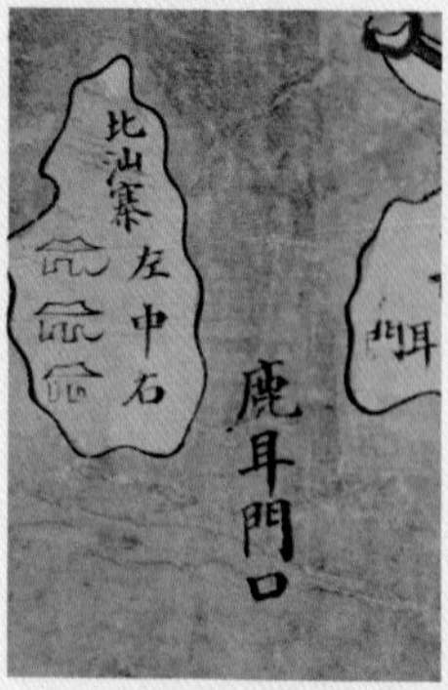

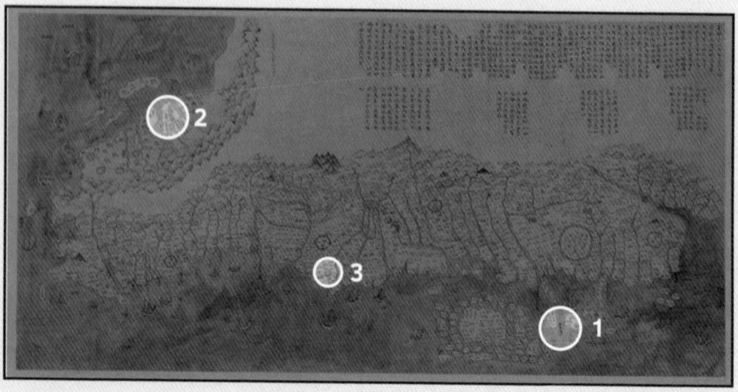

1 — 蔡牽

鹿耳門（今臺南市安南區）旁有標示「北汕寨」，並畫了左、中、右三座屋舍，應是一八〇三年臺灣府知府慶保主持建造的簡易防禦設施「北汕木寨」。一八〇四年夏天蔡牽攻入鹿耳門，「燒燬北汕木城，殺害官兵」，年底更「為風潮漂失無遺」，所以這裡畫的可能是一八〇四年被蔡牽摧毀前的資訊。

蔡牽出身泉州同安，是十八世紀晚期至十九世紀初期活躍於中國東南沿海與臺灣海峽一帶海域的海盜集團首領，自號「鎮海威武王」。清軍與他進行多次對峙卻都徒勞無功，直到一八〇九年在出身嘉義的福建水師提督王得祿與邱良功追擊下，才陣亡於浙江外海。蔡牽活動這十餘年期間，臺灣更著重海口防禦，也強化民間防衛及紳商出面動員的能力。

2 — 潘賢文

在噶瑪蘭有段註記：「此片係潘賢文佔踞，付與阿里史番耕作。今番散，居民矣。」潘賢文是臺中地區的巴宰族人，因為競爭岸裡大社總通事職位失利，一八〇四年與大甲、東螺、阿里史等大約千餘名中部地區不同部落的族人，帶著家當、提起槍枝，翻山越

▶ 平定海盜蔡牽、出身嘉義的王得祿，有許多民間故事在臺灣流傳。圖為黃秋田臺語歌曲唱片《嘉慶君與王得祿》。（館藏號2003.009.0727）

◀ 羅東城隍廟內，今仍供奉移墾帶領者潘賢文與大乳汗茅格的神位。（蘇峯楠攝）

2

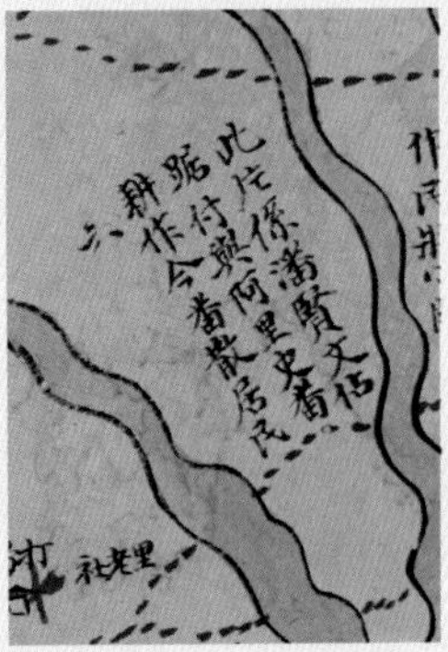

3

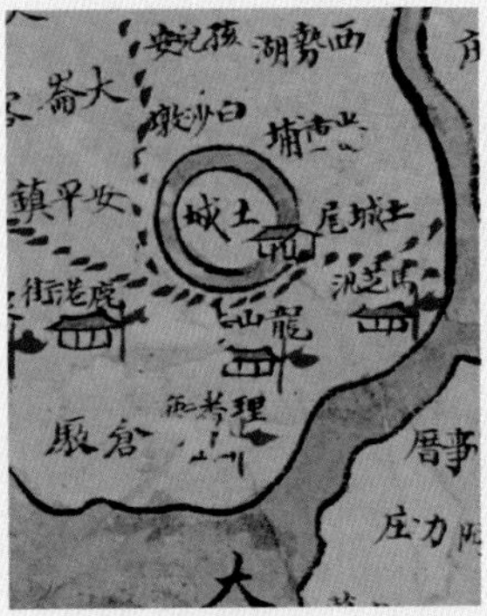

嶺前往清朝版圖之外的噶瑪蘭另謀生活，最後落腳於蘭陽溪南畔的羅東，成為一方墾殖勢力，與溪北的漢人移民分庭抗禮。

十九世紀有幾次大規模的原住民遷徙活動，潘賢文是其中一次的帶領者。在漢人移民不斷進逼、官府政策介入等因素下，不少族人遠離家鄉，尋找另外安身立命的新機會。

3｜鹿港

鹿港在十八世紀就已是中部地區貨物集散地，一七八四年更成為與泉州府晉江縣蚶江對渡的正口，因此是一座「水陸幅輳、米穀聚處」的繁榮海港商業城鎮。

這幅地圖在鹿港註記不只一個地名，除了鹿港街外，還有北頭（今永靖路一帶）、泉洲街（今泉州街一帶）、安平鎮（今安平巷一帶）、倉厫理番衙（粟倉與理番同知署，今德興街鳳山寺旁）、龍山寺等，以及一座畫有圓形圍牆的土城（一七九五年臺灣水師協左營游擊的新建營地，今址在彰鹿路鹿港車站一帶）。眾多地名的記載，除了顯示這幅地圖對海濱的特別關注，也說明當時的鹿港已發展出相當興盛的格局。

鹿港知名景象：綿密排列的長條式街舖。
（館藏號2004.020.0107.0069）

坤輿
治理曆法極西南懷仁立法

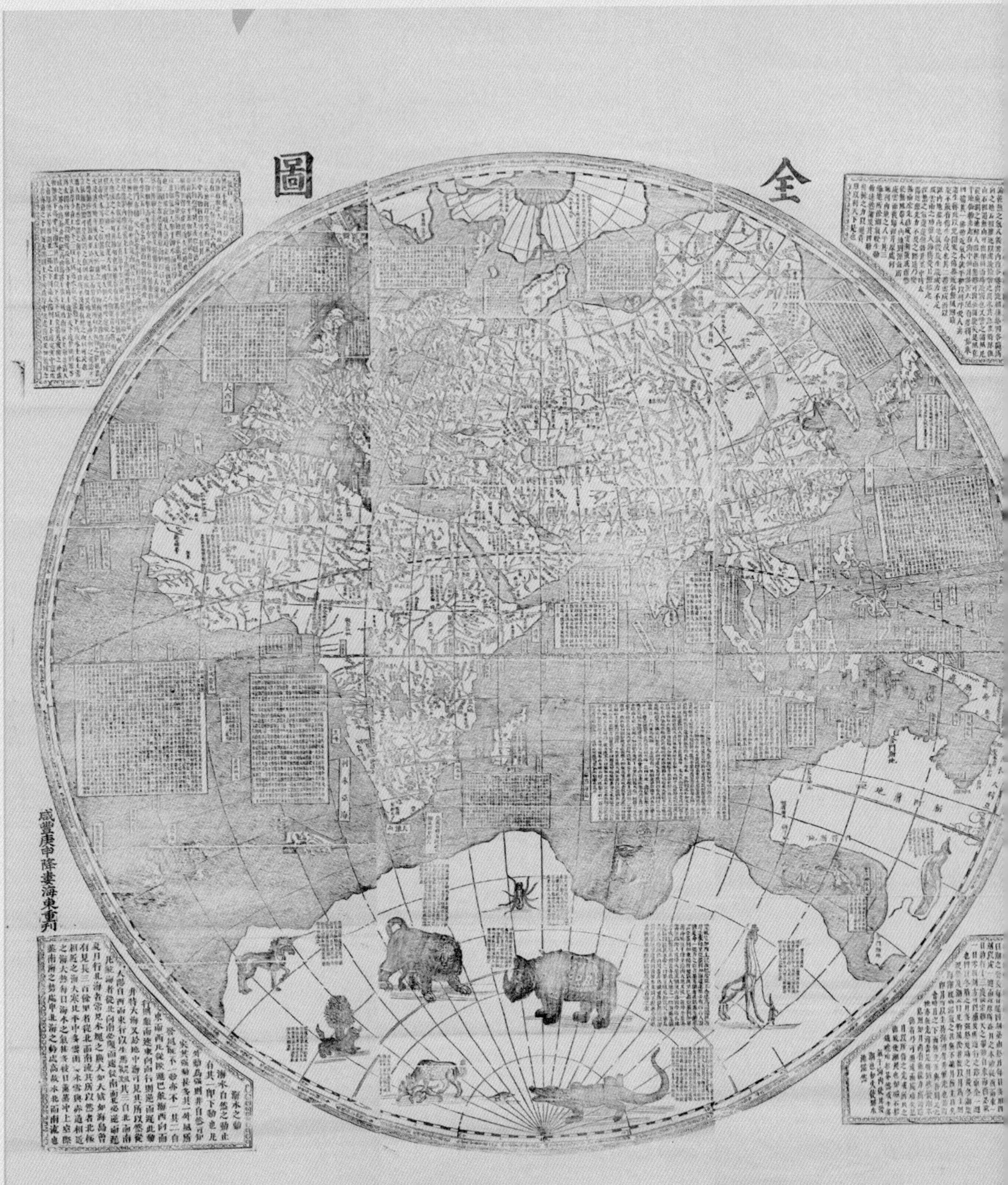
全圖
咸豐庚申降婁海東重刊

09

海怪、異獸與世界中的臺灣

坤輿全圖

館藏號 2017.025.0225
年代 1860 年
材質 紙
尺寸 180 公分 × 340 公分

歐洲傳教士介紹的世界

這張超大幅的中文世界地圖是一八六〇年的重刊刻本，原圖是一六七四年由耶穌會士南懷仁繪刻的〈坤輿全圖〉。南懷仁是比利時人，他在一六五八年來到中國，十年後接替湯若望（Johann Adam Schall von Bell）在清朝宮廷內掌管欽天監監務工作，負責觀察天文、推算曆書、授時等工作。南懷仁繪製〈坤輿全圖〉，是為了向康熙皇帝解說當時西方世界地理知識。為了迎合當時中國士大夫以中國為本位的世界觀，他特意將本初子午線（零度經線）的起點定在北京。

明末清初到中國傳教的天主教耶穌會士，把繪製中華帝國的地圖作為一項重要任務。他們把地圖視為一種啟發人心的傳教工具，帶來新事物與新知識，也滿足中國人對於中國

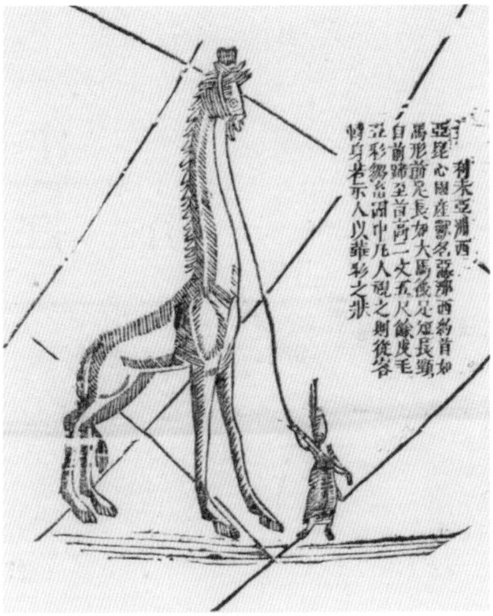

▶ 右為利瑪竇，左為湯若望，二人合力打開一張中國地圖，顯示耶穌會士繪製中國地圖是重要的任務，也把中國的訊息傳回西方。此圖收錄於德國耶穌會士基爾歇（Athanasius Kircher）1667年所編著的《中華圖說》（*Toonneel van China*）。（館藏號 2003.015.0173）

◀ 長得像是長頸鹿的「惡那西約」，圖說寫著 ：「利未亞洲西，亞昆心國，產獸名惡那西約，首如馬形，前足長，如大馬，後足短，長頸自前蹄至首高二丈五尺餘，皮毛五彩，芻畜囿中，凡人視之，則從容轉身，若示人以華彩之狀。」這樣的畫法基本上是沿襲明代以來對於麒麟圖像的描繪方式。

與外部世界關係的好奇心。利瑪竇一六〇二年繪製的〈坤輿萬國全圖〉便是最早且知名的一幅世界地圖。他也爲了迎合中國人的世界觀，以中國爲中心來繪製世界地圖。南懷仁繪製的世界圖，也相當程度根據利瑪竇的圖再做增添修改。

地圖裡的世界動物園

這張重刻版本是由六幅圖所組成，分別繪製東、西兩半球，展現五大洲、四大洋，以及小西洋的地理概況，四周還繪有八個邊框裝飾的圖說。南懷仁也仿當時西方地圖常用的插圖手法來增加美感，例如地圖空白處畫有歐洲的船舶和數十

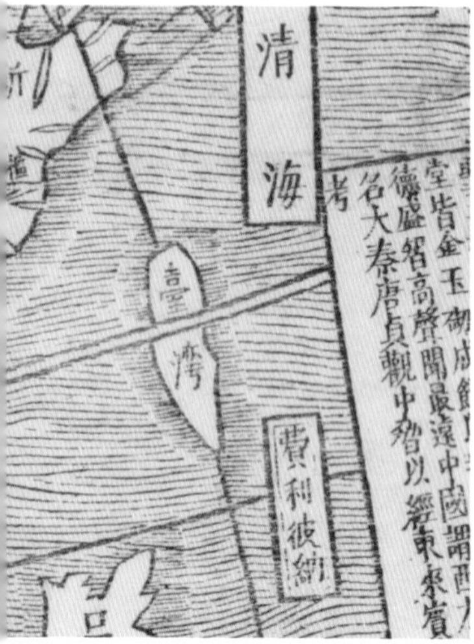

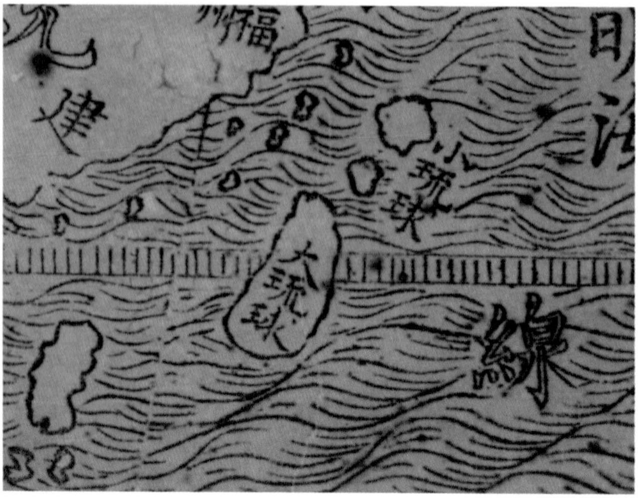

種奇異的海陸生物，如惡那西約（長頸鹿）、加默良（變色龍）、般第狗（河狸）、巴勒亞（鯨魚）。南懷仁畫出這些奇異生物，除滿足中國人對於奇珍異獸的好奇心，一定程度也能增加這張地圖的豐富度與吸引力。南懷仁所用的惡那西約之名，是來自拉丁文「Orasius」的音譯。更早期明代中國人是以「麒麟」稱呼長頸鹿，也留下幾幅麒麟繪圖。不過南懷仁之後，清朝宮廷相關文獻及圖畫用的多是惡那西約之名，而與眞實世界的長頸鹿或是明代的麒麟概念脫勾，成爲一個遠方具體存在的生物，也成爲清代中國架構其世界觀中不可或缺的成員之一。

「臺灣」的形成

相較利瑪竇地圖中臺灣未見其名的狀態，〈坤輿全圖〉中臺灣的輪廓跟位置已經很明確，也有北回歸線通過。西方印刷出版的地圖，大概在十七世紀中葉以後，臺灣的輪廓與位置才逐漸清晰明確，南懷仁的圖也反映了這樣的趨勢。以臺灣爲名，也大致反映十七世紀中葉以後，臺灣全島稱呼的逐漸形成，不過當時也有些地圖將臺灣寫爲「大冤」或「東寧」。大冤的閩南話（tāioan）讀起來跟臺灣相同，東寧則是鄭氏王國的代稱。南懷仁繪製地圖的當時，臺灣尚處於鄭氏王國統治之下；南懷仁明確標示出臺灣，顯示「臺灣」的指稱與概念的形成，不過對當時的清朝而言，臺灣仍是個「敵國」的概念。（石文誠）

▶〈坤輿萬國全圖〉中，北回歸線經過處是大琉球，大琉球之上有小琉球之名，而大琉球之下又有一無名島，到底哪個島是臺灣，頗讓人困惑。本圖現藏於美國國會圖書館。
◀南懷仁〈坤輿全圖〉中的臺灣。

延伸閱讀

- 盧雪燕，〈南懷仁《坤輿全圖》與世界地圖在中國的傳播〉，《故宮文物月刊》三〇四期（二〇〇八年七月），頁一八－二七。
- 汪前進，〈南懷仁坤輿全圖研究〉，收於曹婉如等編，《中國古代地圖集：清代》。北京：文物出版社，一九九七，頁一〇二－一〇七。

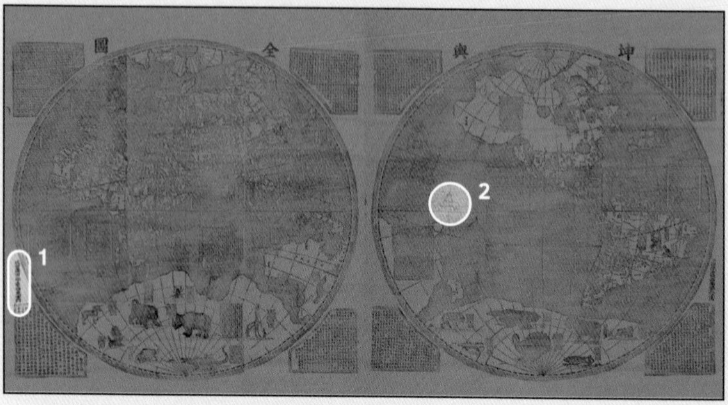

1 — 世界在民間

圖的左下角寫著「咸豐庚申降婁海東重刊」，表示這是一八六〇年的重刊本。降婁指的是重刊的月份，是陰曆三月六日到四月四日間；海東是重刊的書社名。海東重刊版本的流傳，顯示南懷仁〈坤輿全圖〉後世流傳極廣，不僅藏於宮中，民間也有收藏。

2 — 海怪與人魚

頭部噴出雙股水柱的海中巨魚，在十六、十七世紀歐洲地圖上是很常見的一種海怪，歐洲人命名為「Balena」。南懷仁也把這種巨魚描繪在圖中，他音譯為「巴勒亞」。除了海怪外，南懷仁還畫了上半身是女人、下半身為魚形的海女，也是歐洲地圖中常見的人魚圖像。

1

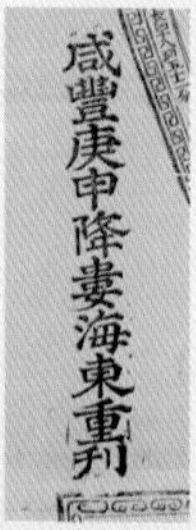

2

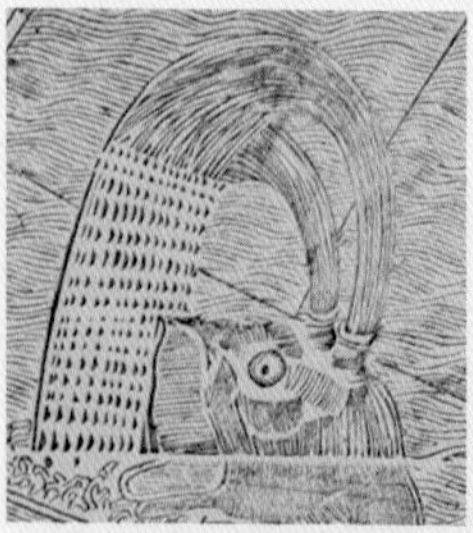

奧特柳斯（Abraham Ortelius），〈東印度群島圖〉(Indiae Orientalis, Insularumque Adiacentium Typus) 中的海怪。(館藏號2002.006.0033)

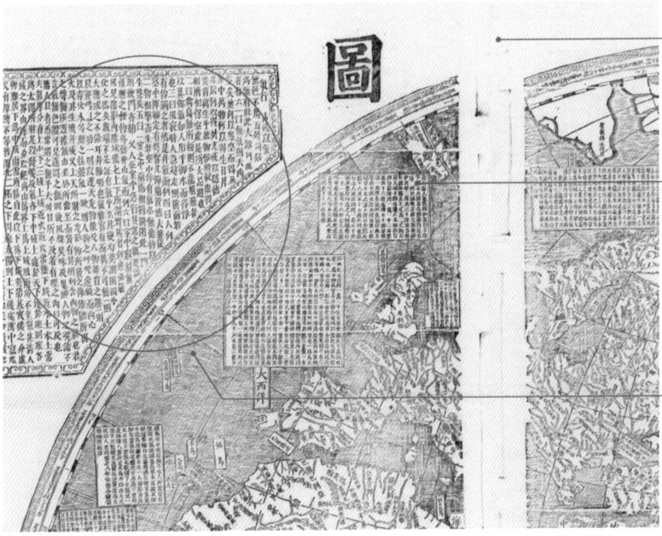
拼接痕跡
此區域油墨較深，
相形下右側則較淺

◇凸版的辨識技巧之二

本件地圖主要為凸版印刷，因圖幅尺寸稍大，很難不拼接製版，也因此可見畫面中的接版痕跡（plate mark），但要特別留意的是，接版痕跡不一定會出現在每一張接版的版畫中，沒有痕跡不代表就沒有接版；本圖依據其上的「刻痕」特徵，可推測為木刻版。木刻版又分為傳統木刻版（woodcuts）與木口木版（woodlock or wood engraving）；傳統的木刻版在大範圍上墨處，會因木紋不平整、或紋路起伏不平，或是因木材刻面歷經多次印刷而受損，油墨無法被上得均勻完整，因而產生屬於木刻版的特徵，其印刷後深色處略顯不均勻、斑駁；而為了改良傳統木刻版的侷限，英國雕刻家托馬斯．比威克（Thomas Bewick）改良了傳統木刻版的工具與版材型式，改用雕刻鑿刀（graver）與木版的橫切面，是為木口木版。因為木材的橫切面較徑切面來得堅硬耐用，刻印製版時，可雕出較細致、精細的線條，能呈現細密的線條並表現明暗色調，而後被大量應用在鳥禽類、動物等自然寫實插圖上。（鄭勤思）

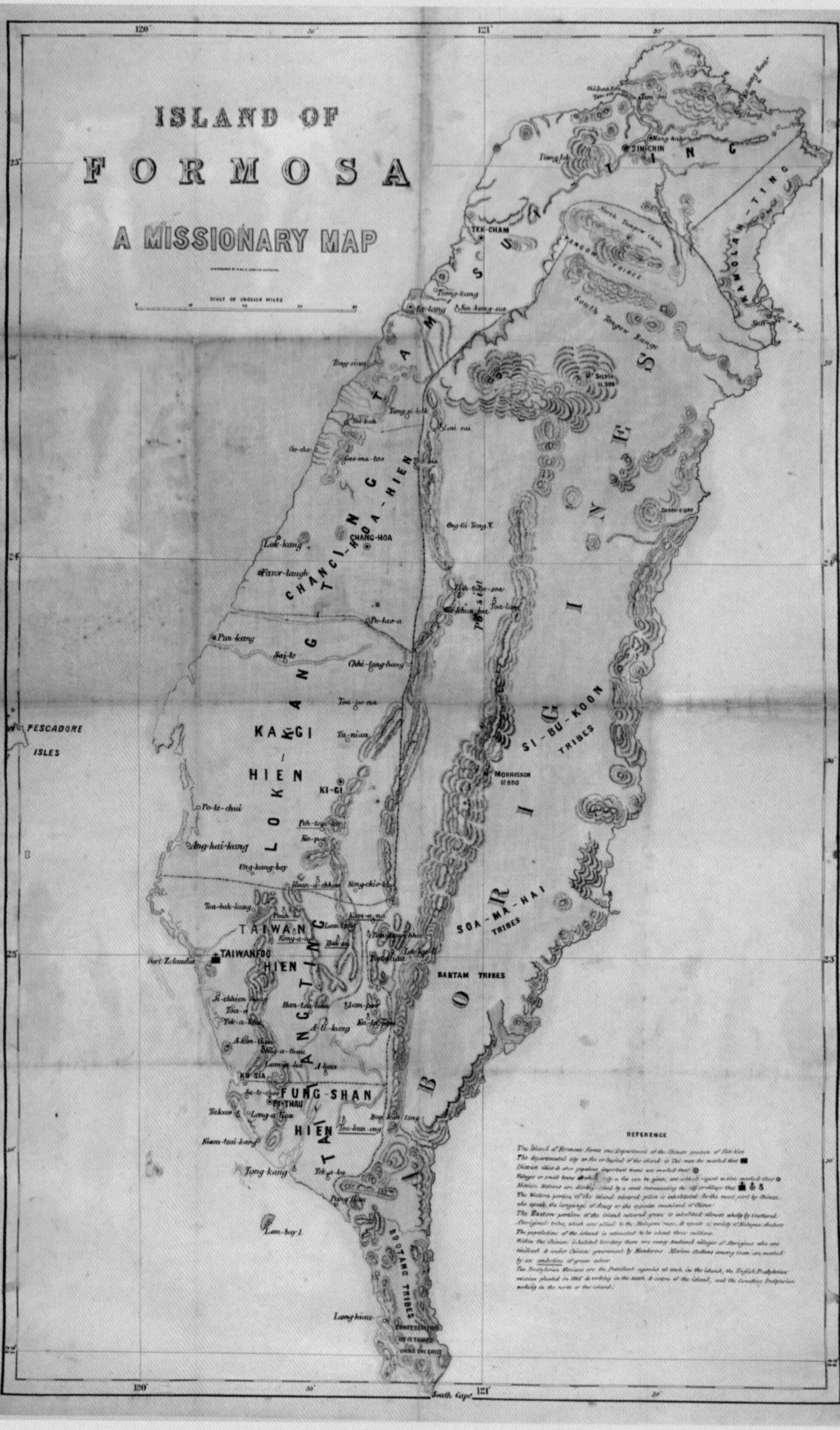

ISLAND OF
FORMOSA
A MISSIONARY MAP
SCALE OF ENGLISH MILES
PESCADORE ISLES
TEK-CHAM
SIN-CHIN
KAMOLAN-TING
Mt SILVIA 11,300
South Tangow Range
CHANG-HOA
CHANGHOA-HIEN
KA-GI HIEN
KI-GI
Mt MORRISSON 12850
SI-BU-KOON TRIBES
SOA-MA-HAI TRIBES
BANTAM TRIBES
TAIWAN HIEN
TAIWANFOO
Fort Zelandia
FUNG-SHAN HIEN
KU SIA
PI-THAU
Takow
Lam-bay I.
BOTANG TRIBES
Long-kiau
South Cape
REFERENCE
The population of the island is estimated to be about three millions.
120°
121°
25°
24°
23°
22°

10 上帝的版圖

福爾摩沙島宣教地圖

館藏號 2020.008.0001
年代 1873 年
材質 絹
尺寸 115 公分 × 81 公分

這幅〈福爾摩沙島宣教地圖〉（Island of Formosa: A Missionary Map）尺寸相當大，是由英國愛丁堡的約翰斯頓兄弟（William & Alexander Keith Johnston）所經營之地圖出版商鐫刻製作。然而，藏於臺史博的此件地圖實際上是手繪稿，而非印刷品，推測可能是鐫刻製版用的原稿。其內容描繪臺灣全島與澎湖一角，整體輪廓已相當接近我們現在從衛星影像所看到的臺灣模樣，而會有如此成果，則與十九世紀西方人再度來訪臺灣的過程有密切關聯。

再探臺灣

十八世紀中期起，歐洲進入工業化時代，工廠的生產動力與製作效率顯著提升，商人需要更多原物料、勞動力與消費群，促使歐美國

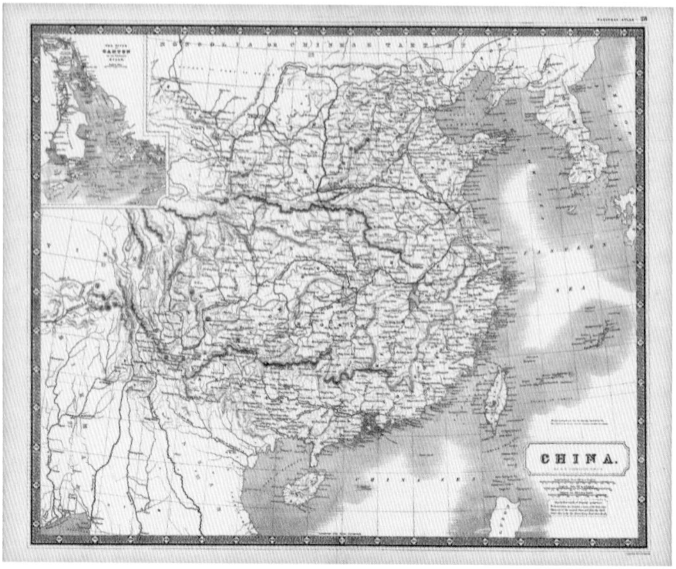

約翰斯頓兄弟為十九世紀英國知名地圖出版商，此幅〈中國地圖〉（China）亦為其出版作品之一。（館藏號2003.014.0033）

家駕著蒸汽動力的輪船、帶著槍砲積極向海外活動，拓展產地與市場。同時，歐美人也開始獲得新的海外情報，如一八四四年，英國海軍軍官柯林森（Richard Collinson）率艦於中國沿海進行調查時，也同步測繪了澎湖與臺灣沿海一帶形勢。

一八五八年起，清朝與英、法等各國陸續簽訂《天津條約》與《北京條約》，安平、淡水、雞籠、打狗等地開放爲通商口岸，歐美人士終於又可以進入臺灣貿易、遊歷與傳教，也因爲在臺灣活動的資訊與知識持續累積，因而留下許多相關見聞紀錄。在臺灣活動的這些歐美人中，美國駐廈門領事李仙得（Charles W. Le Gendre）是特別值得關注的其中一人。

畫地圖的李仙得

李仙得在一八六七至一八七二年間至少七次來到臺灣，留下豐富的見聞紀錄，不但據此撰成《臺灣紀行》（*Notes of Travel in Formosa*）手稿，更繪製出縝密的〈福爾摩沙島與澎湖群島圖〉（Formosa Island and The Pescadores, China）。該圖在一八七〇年於美國紐約出版後，成爲當時世界上最新且最詳細的臺灣地圖，許多地圖都引用李仙得的圖加以轉繪，〈福爾摩沙島宣教地圖〉就是其中一幅。

〈福爾摩沙島宣教地圖〉共標註一百零一個地名，當中七十八個是李仙得地圖中就已記載的；此外，臺灣島輪廓、山脈走向與畫法、番界線分布等細節，也都與李仙得地圖不謀而合。然而，此圖也並非全部照抄李仙得，而會有些修改，甚至還校正了李仙得地圖上有疑問的資訊。

由此可知，地圖是當時歐美人士用來整理與記錄臺灣情報的方法，且並非獨自繪製，而是站在先前的基礎上持續增補。地圖完成後，又繼續成爲他們在臺灣活動及事業發展上的重要工具。

十九世紀晚期李仙得（後排左起第四位戴眼罩者）、陶德（John Dodd，李仙得左方第二位蓄鬍者）拜訪臺灣北部原住民之景。（館藏號2010.018.0003.0036）

標註宣教工作成果

十九世紀下半葉來到臺灣的歐美人士，也包含宣教師。一八五九年天主教道明會的西班牙人郭德剛（Fernando Sainz）先抵達打狗建立傳教所，英國長老教會的馬雅各（James Laidlaw Maxwell）、加拿大長老教會的馬偕（George Leslie Mackay）也先後在一八六四、一八七一年前來布道。

這些宣教師的宣教工作，與醫療、教育事業搭配進行，讓愈來愈多臺灣本地人士走進教會。此圖就是這段工作階段性成果的呈現，共標示有二十五處宣道站（mission station，傳教初期的工作據點），包含英國、加拿大兩個長老教會所轄據點。不過，加拿大長老教會的部分，雖然已記載了一八七三年設教的新港社（Sin-kang-sia，今苗栗縣後龍鎮境內），卻沒有記載同年稍早設教的五股坑（今新北市五股區境內），資訊似乎不太完整。

另一方面，英國長老教會的資訊，則是相對詳細。除了馬雅各、甘爲霖等人初期在府城、打狗、臺南左鎮、高雄內門、埔里盆地等地區經營的部分外，南臺灣屏東一帶也註記了當時最新也最豐富的宣教成果，如阿里港（A-li-kang，一八六九年設立教會）、東港（Tang-kang，一八七〇至一八七一年間）、阿猴（A-kau，一八七一）、竹仔腳（Tek-a-ka，一八七一）、杜君英（Toa-kun-eng，一八七二）、鹽埔（Iam-pow，一八七二）、橋仔頭（Kio-a-thau，一八七二）、加蚋埔（Ka-la-pow，一八七三）等。

▲ 兩位較早來到臺灣的英國長老教會宣教師：馬雅各（右）及李庥（左），分別於1864年及1867年來臺。（館藏號 2009.011.0371）

▼ 1871年來臺的加拿大長老教會宣教師馬偕（左一）與妻子張聰明（右一），以及其三名子女合影。（館藏號 2003.015.0201）

這些據點，都是由一八六七年來臺的蘇格蘭人牧師李庥（Hugh Ritchie）與伊麗莎白（Elizabeth Cooke Ritchie）夫婦籌劃開設。也因此，我們推測這幅地圖應是英國長老教會繪製而成，而且可能特別與李庥有關。

此圖並不是教會製作宣教地圖的唯一孤例。教會透過地圖繪製，整合了歐美人在臺灣所蒐集的情報，也從中理解臺灣地理空間狀況，更能夠藉此向母會或其它地區展現臺灣的宣教成果。

如果說，許多地圖展現的是統治者視線下的版圖輪廓，那麼，這幅地圖描繪的則是屬於上帝的版圖了。臺灣的空間圖像，就在這些多元視線的跨越與交會之中，慢慢浮現出完整的身影。（蘇峯楠）

延伸閱讀

・蘇峯楠，〈國立臺灣歷史博物館藏〈福爾摩沙島宣教地圖〉解題〉，《歷史臺灣：國立臺灣歷史博物館館刊》十八期（二〇一九年十一月），頁一四三－一五六。
・費德廉（Douglas L. Fix）、蘇約翰（John Shufelt）主編，羅效德（Charlotte Lo）、費德廉中譯，《李仙得臺灣紀行》。臺南：國立臺灣歷史博物館，二〇一三。
・李庥與伊麗莎白・李庥（Hugh and Elizabeth Ritchie）作，蘇約翰主編、導讀，林淑琴譯，《李庥與伊麗莎白・李庥宣道書信集》。臺南：國立臺灣歷史博物館、台灣基督長老教會台南神學院；臺北：台灣基督長老教會總會教會歷史委員會，二〇一九。

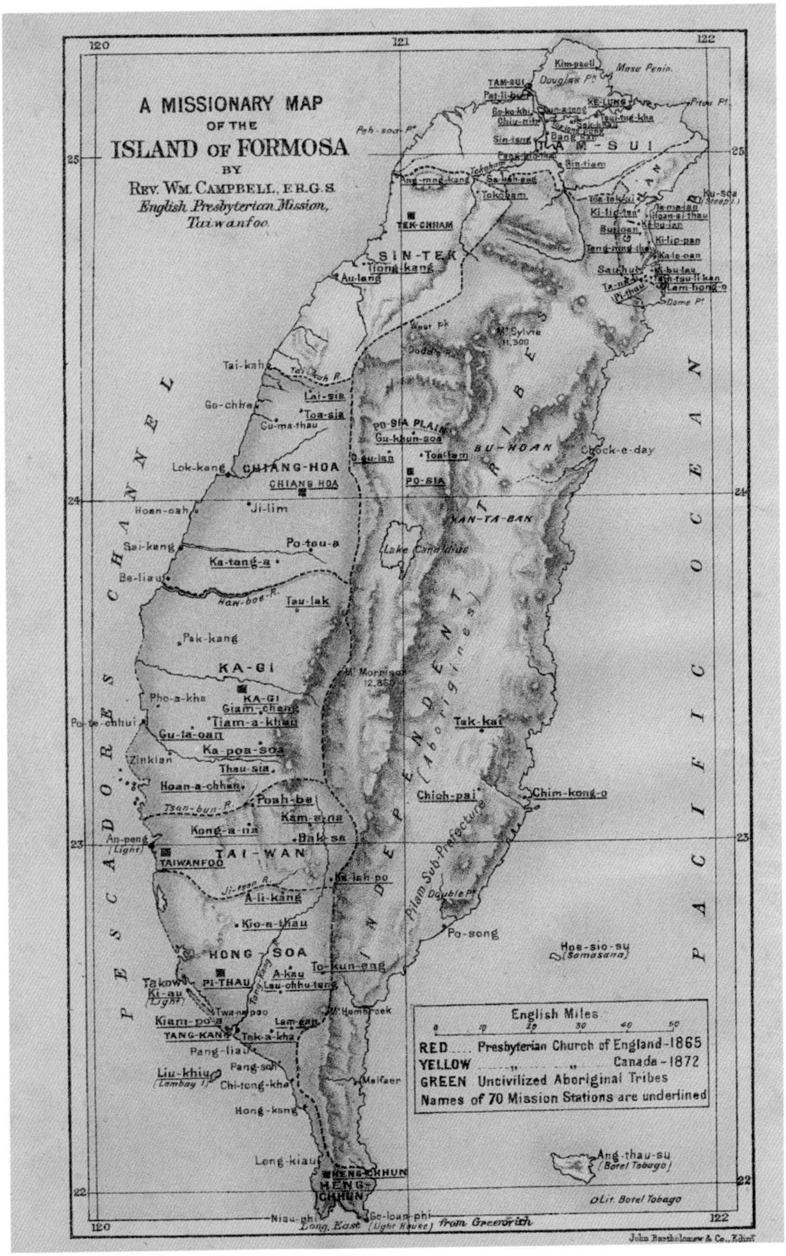

收錄於甘為霖《福爾摩沙島宣教成功之紀錄》（*An Account of Missionary Success in the Island of Formosa*）的二十世紀初期宣教地圖。（館藏號2002.006.0080）

1
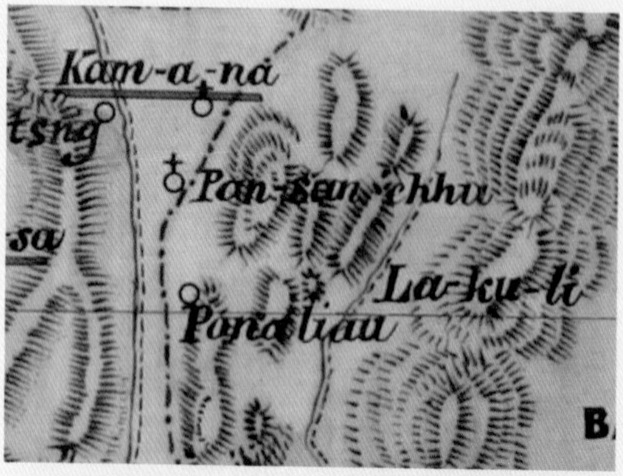

2

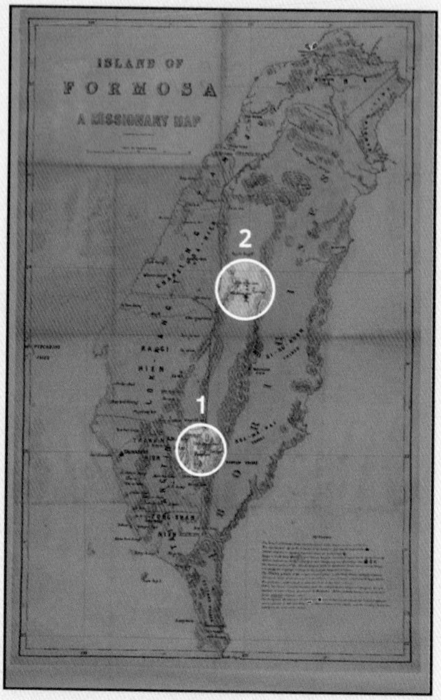

1｜叛產厝

標示在南臺灣近山處的「Pan-san chhu」，即今高雄市杉林區月美里的叛產厝。依牧師甘為霖教務報告描述，楠梓仙溪中游的叛產厝，曾有原住民基督徒搭建大型竹篙屋作為禮拜場地，符合此圖將叛產厝標記上宣道站符號「♁」的情況。

然而，由於叛產厝宣道站一直遭隔鄰村莊民眾騷擾，一八七三年中期，信徒們就陸續遷移至阿里港（今屏東里港），教會也把助手撤回，叛產厝很快就被移出宣道站名單外。

這幅地圖沒有年代訊息，但叛產厝宣道站的紀錄，使我們得以確認此圖的製作時間應在一八七三年。而宣道站背後的故事，更是十九世紀楠梓仙溪流域至屏東平原一帶人群互動與消長的見證。

十九世紀後期埔里大湳的基督徒合影。
（館藏號 2010.018.0003.0050）

2 鐵砧山

正中央埔社（Po-sia，今南投縣埔里）所標示的宣道站「Thih-tiam-soa」，即漢人移民閩南語「鐵砧山」，位於今南投縣埔里鎮愛蘭一帶。當地是略高而平坦的臺地，遠看像是打鐵的砧板，因而得名，此外也稱船山、烏牛欄臺地、愛蘭臺地等。

今臺中豐原市街南方，曾有名為烏牛欄（Aoran）的部落。因漢人進逼，部分族人在十九世紀前期離開家鄉，往東遷到埔里盆地西南側的鐵砧山。十九世紀後期，族人潘開山武干因打獵受傷，前往府城求診於馬雅各醫師，因此接觸基督教。回部落後，他將基督教介紹給族人，一八七三年更由牧師李庥籌建禮拜堂（今愛蘭教會），是基督教進入埔里的開端。圖中另外兩個地名「Gu-khun-soa」（牛睏山，即牛眠）、「Toa-lam」（大湳），也在之後陸續成立禮拜堂。

臺灣信報

本月一日より我兵三手よ
り生蕃を居る營二ヶ
所を攻取り南部諸蕃大
抵降伏す落残党の熟蕃
ハ別に我に親しめり十
分の勝利なりと電報あ
りし由日々新聞に見へたり

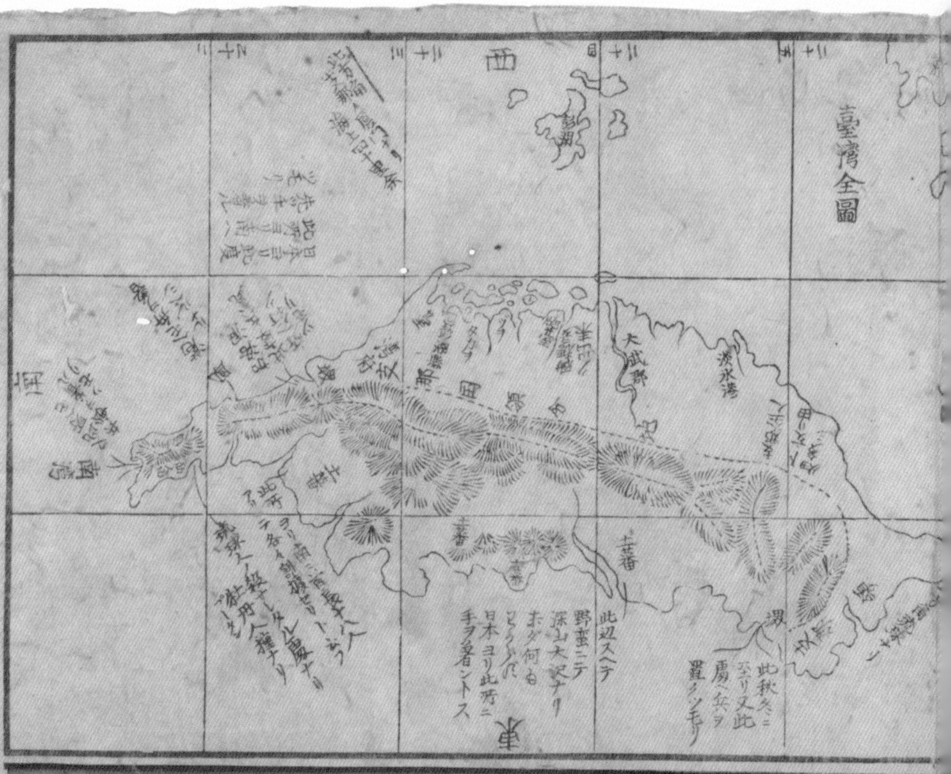
臺灣全圖
西
東
大武郡
淡水港
此辺スヘテ
野蛮ニテ
深山大沢ナリ
日本ヨリ此所ニ
手ヲ着ントス
此秋冬ニ
至リ又此
處ニ兵ヲ
置タシモリ
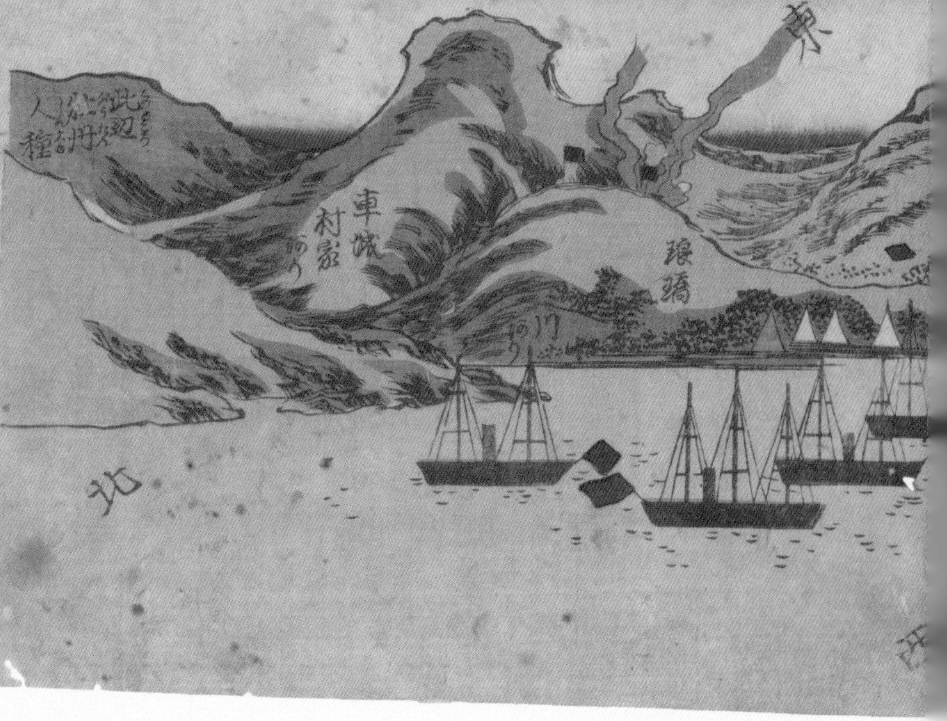
車城
村家
琅嶠
北

11

人人得以占之的「無主地」

臺灣信報及臺灣全圖

館藏號 2019.031.0052
年代 1874 年
材質 紙
尺寸 47.9 公分 × 36.6 公分

一八七四年牡丹社事件發生之時，日本首位隨軍記者岸田吟香以三十三篇〈臺灣信報〉連載於《東京日日新聞》，報導牡丹社事件的戰況與臺灣相關資訊，深刻影響日本讀者對於臺灣與當時國際關係的認知。

本件館藏爲《東京日日新聞》爲了紀念六月初日軍攻下牡丹社，將先前分別刊載於〈臺灣信報〉第七與第十三號的臺灣全圖與進攻圖說，以流傳更廣的浮世繪新聞形式，特別另外刊行的版本。

番地無主論

岸田吟香爲日本明治初期的實業家、報業先驅。在牡丹社事件爆發時，擔任《東京日日新聞》主筆的他，被軍方聘爲英文通譯，遂利用其職務之便，將取得的一手資訊刊載於《東京日日新聞》。因此，〈臺灣信報〉的論述及其同名地圖，也透露出當時日本政府對於時局的認識。

首先，不同於清代臺灣山水畫式、視角由西向東望去的地圖，或以近代科學測量技術繪製、以北方為上的地圖，〈臺灣信報〉左上角的臺灣全圖是極少數由東面向西看的臺灣地圖，目的是強調清廷政令不及的臺灣番界以東地區。這種視角，造成「臺灣尚有大片土地未受管轄」的閱讀效果，也反映出岸田吟香精確掌握到當時日本外交宣傳的重點「番地無主論」。

番地無主論的訴求，在於證明番界以外的土地為十九世紀國際法所指稱的「無主地」（terra nullius）。無主地的判定標準，在於一地是否被當時其它國家或文明所認可的政治組織所統治，若否，則其它國家具有「先占」的權利。以上論述成為日本於一八七四年發動牡丹社事件、於恆春半島駐軍長達半年的依據。

李仙得的遺緒

先前曾提過的李仙得於一八七二年離開美國駐廈門領事的職務後，轉往日本發展，並被日本外務省聘為外交顧問。他過去七年的在臺經驗，成為日本了解臺灣的一手資訊來源。

仔細探究地圖中的內容與註解，可以發現岸田的書寫典範，繼承自李仙得於一八七〇年所繪製的〈福爾摩沙島與澎湖群島圖〉。從「土蕃」的分類用法、對於物產的描述，以及番界以外恆春半島至東部地區戰略要地的說明，皆有李仙得地圖的痕跡。

此外，〈臺灣信報〉的進攻圖說，以來自海上的角度——即日軍的視角——將瑯嶠灣的地理形勢與輪廓描繪得一覽無遺，包括基本的聚落形勢說明、成群的日軍營帳、遍布瑯嶠灣的日軍軍艦，以及深山處因爲日軍進攻而冒煙的牡丹社，均傳達日軍在當地占有絕對優勢。其實進攻圖說的視角原型，仍是來自李仙得於《臺灣紀行》描述社寮外海形勢的插圖。

從番地無主論、〈臺灣信報〉的臺灣全圖與進攻圖說，均可見時任日本外務省顧問的李仙得對於日本外交政策影響之鉅，而這些想法，又將於二十多年後改寫臺灣、乃至東亞的歷史進程。（曾明德）

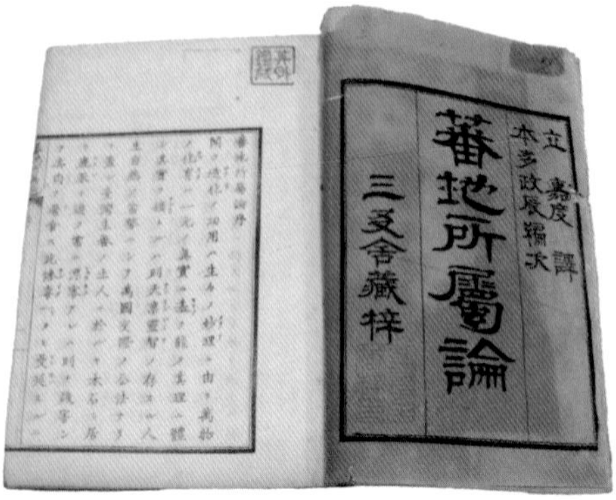

李仙得在1874年為文替日本出兵辯護，本件為其日譯本。（館藏號 2019.031.0059）

延伸閱讀

・陳萱，〈牡丹社事件隨軍記者岸田吟香的臺灣原住民紀錄：以「臺灣信報」爲中心〉，《原住民族文獻》十八期（二〇一四年十二月），頁三六—四一。

・黃清琦，〈牡丹社事件的地圖史料與空間探索〉，《原住民族文獻》八期（二〇一三年四月），頁四—一七。

・羅伯特・埃斯基爾森（Robert Eskildsen）著，林欣宜譯，《日本與東亞的帝國轉型：臺灣出兵與日本帝國主義之萌芽》。臺北：國立臺灣大學出版中心，二〇二一。

1

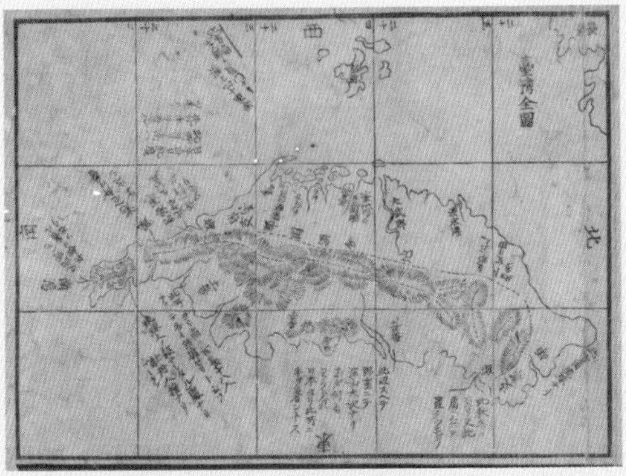

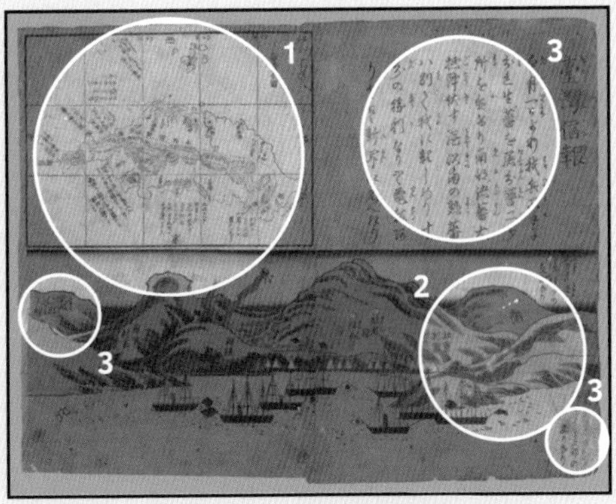

1 殖民的野望

原本刊載於〈臺灣信報〉第七期的臺灣全圖與該期社論，是當時極少數明確點出日本的軍事行動，除了「懲罰兇番」之外尚有殖民意圖的文本。

地圖指出，日軍的進軍路線以番界南端（枋寮）為起點，掌控加洛洞（加六堂）、各個港口等戰略要地後，打擊的目標為「牡丹人種」的聚集地牡丹社。至於東部的路線，則建議日軍從奇萊地區（花東縱谷北端）開始著手，目標於該年秋冬之時，於噶瑪蘭廳番界以南駐軍。以上的作戰目標與殖民計畫，雖然暫時受阻，但是日本對於臺灣的認識與野心，將在二十多年後化為現實。

2 十八社部落聯盟

臺灣全圖左下的「從此處以南據說有酋長十八人在各處割據」、與進攻圖說的「從此方向以南由卓杞篤支配」的說法，也來自於李仙得在〈福爾摩沙島與澎湖群島圖〉中描述的「Confederation of Eighteen Tribes under the Chief」。Confederation 譯為「邦聯」，在國際法的脈絡下，指由獨立國家組成的鬆散聯盟。李仙得的描述，除了代表著他對十八社的理解之外，亦刻意強調番地不受清政府實際管轄的事實。

3

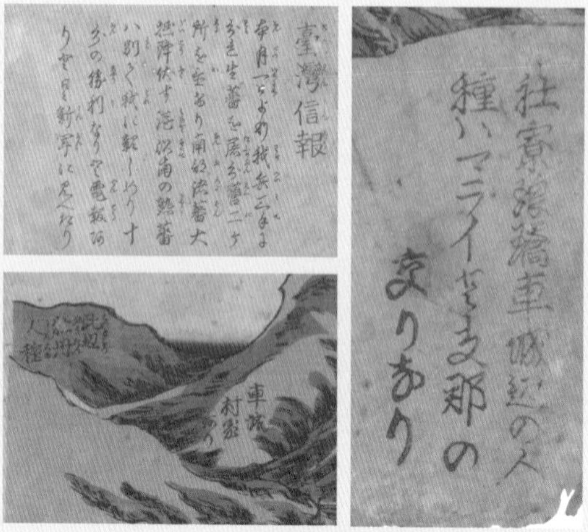

2

瑯嶠（即 Lonckjouw 之音譯，漢字有多種寫法）為恆春半島的古稱，十八社則是對於恆春半島原住民部落的泛稱，可追溯至十七世紀的荷蘭文獻；而在十九世紀下半，則是指楓港溪流域以南的部落聯盟。這十八個社共同尊「斯卡羅四大社」為對外代表，各個部落維持著結盟、戰爭、貿易、通婚等等的互動關係，但「四大社」實質上是否如同李仙得所理解的共主概念，則仍待考察。

3－人群的分類方式

此臺灣全圖最大的特色，在於人群的分類概念堆疊了不同脈絡下的詞彙。以臺灣原住民為例，地圖中「土蕃」的用法，

在日軍攻陷牡丹社部落時，被短暫俘至日本接受教育的排灣少女阿臺。本張為描述日軍為阿臺換上日式浴衣的浮世繪新聞。（館藏號 2019.031.0057）

明顯來自李仙得地圖中的「土番地界」，用以描述番界以東（包含花東與恆春半島）的原住民，而非使用清代臺灣以負擔傜役、賦稅與否區分「生、熟」的分類方式。但值得留意的是，本篇浮世繪版〈臺灣信報〉右上角的文字描述，卻新增了清代臺灣「生、熟」的分類詞彙，但仍與清廷的用法無直接關係。

至於進攻圖說中提到的「社寮琅璚車城邊人種，為馬來與支那的混血」與「牡丹人種」的「人種」，很可能是日本明治初期，特別是以福澤諭吉為首的學者以漢字「人種」翻譯、引進英文的「race」的概念。上述種種的分類方式，反映當時日本報章媒體，試圖用來自各種不同文化脈絡下的分類詞彙，來描述、理解日軍在恆春半島所觀察到的人群。

◇ 水印木刻

此件報紙版畫的下半部是恆春海灣的插畫，在山脈背景與上方天空，以藍、紅色漸層進行暈染，極富日本版畫特色，從版畫技法來推斷，應為「水印木刻」，臺史博實際以儀器檢測，無論是基底材的紙張、深紅與深藍色處，其在XRF呈現的圖譜資料皆為一致，證實其並非礦物性的顏料所構成。

水印木刻為彩色版畫的技巧之一，顧名思義，所使用的是水性顏料（也因此沒有礦物性顏料的成份），通常會在木刻板上運用木材吸水性與水性顏料的暈染特性，刷塗上漸層色，並透過不同分色色版，套印出各式顏色。

（鄭勤思）

水印木刻常有的漸層色

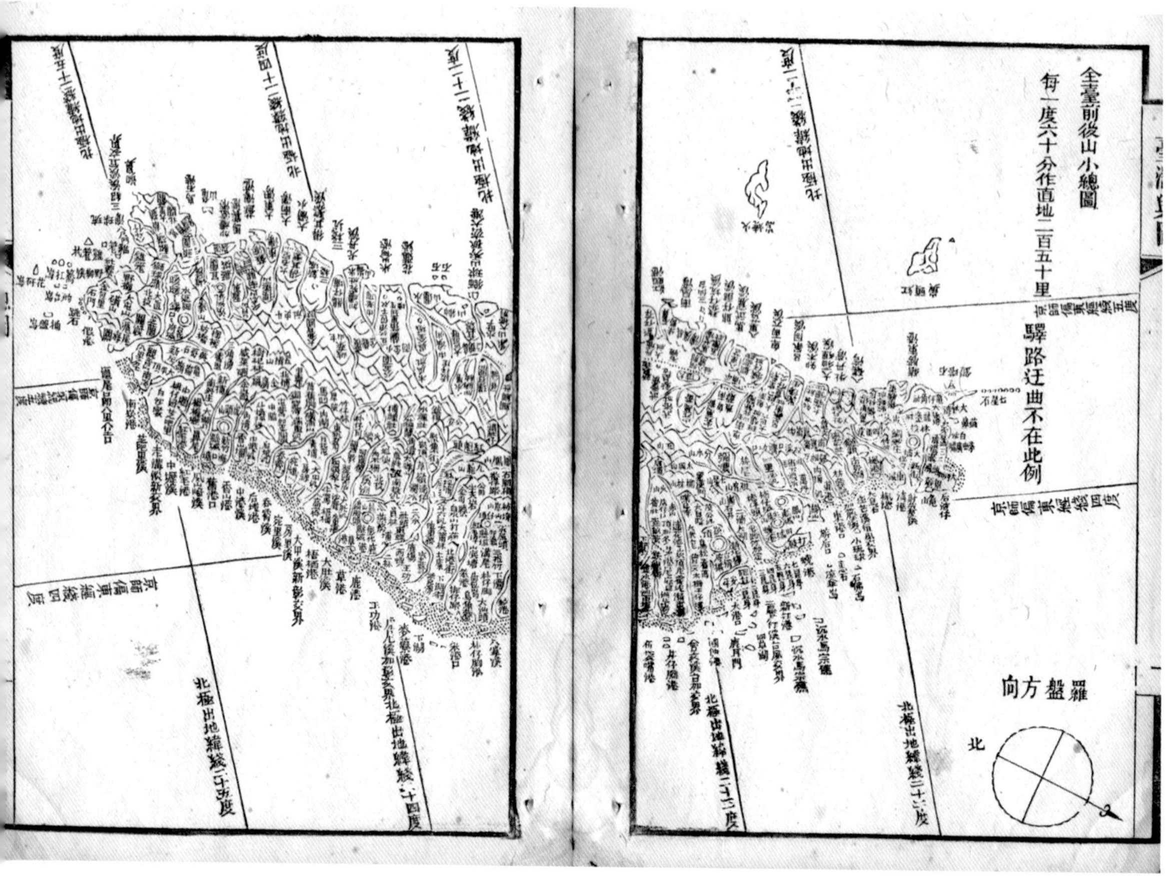

12

「後山」的持有證明

全臺前後山小總圖

館藏號	2004.020.0079.0001
年代	1880 年
材質	紙
尺寸	18.1 公分 × 31 公分

如何證明擁有這片土地的所有權？把它畫進地圖就對了。一八八〇年，清國刊行了《臺灣輿圖并說》，宣示占有臺灣島全境，而〈全臺前後山小總圖〉就是其中一幅圖。

〈全臺前後山小總圖〉是清國自製的第一幅臺灣全圖。其實，臺灣全貌於清國圖紙上浮現，是值得注意的反常現象。自十七世紀領有臺灣，清國所繪製之臺灣相關圖說，均以西半部示人而已，其餘島內版圖維持留白。究其原因，這反映了清國長期「為防臺而治臺」的政策最高指導原則，包括以渡臺禁令限制移民的數量、藉「劃界封山」阻止移民遁入深山，防堵漢人跟原住民互通有無。

因此，及至一八八〇年，究竟是什麼事情打動了清國？

清國轉念的契機

清國於此刻的轉念，實為大受「外力」刺激而起。

自古以來，臺灣周遭因海象不穩，船難頻仍。隨著臺灣開港通商，貨運活絡，愈來愈多船隻航經臺灣沿海，船難數量倏然攀升。不少國家強力要求清國政府，必須降低臺灣沿海的船難發生率，且提高船難人員的獲救可能性。不過，清國政府遲遲無法改善，於是外國政府決定出手了。

一八六七年，美國船羅妹號擱淺在臺灣南部海灣，船上人員不幸被當地原住民殺害。美國駐廈門領事李仙得得知船員遇害消息，且發覺清國政府無力處理「無主地」上的船難救援事宜，轉而把希望投向臺灣恆春半島的實際領袖：瑯嶠十八社的卓杞篤。雙方簽訂「南岬之盟」，約定得救助船難人員，並禁止撿拾船難漂流物。不過，南岬之盟的實際效力微弱，船難人員上岸依然生死難測。

一八七一年，再度發生重大船難事件。琉球宮古島的船隊因爲遭遇颱風，漂流至臺灣東南部附近，四十七名成員（全船共五十九人）遭到當地排灣族原住民殺害。日本以琉球是藩屬國爲由，跟清國交涉賠償遇難琉球民一事，卻遭清國以「生番係我化外之民，問罪與否，聽憑貴國辦理」推拒。清國大概沒料到，一八七四年日本憑著「無主番地」的說詞，持著替受難琉球民討回公道的大旗，公然出兵攻打臺灣南部。這起國際事件（後被稱爲牡丹社事件），雖然以日本軍隊難忍水土不服退兵告終，但是「無主地」已成爲外國勢力入侵臺灣的當然說法。

自此之後，清國警覺到，如維持「爲防臺而治臺」的治理原則，難防外國勢力蠢蠢欲動，故在臺實施「開山撫番」及洋務新政，促使臺灣一腳跨入了新時代。

打開後山

〈全臺前後山小總圖〉的重要性，在於反映了一八七四年牡丹社事件後的清國治臺方針：透過「開山撫番」強化對後山的控制。

由圖面可見，清國把後山（無主地）納入統治範圍，在島境之南設立恆春縣，島的中心設置埔里廳，島嶼東部新添卑南廳，且繪製成果清晰顯著，以「計里畫方」之法繪製而成，有別於以往山區總是故意留空或寥寥幾筆帶過。與此同時，清國藉著提高臺灣郡縣數量，設法實踐更細緻的管理。舉例來說，島之中、北部的唯一行政單位淡水廳，被分設爲新竹縣、淡水縣，以及基隆廳。

由《臺灣輿圖并說》全部圖例足見，清國對軍事部署相當重視，將領所在地及各種軍隊駐所之數量、分布，均被清楚標記在圖紙上。這些軍事要地點包括府治或縣治（一個地區的行政中心）、營哨、塘汛、隘寮、番屯，以及路徑。其中，衙署是行政首長的辦公所在；營哨、塘汛表示軍隊據點。因爲正值沈葆楨廢除腐化的綠營（清國傳統正規軍，由漢人組成）、改編勇營（淮軍與士勇爲主力）爲常設武力，所以兩式兵種都存在這部地圖之內，特別的是，勇營幾乎部署在山地，循著「開山撫番」的道路布點，爲三條開山道路的主力部隊。而隘寮、番屯其實也涉及治安議題，是民間武力於沿山地帶的駐所。

照片攝於日治時期，上方題名為「八通關警察官吏駐在所」，右下角標示此駐在所之位置：臺中州。照片遠方，是玉山的身影；照片近景的小徑，即為八通關古道，昔日開山撫番的中路。（館藏號2004.021.0677.0039）

此外，路徑則是連結各種軍事單位的交通網絡，尤以開山撫番的北、中、南三條道路爲重，打通了平地往後山的渠道。北路從蘇澳爲起點，一路往南延伸到卑南，沿路計有十四個碉堡，駐有勇營兵力，作爲守衛北路通暢的軍事力量。中路從埔里廳的林圯埔（今南投縣竹山）入山，翻越中央山脈，於璞石閣（今花蓮縣玉里鎮）爲終。不過地圖上勇營幾乎部署在西側起點（今集集一帶），中路沿途空蕩蕩，顯見後續維護不易，逐漸任由荒廢。南路由鳳山縣赤山（今萬巒）起始，往東跨山到卑南，是第一條人工修築的東部聯外道路。事實上，每條道路興建後，都遇到養護問題，且需駐兵維護治安。當清政府財力不濟，這些道路便荒廢了。

新舊交織

〈全臺前後山小總圖〉是新舊交織的產物，凸顯清國想要同時保有傳統內在，又致力煥然一新的企圖。

輿圖作者群之一的夏獻綸，在牡丹社事件後調任爲分巡臺灣兵備道，協助沈葆楨辦理「開山撫番」與推行洋務。在研製地圖上，夏獻綸早年與沈葆楨共同辦理馬尾船政，卽有測量水線經驗，來臺之後，開辦輿圖測繪業務。

根據《臺灣輿圖并說》序文內容，夏獻綸「命山陰余二尹寵周歷各屬，創爲之圖」，以及文末「繪圖委員、候補從九品余寵監刊刷」，推論余寵才是《臺灣輿圖并說》的眞正作者；不過，我們還未能從現有資料釐清余寵的完整生平。「二尹」一詞，代表他是衙門的二把手，且出身山陰紹興，一個盛產師爺的地方，顯示余寵可能是在官員旁出謀策劃的幕僚。另外，〈全臺前後山小總圖〉內有關後山的內容，則參考了王熊彪的地圖。王熊彪的生平更不可考。這些作者，雖然出身傳統漢學，且在清政府擔任官員、幕僚，但他們接觸且吸收西洋知識技術，而完成了這部揉合東西方知識的《臺灣輿圖并說》。

《臺灣輿圖并說》的成像本身，透露出清國政府的政策更替，由「防臺」的方針轉爲「建臺」的措施。但無論是何種作法，清政府的心態大抵不變，兩者均是在面對外力侵襲之下，因當下時局而產生的應變之道，以維持帝國邊境的治安。也就是說，在新穎的政治措施下，仍維持著過去的心態。（張安理）

沈葆楨，福建省人，為晚清洋務派重臣之一。1874年牡丹社事件後，沈葆楨以欽差身分巡閱臺灣，積極改革臺灣防務。（館藏號2002.008.0053）

延伸閱讀

黃清琦編著，《臺灣輿圖暨解說圖研究》。臺南：國立臺灣歷史博物館，二〇一二。

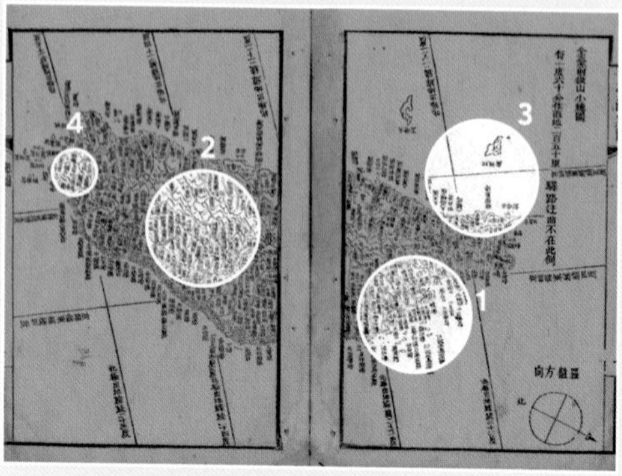

1

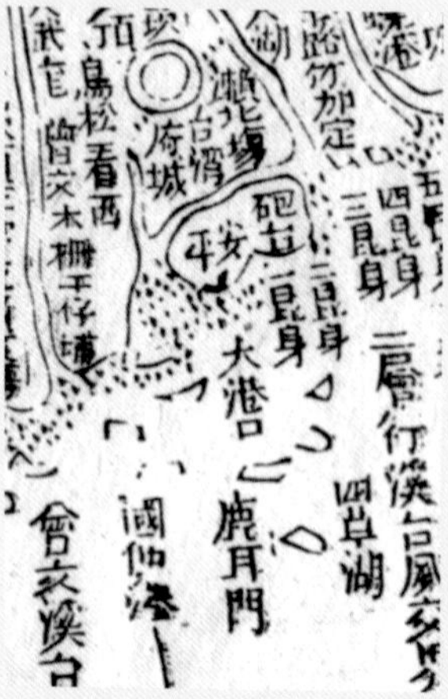

1－府城以西

同心圓形狀的圖例，即府治或縣治，此處同心圓為臺灣府城。圖面下方，實際方位為府城以西，在海邊沙洲部署的安平砲臺，即今日之億載金城。這座砲臺是牡丹社事件後，沈葆禎來臺加強的軍事防務之一，用於捍衛府城的安全。砲臺下方，為一昆身、二昆身、大港口，更下方為四草湖、鹿耳門，足見在十九世紀末，億載金城以西是泥水交雜的浮覆地，而如今經過堆積，已形成陸地。

2－八通關古道

中路，今日稱為八通關古道，從林圮埔到璞石閣。圖中的「------」虛線表示路徑。總兵吳光亮率領兩千餘人耗時十個多月開闢，路寬六尺，遇岩石砌成階梯，遇水修築棧道。圖中尖起的三角形，即山陵，旅人沿路需翻山越嶺。

3－臺灣東南端

臺灣東半部南端，雖然較以往的地圖明確且精細，但是由右至左的部落位置，包含龜仔角社、豬勝東社、牡丹社等，都被畫進東南部沿海一角，透露此圖在東部的測繪並未完全精準。

3

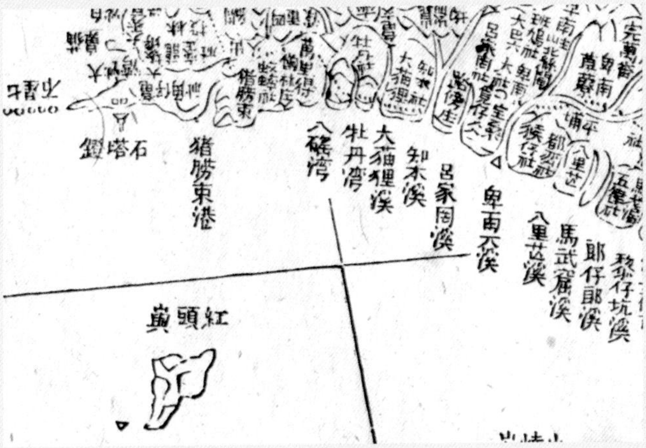

2

4

堆積於文字邊緣的油墨

相較於邊緣，字體中央的墨色則偏淺

◇凸版的辨識技巧之三

凸版印刷是版印技法中最古老的一種，至今使用超過十一個世紀，西方木刻版畫約於十四世紀末、十五世紀前半發展成熟，在古騰堡逐漸形成的金屬活字技術，以及今日的印章，都是大家耳熟能詳的凸版印刷技術。

本件地圖判定為凸版印刷主要透過「字體邊緣的積墨」：凸版的製作邏輯是將版面上「不需印出區域」去除（與凹版去除「需要印出的畫面」正好相反），通常是使用雕刻刀等工具，印刷版的材質多為木材、金屬、到現今常見的橡膠板等。印製時以滾筒均勻上油墨（其油墨較凹版來的厚），接著將紙張放在印刷版上，直接蓋印或以壓印機加壓。也因為油墨被控制在印刷版內，較易堆積於印刷版邊緣，放大仔細檢視印刷的字體，會發現在邊緣處有明顯較深的積墨。（鄭勤思）

H. Sharban, R.G.S., del.

Published for the Proceedings of the Royal Geographical Society, 1885.

E. Waller, lith.

13

從打狗到恆春的熱門路線

南部福爾摩沙圖

館藏號	2003.015.0102
年代	1885 年
材質	紙
尺寸	25.4 公分 × 23.4 公分

〈南部福爾摩沙圖〉由英國人畢詩禮（Michael Beazeley）所繪，他在一八七五年來到臺灣南部探訪，後來在一八八四年完成〈福爾摩沙南部陸上旅行記〉一文，隔年發表在《英國皇家地理學會期刊》，並附上這張地圖，標示他行經的地點及路線。畢詩禮的旅行記記述一行人從打狗走到墾丁，並詳盡地描述整個墾丁海岸的地貌與人文。

他也曾造訪牡丹社，並遇見原住民瑯嶠十八社總頭目朱雷（卓杞篤的繼任者）。該文被當時的英國皇家地理學會編輯讚譽是他們所讀過、有關臺灣的自然地理報告中，最重要的三篇之一。另二篇是英國博物學家郇和（Robert Swinhoe）與英國攝影師湯姆生（John Thomson）之作。

鵝鑾鼻燈塔的設立

畢詩禮來到臺灣探訪是有原因的。瑯璚海域接連發生海難，西方各國向清朝施壓要求在當地設立燈塔。一八七五年，清國的海關總稅務司赫德（Robert Hart）指派當時在海關擔任工程師的畢詩禮專程來臺，協助選定設置燈塔的位置。

畢詩禮一行人搭乘轎子從打狗出發，沿著海岸線走，抵達瑯璚，他們打算要拜會大名鼎鼎的卓杞篤，希望在通過部落領土以及徵用土地蓋燈塔事宜上，徵得他的同意。當時他們還不知道卓杞篤已過世。最終是繼任者朱雷同意以一百銀元的代價，出售鵝鑾鼻一塊約一百二十丈的土地，做爲燈塔建造的基地。

畢詩禮奉清朝海關總稅務司赫德之命而來，赫德雖是外國人，但也是清朝高官，派畢詩禮來臺工作之時，官階已晉升到從二品。臺灣兵備道夏獻綸、恆春縣知縣周有基不敢怠慢，派兵隨行，周有基還親自陪同南下。燈塔興建事宜由海關總稅務司負責，因此由畢詩禮代表與朱雷簽訂土地買賣契約書。不過建塔位置雖選定，因擔心原住民日後攻擊，以及考量建置燈塔前後的防衛措施，遲至一八八一年才動工，一八八三年興建完成。

十九世紀末西方人來臺遊歷探險，除了騎馬，亦常見搭乘轎子。出處：費德廉、蘇約翰編著，《李仙得臺灣紀行》（臺南：國立臺灣歷史博物館，2013），頁73。

李仙得繪製的〈福爾摩沙島與澎湖群島圖〉，其中標示所謂的番界線，並在番界線以東（包含花東與恆春半島）寫著「土番地界」，以凸顯番地不受清政府實際管轄的事實。（館藏號 2006.008.0003）

打狗到恆春的歷史路徑

在畢詩禮繪製的地圖中，紅線是一行人途經的路線。他們從打狗出發，沿路都走海岸線，到了柴城（Chai cheng）之後，往東進入猴洞（Hotung）、射麻里（Sheo-malee）、八龜律（Pakolut）等原住民部落，再南下到鵝鑾鼻（Wo-lan-pi）。基本上，這樣的路線就是外人進入恆春半島的慣常走法，而這張圖也反映出十九世紀中葉以來，西方人對臺灣南部的地理認知方式，例如一八六〇年代美國駐廈門領事李仙得數度走訪臺灣，其繪製的〈福爾摩沙島與澎湖群島圖〉，成爲日後西方人繪製臺灣地圖的重要參考。

〈南部福爾摩沙圖〉的主題是呈現從打狗到恆春半島的路線，因此沒有特別去凸顯枋寮以南的番界線，不過照例在中央山脈以東寫著「原住民居住地」。畢詩禮的路線是十七世紀以來臺灣島內人群移動、南下恆春半島的慣走路線，顯示枋寮以南區域與外界的持續互動。此外，此區同時也透過海洋與外人接觸，使得靠近這條海岸線的排灣族人成爲處理涉外關係經驗豐富的族群，是臺灣與外界溝通互動的主角。漢人官員偶爾出現，也常只是陪襯性的角色。（石文誠）

延伸閱讀

杜德橋編，謝世忠、劉瑞超譯，《一八八〇年代南臺灣的原住民族：南岬燈塔駐守員喬治・泰勒撰述文集》。臺北：行政院原住民族委員會、順益台灣原住民博物館，二〇一〇。

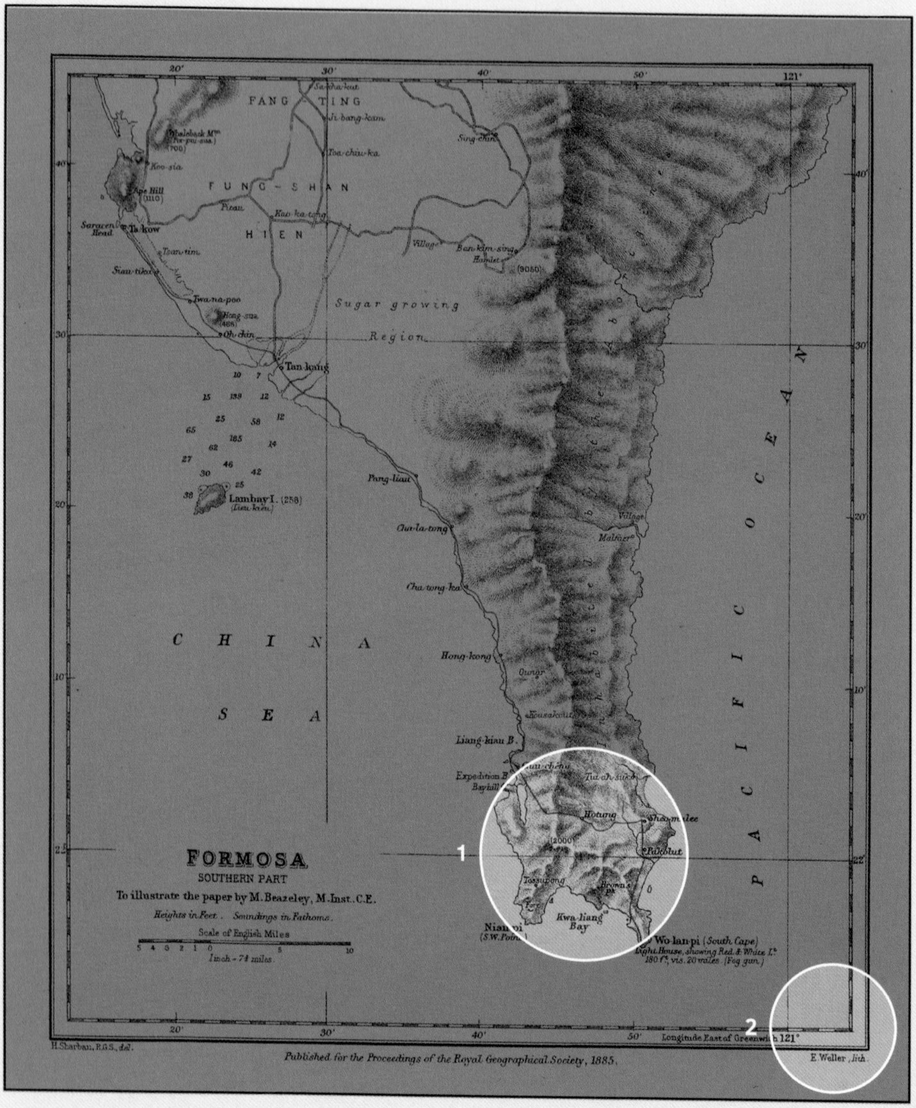
FORMOSA
SOUTHERN PART
To illustrate the paper by M. Beazeley, M.Inst.C.E.
Heights in Feet. Soundings in Fathoms.
Scale of English Miles
Inch = 7¼ miles
FANG TING
FUNG-SHAN
HIEN
Sugar growing Region
CHINA SEA
PACIFIC OCEAN
Takow
Saracen Head
Ape Hill (1110)
Tan-kang
Lambay I. (258)
Pang-liau
Hong-kong
Liang-kiau B.
Expedition B.
Hotung
Pakolut
Tossupong
Kwa-liang Bay
Wo-lan-pi (South Cape)
Light House, showing Red & White Lᵗ 180 fᵗ, vis. 20 miles (Fog gun)
Village
Maliaer
(9050)
1
2
Longitude East of Greenwich 121°
H. Sharbau, R.G.S., del.
Published for the Proceedings of the Royal Geographical Society, 1885.
E. Weller, lith.

1

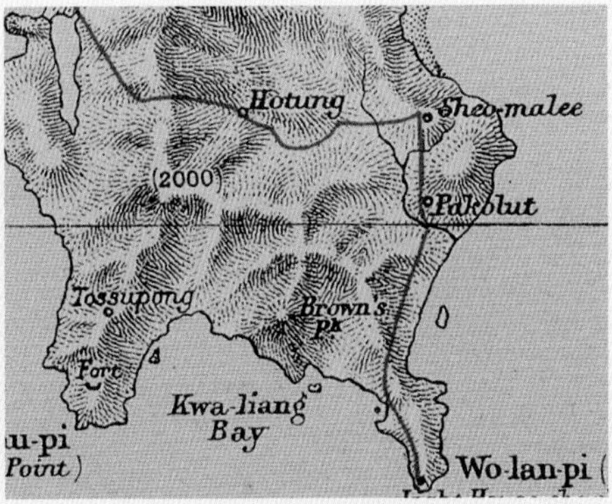

2

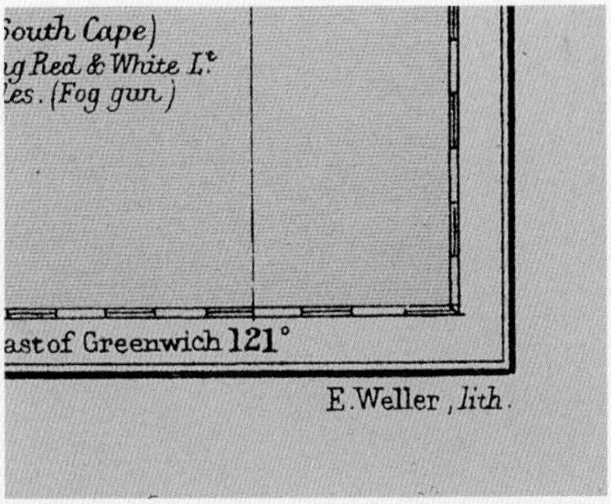

1 布朗峰

西方人畫的地圖偶會出現很西式的名稱，像是圖中墾丁一帶就有一座「Brown's pk.」（布朗峰），是今墾丁重要的地標大尖石山。畢齊禮將之命名為布朗是為了向同行的領隊Brown表示敬意。不過這個名稱後來並沒有被廣泛使用，大家也忘了大尖石山曾有一個西洋的別名。

2 石版印刷

圖的右下方有「E. Weller, lith.」等字，意思是此圖由E. Weller製版，採石版印刷（lithographs）。

石版印刷是德國人塞尼菲爾德（Alois Senefelder）約於一七九六到一七九八年間發明，最初用於音樂、劇本等的印刷。其為平版印刷工藝的一種，利用「油水不相溶」的原理進行製版。平版是目前世界上運用最廣泛的印刷工藝，隨著材料的演變，也有出現金屬或預塗式感光平版（pre-sensitized offset plate，簡稱PS版）等材質。

14

化外之地 好營生

濁水溪上游聚落與道路手繪地圖

館藏號 2019.031.0033

年代 1875 ～ 1895 年間

材質 紙

尺寸 61.8 公分 × 106.6 公分

山林間的人群往返

這幅十九世紀晚期的〈濁水溪上游聚落與道路手繪地圖〉，由漢人以手工繪製，只有墨線勾勒，沒有上色。構圖看似簡略，不過圖幅尺寸卻不小，地形、水文與方位安排也有所依據，並且註記了五十九筆漢字地名，顯然不是隨意揮灑，而具有一定的詳細程度。

此圖主要在描繪濁水溪中、上游一帶的山川、聚落與道路概況，位置等同於現今南投縣信義鄉境內，以及仁愛、水里、鹿谷等鄉。大致看來，就是臺灣最高峰玉山北側至濁水溪之間的高山地帶。

據說很久以前，曾經有名爲「Mumutsu」的人群在此處生活，而此圖裡也確實還看得到「毛註」的地名遺留。後來，南方的特富野（Tfuya，今嘉義縣阿里山鄉達邦村）鄒族人越過阿里山山脈，落腳在陳有蘭溪畔，形成鹿株大社（Luhtu）、楠仔腳蔓（Namakaban）等部落，也就是圖中記載的和社（鄒族語 hosa，大部落之意，今南投縣信義鄉同富村北端），以及南仔卩万（楠仔腳蔓，今南投縣信義鄉望美村久美）等地名。

而至少在十七世紀，布農族人也已從西部平原地區的 Lamugan（今南投一帶）地區往東遷移，進入濁水溪上游與郡大溪一帶生活。此圖絕大部分的地名，就是布農族人各部落的名稱及座落位置，像是扣社（Asang Bakha，卡社，今南投縣信義鄉地利村內）、丹大社（Asang Vatan）、巒社（Asang-banuaz，巒大社，以上兩者皆在今南投縣信義鄉雙龍村內）、郡大社（Asang Bukun，今南

1906年森丑之助鏡頭下的鄒族鹿株大社部落家屋。（館藏號2004.028.3488）

投縣信義鄉豐丘村）等。

這片山林大地，數百年來就有不少人們互通往來。這些人群活動的痕跡，仍可見於這幅地圖所註記的各式地名。

貿易的人們

十七世紀下半葉，大量漢人移民進入臺灣，更從平原地帶漸往山區推進。有一部分漢人沿著濁水溪往東進入鹿株大社族人領域，每年農曆正月舉辦盛宴款待族人，以此向族人換取在林圯埔（今南投縣竹山）一帶生活的許可。

來到山邊的漢人，主要活動之一就是跟族人做生意。他們帶著鹽、糖、鐵器、布匹、火藥等物品前往 ciciyu（布農族語，今南投縣集集），與山區的族人交易獸皮、鹿角及各式山產。長久以來，族人與漢人至少在貿易關係上維持密切互動，即使清朝官府在十八世紀初期劃設「番界」，也無法阻擋漢人越界入山活動。

另一方面，漢人也繼續沿著陳有蘭溪深入山中，十九世紀上半葉，就以豬、布等物資向鹿株大社族人交換土地進行開墾、建立聚落。此圖裡的陳有蘭溪邊，竹仔卩（今南投縣水里鄉興隆村竹子腳）、茅埔（今南投縣信義鄉愛國村內茅埔）等地名，即是漢人村落所在；更往上游，還有十八重溪（位於今南投縣信義鄉豐丘村），以及「下合水溪中，有大員山，爲亀形」（今陳有蘭溪與和社溪匯流處）等地名描述。這些漢語地名彷彿也是漢人留下的足跡。

不受「線」制的空間

十七世紀晚期到十九世紀，臺灣西半部地區受清朝掌控，東半部則有很長一段時間被認爲是缺乏教化、不直接施行統治的「化外之地」。許多漢字文獻都以「山妖水怪」、「人跡未到」等詭異的字句來形容，官府更劃設「番界」禁止漢人進入，地圖則多以一片空白來表現。

不過，在現實狀況中，西半部的人眞的對山區一無所知嗎？大家也乖乖地被界線擋下、無法跨越嗎？這幅地圖或許能告訴我們另一種光景。

此圖的濁水溪中上游一帶、也就是清朝官府眼中的「化外之地」，並非空白，而是詳細表現山川地形與布農族人聚落分布。這表示漢人並不是在繪圖當下的十九世紀晚期才第一次知道這些

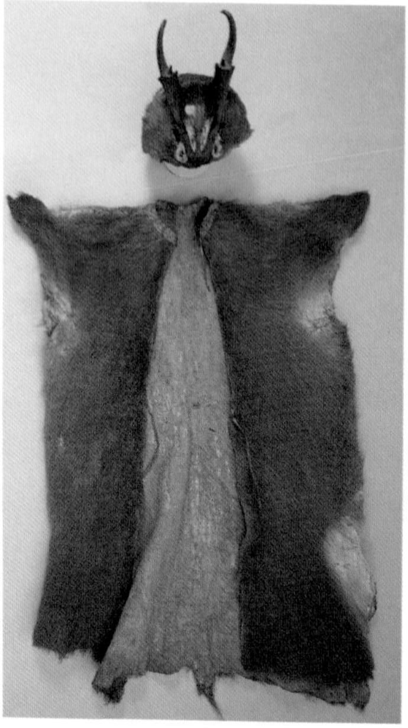

▶ 臺東內本鹿布農族人手持鹿角，欲前往交易所換取鹽與火柴。攝於二十世紀初期。（館藏號 2009.011.0123）

◀ 布農族男子山羌皮帽與鹿皮背心。這類獸皮製品不只族人自用，更是與漢人交易的商品。（館藏號 2003.012.0053）

▼ 陳有蘭溪與和社溪匯流處，背後為東埔山。此圖描述這裡是「下合水溪中，有大員山，為亀形」，將地勢比喻為烏龜，應是漢人目睹的描述。（館藏號2001.008.1141）

地方，而是百餘年來，漢人與族人一直都在互動，持續累積著彼此之間的理解與情報，才可能在短時間內就能夠繪出這個畫面。漢人站在長期互動的基礎上，將這幅地圖描繪出來，並在官方的開山撫番政策啟動之際迅速使用。

因此，這幅地圖所表現的，不是官府地圖裡被界線所規範的統治空間，而是在限／線制之外，人們仍頻繁往來的接觸場域。官方文獻對於這個過程的描述不多，卻有許多線索就留在地方的生活文化、故事記憶，以及這幅地圖裡。（蘇峯楠）

延伸閱讀

- 鄭安晞，《消逝的中之線：探尋布農巒郡舊社》。臺北：釆薈軒文創美學，二〇一九。
- 蘇峯楠，〈國立臺灣歷史博物館藏〈濁水溪上游聚落與道路手繪地圖〉的地景圖像與地名〉，《歷史臺灣：國立臺灣歷史博物館館刊》廿二期（二〇二一年十一月），頁七三—一一六。

1

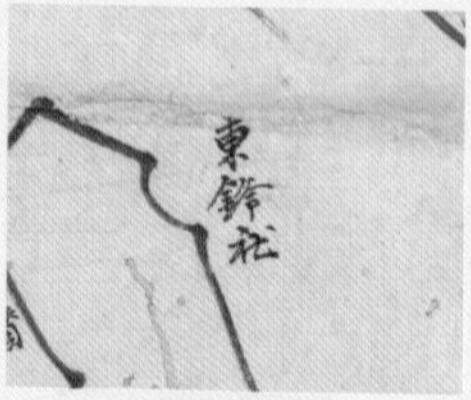

2

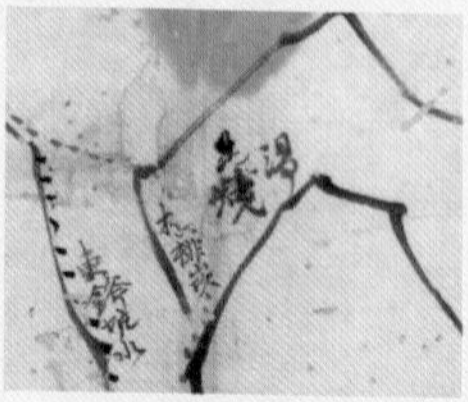

1 東鋍社

「東鋍社」標示在陳有蘭溪邊，以臺語來讀，發音類似 tong-póo-siā，可對應現今南投縣信義鄉東埔村的東埔部落（Tunpu，斧頭之意）。

東埔一帶原是鄒族鹿株大社生活領域。傳說約在十八至十九世紀之交，布農族郡社群部落族人（Hatazan，即圖中的「加打咱」，同樣位於東埔村境內，郡大溪西岸）為了尋找獵場與耕地，往西越過郡大山來到這鄒族人製斧的地方，所以有此地名。之後，布農族人以火槍、鍋子、衣服等物向鄒族人換得此地居住發展，便形成東埔部落，因此見證了百年來不同人群的往來過程。

2 燒湯

這個墨跡暈開、筆畫潦草的地名，難以辨識，推測應是寫成「燒湯」。它被標示在東埔南方，代表當時製圖者想用這個地名，註記現今玉山附近某個地點。

依據一八九〇年代的《雲林縣采訪冊》記載：「八通關山，又名玉山，山前有溫池，俗名燒湯，聞有投以生卵，少頃即熟可食。」可知十九世紀晚期漢人所掌握的情報裡，玉山附近曾有一處稱作「燒湯」的溫泉地。因此，這個模糊不清的地名，或許與那個溫泉地有關。

玉山周邊的大分、樂樂、東埔等地都存在地熱活動，並有溫泉露頭，東埔溫泉即著名景點之一。這也說明當時漢人對界外區域並非一無所知，反而遠達海拔三千公尺以上之處都略有所聞。

▶ 二十世紀前期東埔部落布農族人祭典共飲之景。（館藏號2009.011.0130）

◀ 金子常光與嶺萃繪製〈新高山岳與日月潭〉中的東埔溫泉。至少在1930年代，東埔溫泉就已是知名觀光景點。（館藏號2006.007.0042）

3 陳上達

十九世紀晚期南投竹山地區的士紳陳上達，曾經是這幅地圖的持有者。他協助官府辦理開山撫番、雲林縣城植竹工程、清賦等事務，也因此獲官府給予各種職銜與獎賞。

清朝官府對臺灣的統治，常需要地方頭人協力資助，陳上達或許因此能夠擔任官府的協力者，也從中獲取更多利益或資源。

由於圖中已經畫出一八七五年清軍開鑿的八通關越嶺道路，推測此圖應該完成於十九世紀晚期，並且在一八七〇至一八八〇年代，被陳上達用來作為協助中路開山撫番工作的參考資料之一。

3

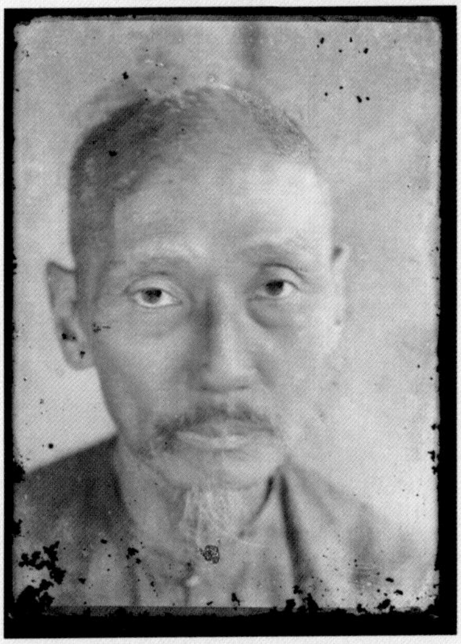

陳上達頭像玻璃底片，推測攝於二十世紀初期。（館藏號2019.031.0013.0001）

Croquis N° 10

LES PESCADORES

(Mouillages intérieurs & Ile Ponghou.—)

Echelle : 1/60.000.

Equidistance : 15 m

Marche de la colonne
Lignes de défense chinoises
Compagnie } en colonne
Bataillon. }

Légende.

de 0 à 3m — de 3 à 10m — de 10 à 20 — au dessous de 20.

Opérations des 29. 30. 31 mars 1885.

D'après la carte marine de MM. { ROLLET DE L'ISLE, ingénieur hydrographe. / D'ANDREZEL & LINKENHELT aspirants de 1re classe. } 1886.

et le croquis de M. GAULTIER, Capitaine adjudant-major au 2e d'Infanterie de marine — } 1885.

15

清法戰爭的見證

內港繫泊處與澎湖群島圖

館藏號	2010.018.0024.0002
年代	1885 年草稿，1894 年完稿
材質	紙
尺寸	27.7 公分 × 30.6 公分

大部分的地圖是靜態的，靜止在製圖當下的剎那瞬間；但另有一種地圖是有時序的，圖中物件隨時間推進而移動起來。

紙上的清法戰爭

一八八四到一八八五年，清國與法國爲了爭奪越南的保護權，爆發戰爭。兩軍在多處激烈交鋒，包含越南境內、福建浙江沿海，以及亞洲大陸沿海離島。

關於清法戰爭當中，雞籠、淡水和澎湖三處戰場的兩軍對峙過程，一八九四年在法國巴黎出版的《一八八四至一八八五年法國人遠征福爾摩沙》（*L'Expedition Francaise de Formose 1884-1885*），是目前所知記錄最爲詳盡的資料。作者爲法國軍官嘉諾（Eugène Germain Garnot），他除了具有軍官職銜及曾參與清法戰爭的經歷以外，我們對於他的生平仍是一無所知。

嘉諾以軍官的視角，詳細記錄自己在雞籠、淡水、澎湖戰場中的所見所聞，並提到這三場戰爭的啟動，是因爲法軍想要在遠東獲取一座牢靠的軍用補給站，以供法軍長期對清作戰。法軍首先直指臺灣的雞籠、淡水，是打算要獲取雞籠山區的煤礦，並控制淡水以維護煤礦開採的安全。不過，淡水之役出乎意料地節節敗退，且在氣候多變與熱帶瘟疫病雙重打擊之下，法軍決定撤離臺灣北部，這個士兵認爲「水源和土壤都有毒」的地方。

臺灣海峽上的澎湖，之所以被法軍鎖定，嘉諾認爲是「爲了減輕放棄雞籠所產生的負面效果，法國政府決定占領澎湖」，以平息法國民衆的怒氣。事實上，澎湖與遠東其它地方相比，它的地理位置適中，離清國政治經濟重心僅隔一海之遙，且擁有阻擋風浪的港灣與相對豐富的資源，可供法國船艦休養生息及補給軍需用品。因此，對法軍而言，在進行春季作戰時，澎湖是一個有利的作戰基地。

除了法軍的決策過程以外，嘉諾還仔細描述戰前偵查結果、法軍作戰過程，包括清軍布置多少具大砲、分析武器殺傷力程度、法軍如何藉由偵查結果布局作戰辦法，以及法軍如何因應戰情變化而臨機應變。整部書的內容，均值得十九世紀軍事歷史研究探討分析。

濃縮在地圖之內的戰事

事實上，嘉諾不止有文字描述，還在書末隨附了十張手繪彩色地圖，以視覺化圖像說明各處戰場的狀況，包含一幅臺灣暨周遭離島的完整地圖、五幅雞籠相關的地圖、三幅淡水相關的地圖，以及一幅澎湖地圖。這些地圖，並非嘉諾自己獨立完成，他會在地圖上方或下方用工整的文字寫下地圖繪製的參考範本，最常見的是，他聲稱結合了非洲兵團的嘎諾中尉（Garnot）的地形圖，以及以色爾（Rollet de L'isle）繪製的水文圖。

以色爾在一八八六年即出版《東京（北圻）與中國海》（*Au Tonkin et dans les mers de Chine: souvenirs et croquis (1883-1885)*）一書，同是描述清法戰爭在臺灣及澎湖的戰役，也附上多張戰爭情境的手繪彩圖，不過並沒有嘉諾所臨摹的水文圖。

嘉諾繪製的軍事地圖綜合了海陸地形資訊，由黑、紅、藍色三種線條示意環境的變化。黑色是區隔陸塊和

以色爾任職於法國海軍，曾參與清法戰爭，負責繪製軍用水文圖。《東京與中國海》於1886年出版，描述1883至1885年間法國在越南與中國沿海一帶發動的戰爭。書中自210頁始，談及法軍攻占雞籠、淡水及澎湖的始末。此外，本書附有多張手繪插圖，包含在地居民全身肖像、戰爭情景草圖。（館藏號 2002.006.0161）

大海的界線，紅色線條代表有起伏的山地或丘陵，藍色線條表示河水或海域。紅、藍色線條有密有疏，紅色線條堆疊地愈密集，示意此處地形愈陡峭，藍色線條愈緊靠在一起，表示海水深度越深；反之，紅色線條愈疏鬆，此地上升程度愈緩，藍色線條的鬆散狀態，則是示警戰船進入此區時，得注意自己的吃水程度，千萬別擱淺了！以這幅〈內港繫泊處與澎湖群島圖〉為例，由上至下（同由北至南）可見大倉灣（Baie de Tatsang）、潭邊灣（Baie de Tampi）和媽宮灣（Baie de Makung），大倉灣和潭邊灣的沿岸多處灰色區塊，為暗礁、珊瑚礁與泥沙淤積處，而媽宮灣沿岸一片藍色，顯示這裡是水域，有適合船隻停泊的良好港灣。

除了用線條呈現以外，地圖還用文字說明此地區有什麼需要注意的地標，包括珊瑚、污泥、池塘、沙子等天然地形，村莊、寺院、墓園等在地建築物，以及塔、火藥庫、各種形式的砲臺、凹陷的道路、清軍防禦工事等軍事要地。特別的是，地圖上的部分內容會隨著時間推移而記載在不一樣的位置，例如法軍船艦的作戰位置、法軍陸上武力的部署，乃至於清軍的防線與撤退方向。

單這一張〈內港繫泊處與澎湖群島圖〉，便足見一八八五年三月二十九日至三十一日清法澎湖之役的過程。看圖的訣竅是，從數字最小的開始尋找。「le 29」表示三月二十九日，之後的就以此類推。在媽宮灣以西，有四艘標註「le 29」的戰艦，即船隻於二十九日所處位置，由上至下是拜雅號（le Bayard）、凱旋號（le Triomphante）、德士丹號（le d'Estaing），以及安南號（l'Annamite）。第一天三月二十九日，這些戰艦負責破壞媽宮附近的清軍砲臺，以斷

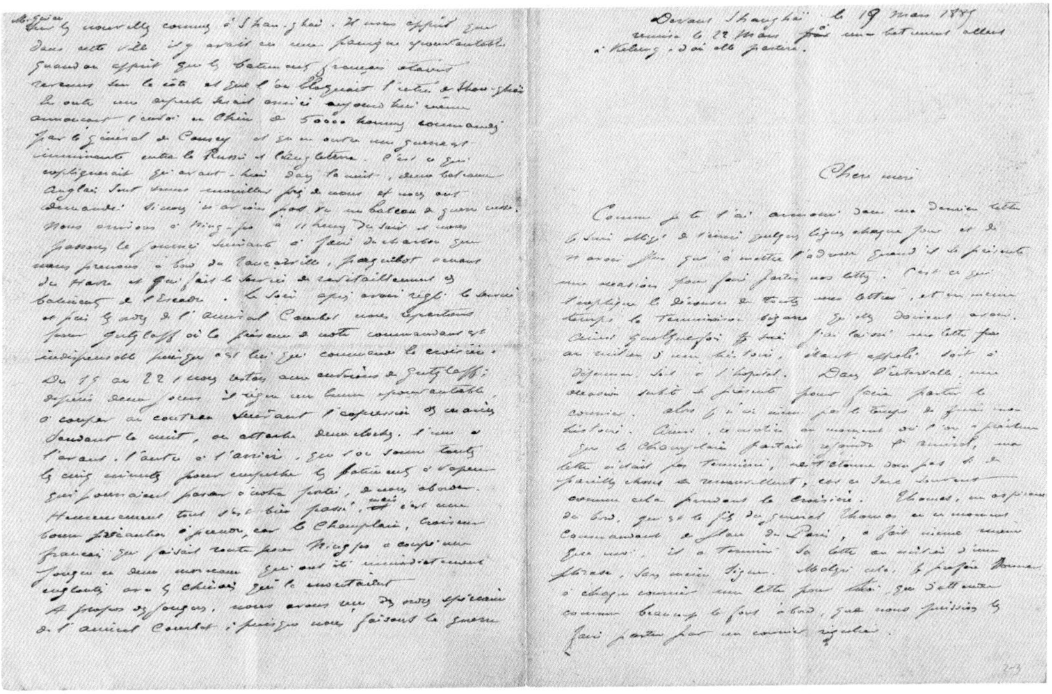

清法戰爭期間何內・科邦（René Coppin）書信。科邦為一位隨軍征戰的醫官，在澎湖之役中搭乘拜雅號。他的日記、書信手稿已輯錄出版成《北圻回憶錄：清法戰爭與福爾摩沙，1884–1885》（*Souvenirs du Tonkin: La Guerre franco-chinoise et Formose, 1884–1885*）。
（館藏號 2011.012.0193.0015）

開媽宮灣的鐵鍊封鎖，而部署位置最下的安南號滿載士兵，準備從媽宮灣南方丘陵圓頂山（Sommet Dôme）登陸。

第二天三月三十日，相關物件註記爲「le 30」，登陸的士兵，有第二十五、二十六、二十七連（25e、26e、27e），各連隊行徑路線在圖面上用虛線表示。三連隊兵分三路攻破他們所遇到的清軍第一道防線（圖面上爲一條黑色實線，法文寫「ligne de defénse de chinois」，後面標註防線的日期），一路沿著海灣往北挺進，途經鐵線尾村（Kisamboué）。同時間蝮蛇號（la Vipère）及德士丹號部署在附近的海域，以砲擊協助清除陸上清軍阻礙。第三天三月三十一日，記爲「le 31」，地圖上有條清軍防線，代表清法兩軍在此發生激烈的戰鬥。

第一處在雙頭掛（Siou-Koui-Kang，即

基隆法軍公墓為主題的明信片，「クールベ」即海軍將領孤拔（Anatole-Amédée-Prosper Courbet）。墓園建於1885年，位於今日基隆市中正區中正路與東海街交叉路口。（館藏號2001.008.1023）

今日興仁）以北不遠處，法軍破壞堡壘戰勝，第二處在大城北堡壘（Fortin de Tao-xa-pa）的左上方，法軍第二十五、二十七連攻擊清軍左翼，另外第三十連威脅清軍右翼，清軍敗戰後往西北方逃逸。此防線之左測，標示爲「Départ sur 2 colonne le 31 à 2 heures」，即指揮官在這場戰役結束後，於當日兩點三十分繼續帶隊出發。最後，三十一日傍晚時分，法軍確定占領澎湖首府媽宮，贏得澎湖戰役的勝利。

三日的澎湖戰役，一張地圖便說明完畢。事實上，嘉諾的地圖不止於此，還有更多文字、圖案資訊，訴說著更多戰爭細節，且頌揚法軍英勇的作戰事蹟。總而言之，兩軍的動向（不同時間）均在一圖（同一空間）之中，這一幅動態的地圖，創造出讓讀者閱覽地圖即瞭解清法戰爭脈動的獨特體驗。（張安理）

延伸閱讀

·季茱莉（Julie Couderc）譯註，《北圻回憶錄：清法戰爭與福爾摩沙，一八八四－一八八五》。臺南：國立臺灣歷史博物館，二〇一三。

·龐維德（Frédéric Laplanche）著，徐麗松翻譯，《穿越福爾摩沙一六三〇－一九三〇：法國人眼中的臺灣印象》。臺北：八旗文化，二〇二一。

1

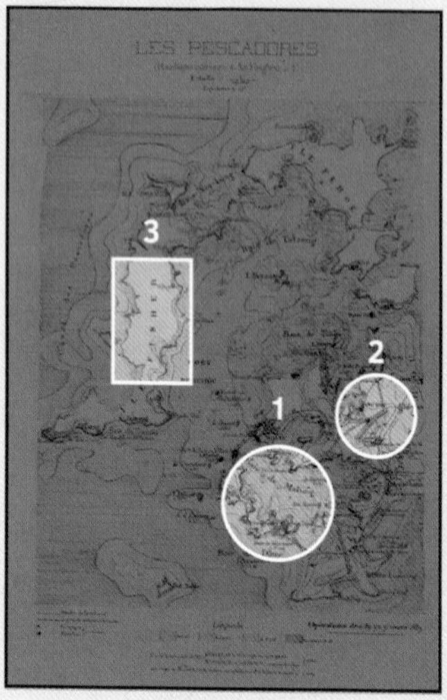

1｜媽宮灣登陸戰

媽宮灣，是一座風平浪靜的港灣。圖面左上的「Makung」為媽宮，澎湖的政治經濟重心，也是法軍的頭號目標。不過媽宮附近有重兵及重砲防守：「Barrage」是鐵鍊防線，阻止戰艦直接駛入媽宮灣，兩旁的山丘，各有砲臺，居高臨下轟擊意圖駛入灣內的敵國船艦。

一八八五年三月二十九日，法軍的安南號戰艦在圓頂灣守候，等待其它戰艦破壞附近的砲臺後，進入媽宮灣協助法軍陸上作戰。登陸點上有緻密的紅色線條，表示此處為高聳之丘陵。法軍登岸後，在「bivouac du 29」處，露營休息。

2｜交戰前線

這裡是清法戰爭澎湖之役最激烈之處，也是決定清法兩方勝敗的關鍵。三月三十一日這天，法軍一邊打擊清方守軍，一邊拖著軍事裝備上山，在地形弱勢的情況下，依然取得勝利。第一次交戰，發生在右下的「1e ligne de défense des chinois le 31」（清軍在三月三十一日的第一道防線），第二次發生在圖中央的「2e ligne de défense des chinois le 31」（清軍在三月三十一日的第二道防線）處，清軍居高臨下。

2

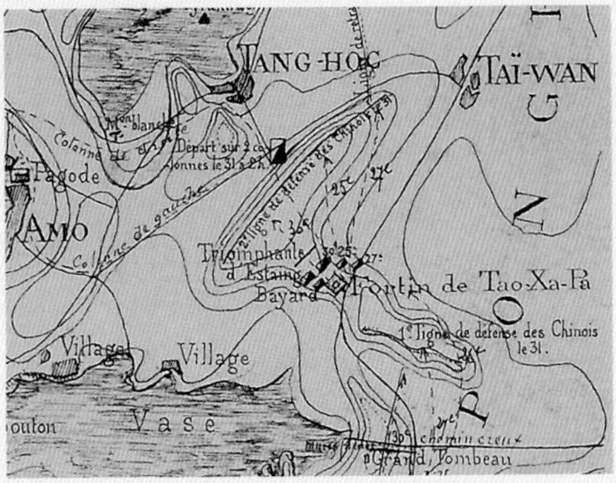

3

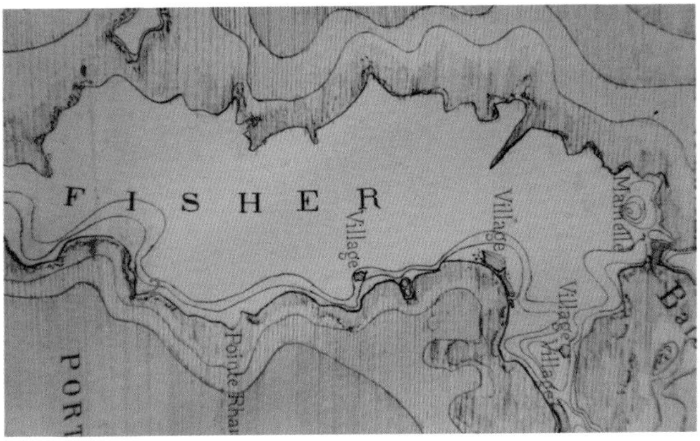

◇魔鬼藏在細節中

乍看會以為是印刷而成的這張手繪地圖，還可以透過手持式顯微鏡在六十倍放大下協助辨識。版畫與手繪稿最難以分辨之處，在於版畫也能印出如手繪般的顏色深淺（如金屬凹版、石版等），在放大檢視下，我們可以從同時具有「粗、細」的字體下手，一般而言，版畫的字體大多不會刻意在粗體處製作深淺，但在手繪時，受限於畫筆，觀者不易察覺，但這種差異會在顯微鏡下無所遁形。這邊列舉「L」、「R」、「H」三個字體，皆可發現於粗體處，有不同深淺的墨水疊加；此類文字樣本收集多了，還可建立專屬的地圖製作技法的鑑別圖錄呢！（鄭勤思）

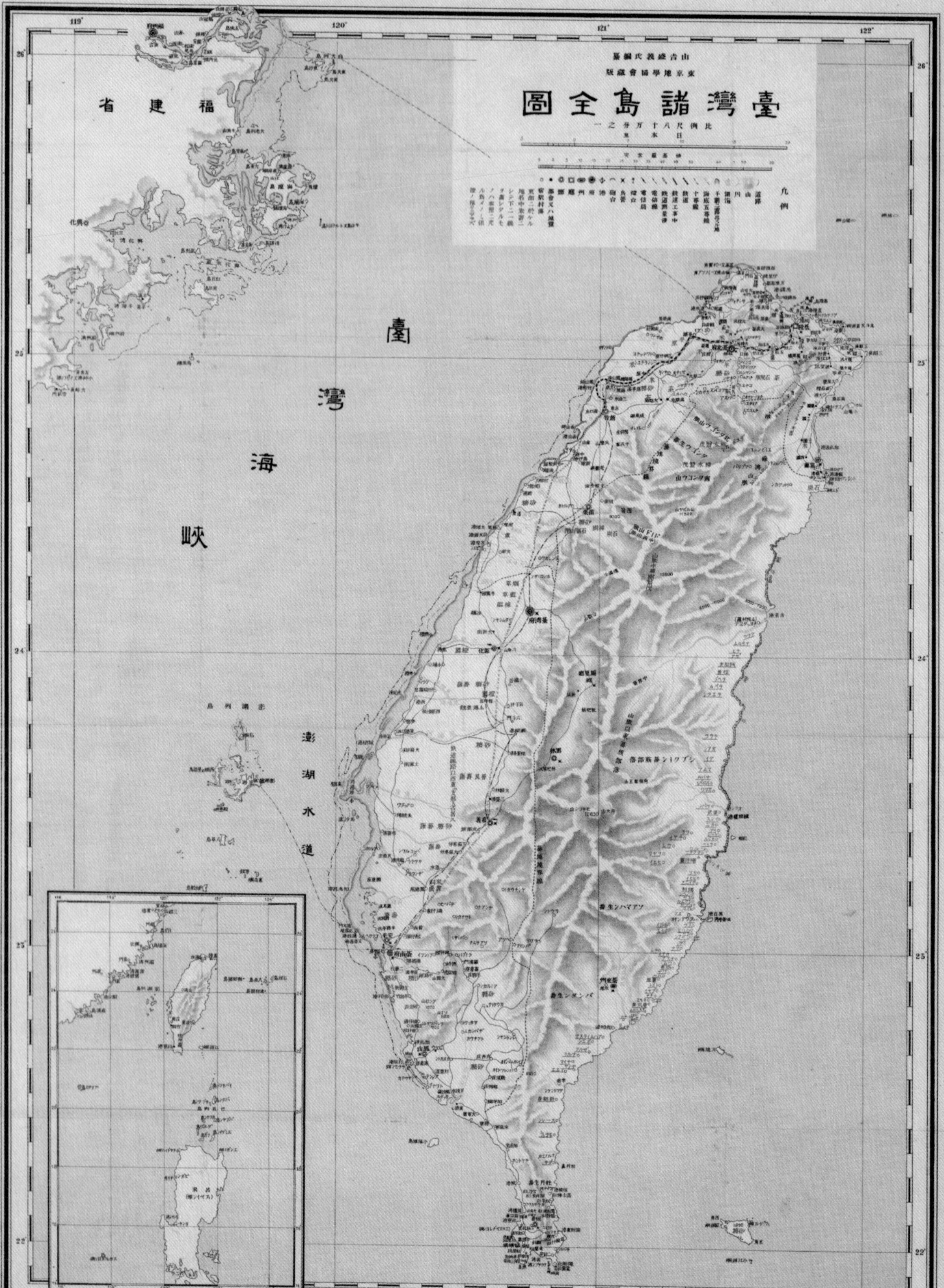

株式會社 東京築地活版製造所石印

16

掌握殖民地的關鍵知識

臺灣諸島全圖

館藏號 2003.014.0053
年代 1895 年
材質 紙
尺寸 62.3 公分 × 48.3 公分

一八九四年，清日爆發甲午戰爭，日本國民開始關注清國相關訊息。隨著戰事推展，在清方戰事不利、即將談判前後，日本於一八九五年三月占領澎湖，並將割讓臺灣、澎湖列入條約之中進行談判。最終於四月十七日，雙方簽訂《馬關條約》，清國將遼東半島及臺澎割讓日本。《臺灣諸島全圖》的初版爲四月二十日印刷，二十七日發行，正好反映了日本民間對於未來新領地臺灣的關心。

日本的臺灣地圖熱

甲午戰爭是日本民族主義昂揚的契機。明治維新後的日本，除了一八七四年的牡丹社事件外，此爲首次國與國之間的戰爭，全國上下都積極響應，並關注事態的發展。日本國民多受過基礎教育，報紙也如雨後春筍般出現，各種相關的出版刊物都受到日本大衆的關注。割讓前後的臺灣，也就一時成爲輿論焦點。

臺灣在哪裡？島上有什麼物產、建設？這些都是大衆首要想知道的資訊，而地圖具有視覺化的效果，因此光是一八九五年，至少就有十幾張以上各類民間出版的臺灣地圖。許多打著「實測」、「實地踏測」等名稱，但其精確程度並未如日軍登陸後測繪的的圖資精確，來源也五花八門，但仍有基本的圖例、經緯度及比例尺。以《臺灣諸島全圖》爲例，有封套、三張地圖（〈八十萬分之一臺灣諸島全圖〉、〈臺灣北部〉、〈澎湖群島〉），以及一份中英對照地名表。

日本時代臺北大稻埕商行的臺灣婦人製茶情形的照片。茶葉為北臺灣主要商品之一，採收時節許多臺灣婦女擔任製茶作業。（館藏號 2001.008.0103）

根據地名表的描述，地圖跟地名表是參考清國海關雇員繪製的北臺灣地圖、英國領事的臺灣地圖、英國出版的水路圖、清國海關報告，以及其它清國相關資料如《大清一統志》、《臺灣府志》、《淡水廳志》等；而臺灣島形主要依循李仙得一八七〇年的〈福爾摩沙島與澎湖群島圖〉。換言之，這張圖是參考並轉譯了東西方的臺灣地圖知識。

臺史博收藏的地圖並非四月發行的初版，而是九月改訂發行的再版。在日本接收臺灣的過程中，隨著各類報導及臺灣資訊傳回日本，出版商也發現原地圖有許多資訊需要修訂與更新。

這幅地圖著重描述的重點在於交通、電報通訊、物產分布、海岸線、政軍建設、城鎮，以及原住民地區。交通包含道路與鐵路，鐵路並詳述基隆到新竹路線、正在興建的香山線，以及測量完畢至打狗的部分。其中不少應為漢字地名，卻直接使用片假名音譯，顯然參考自外國的地圖。圖例也表明，東部地名紅字下畫線者，僅供參考；依靠外國人在臺灣的情報蒐集，對於西部的瞭解也遠大於東部。

地理知識網絡的形成

這幅地圖有明確的編纂者山吉盛義，但關於此人的生平資料相當零碎。他是興亞會（一八八〇年創立，後改為亞細亞協會）成員，在一八八三年曾以自費方式成為外務省的清國留學生，並於一八九三年擔任外務省大臣官房記錄課物品取扱主任，後任職於日本駐廈門領事館。山吉盛義顯然是明治時期的「清國通」，負責編輯此地圖也就在情理之中。

另外，本圖特別標舉是「東京地學協會藏版」，應指這些地圖的提供者為該協會。東京地學協會成立於一八七九年，起因於駐奧地利書記官渡邊洪基成為維也納地理學協會會員後，認為日本也應有相關機關，故回國與許多同志創設該協會，並以北白川宮能久親王（後擔任攻打臺灣的近衛師團長）為社長，桂太郎（後為臺灣第二任總督）等人為幹事。創設初期會員以政客、外交官及軍人等為主，地圖的出版者豬間收三郎也是該會成員。雖為民間機關，但或可視為官方人士也參與其中的組織，因此透過官方的管道，能夠蒐集到許多值得信賴的圖資。

東京地學協會除了前述地圖之外，也在一八九六年二月出版《臺灣諸島誌》，當中也收錄本圖的修訂版，並從海洋、山川、氣候、地質、生物、住民、產業、交通、區劃與沿革等全方位介紹臺灣，以作爲未來經營臺灣的參考。書中表示，在此時期民間所能取得的地圖，除外國人的海圖外，實測資料甚少。（陳怡宏）

小川琢治著，《臺灣諸島誌》。小川琢治任職於理科大學地質學教室，應為東京地學協會成員，書中蒐羅當時日本所能取得關於臺灣的地理地質等相關知識。（館藏號2010.014.0051）

延伸閱讀

- 江明珊、謝仕淵、陳怡宏、陳明祥、趙小菁，《鉅變一八九五：臺灣乙未之役一二〇週年特展專刊》。臺南：國立臺灣歷史博物館，二〇一五。
- 魏德文、高傳棋、林春吟、黃清琦，《測量臺灣：日治時期繪製臺灣相關地圖，一八九五－一九四五》。臺南：國立臺灣歷史博物館，二〇〇八。
- 吳佰祿，《館藏十九－二十世紀臺灣歷史地圖》。臺北：國立臺灣博物館，二〇二〇。

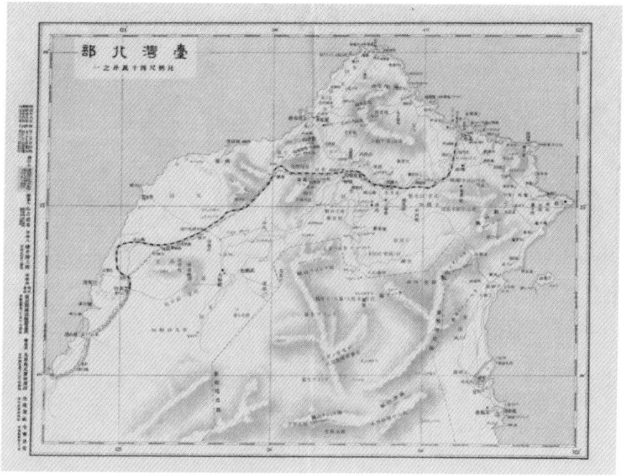

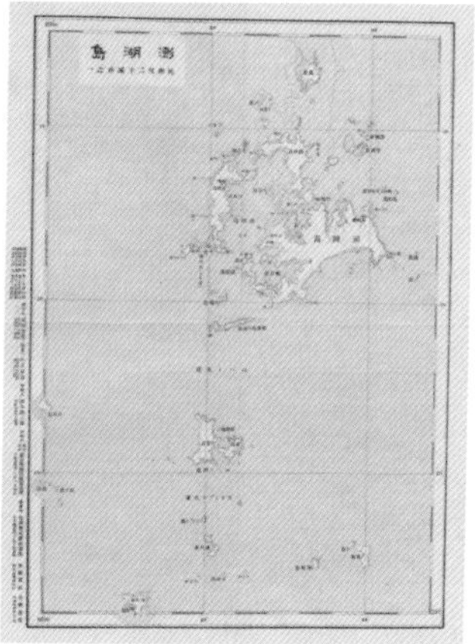

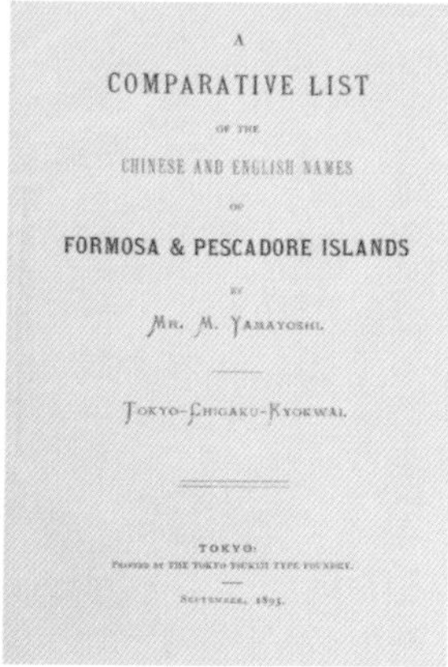

《臺灣諸島全圖》的其它文件：〈四十萬分一臺灣北部〉圖、〈二十萬分一澎湖島〉圖、地名表與封套。

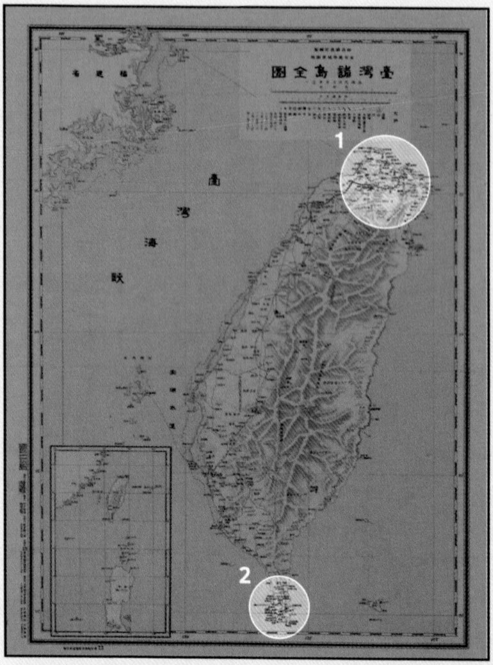

1｜產業分布

本圖使用紅色字體標示各處的物產，諸如北投的硫磺、新北一帶的煤炭都是十九世紀即為外國人所熟知的物產。另外北臺灣近山丘陵地的茶與樟腦也是備受關注的焦點，這些物產都是清末「開山撫番」政策實行之際，逐漸向原住民邊界開墾而產生的新產業。在地圖中，茶都是靠近番界，樟腦甚至更有在原住民地域中者，也可讓我們窺見清末產業與族群邊界之關連。

2｜再見恆春半島

這幅地圖有一處的圖資相較於圖上其它地方，有著異乎尋常的詳細描述，即恆春半島的地名資訊。這顯然與一八七四年牡丹社事件，日軍曾派兵來此有關。恆春半島的港灣資訊，明確標示有牡丹「生番」、「高士佛社」等相關原住民村社，以及事件後清國設立的恆春縣城。不過根據後人研究，此圖恆春縣的資訊仍有錯誤，並未反映十九世紀末的情況，顯示日本對臺灣認識的不均質情形。

1

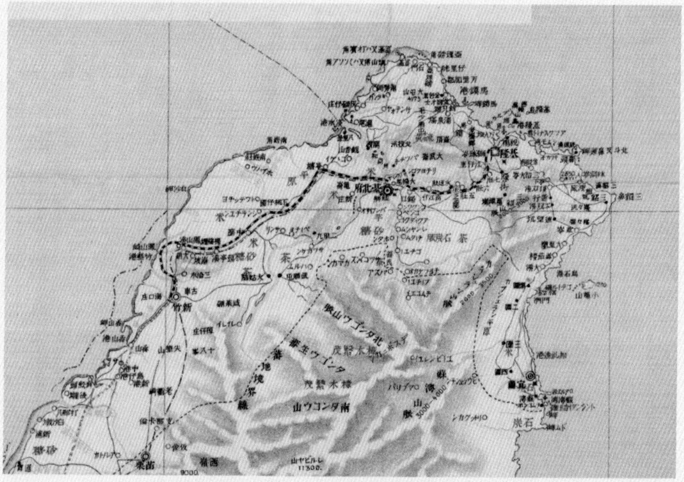

2

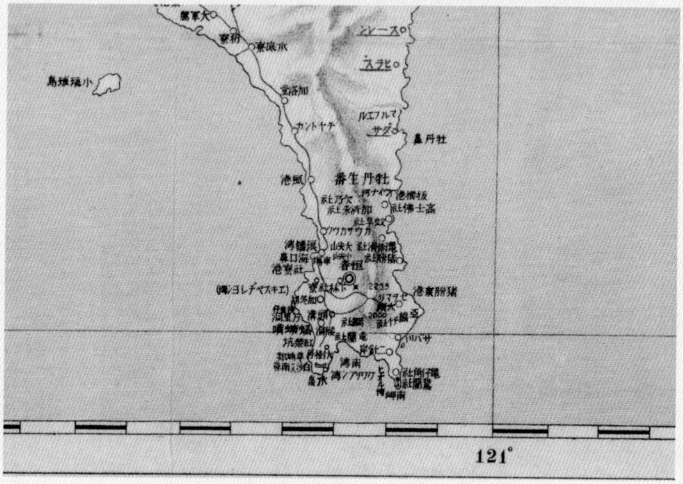

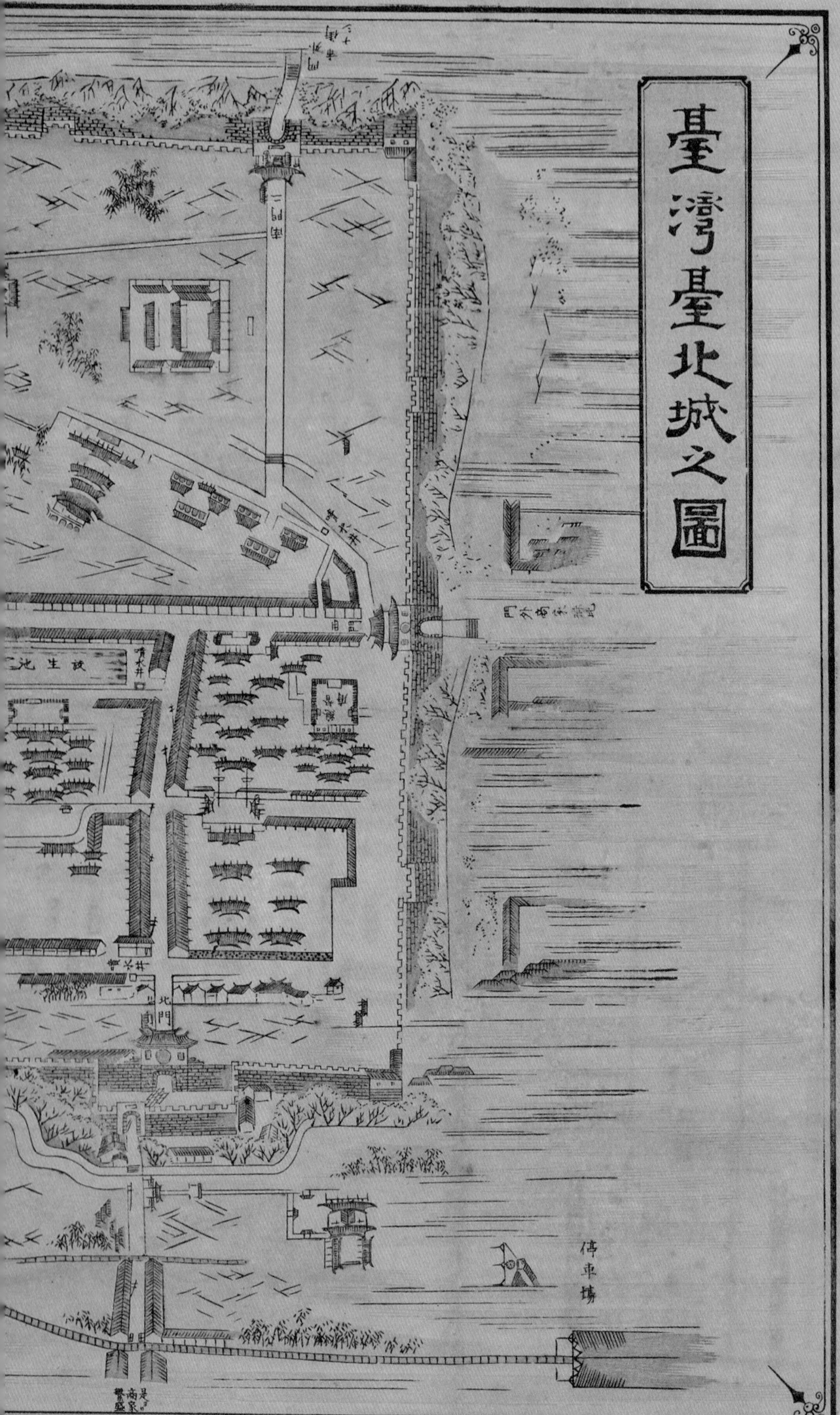
臺灣臺北城之圖
清水井
放生池
北門
停車場
是ヨリ商家繁盛

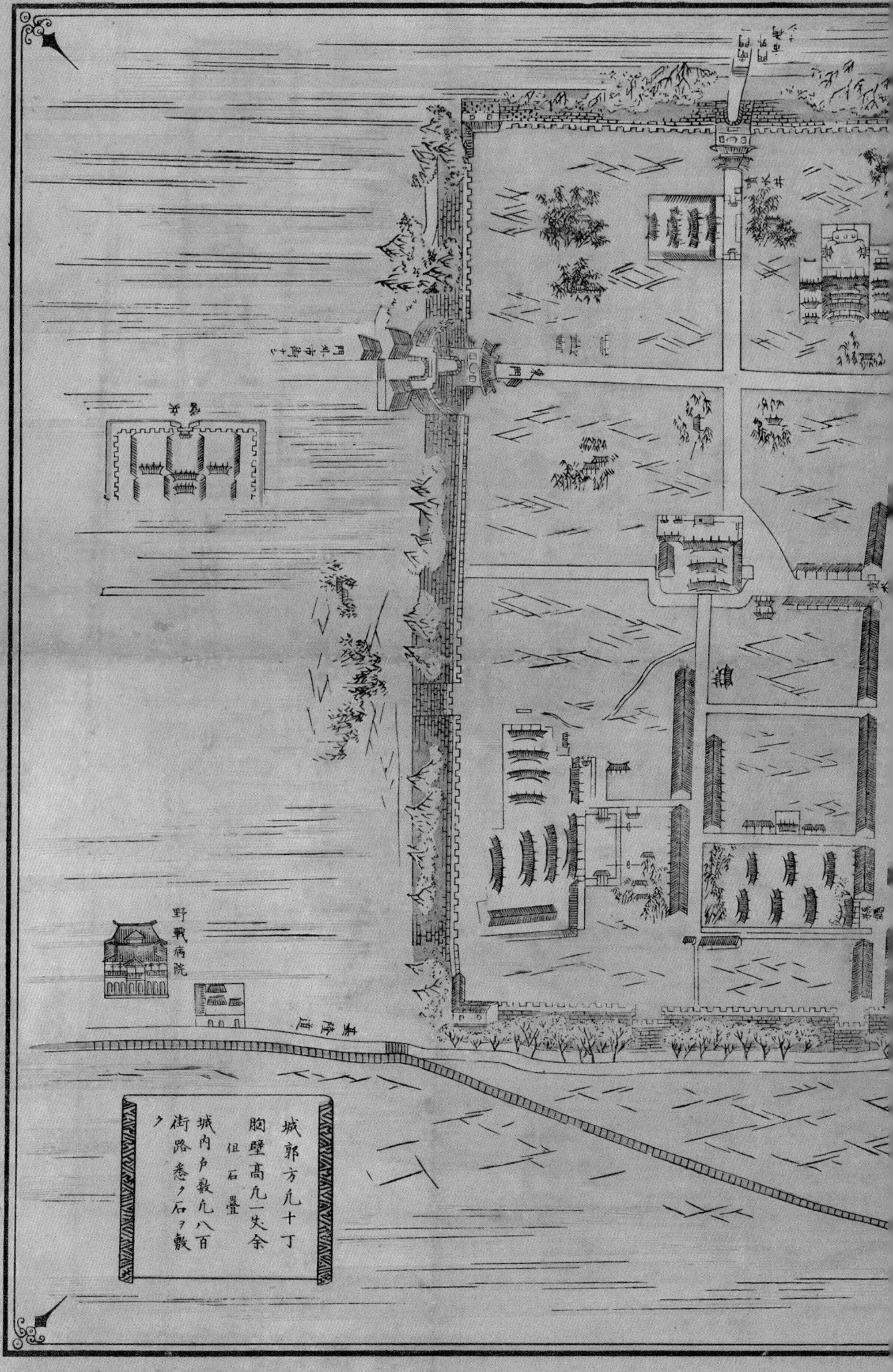
門外市街ナシ
東門
野戰病院
城郭方凡十丁
胸壁高凡一丈余
但石疊
城内戸數凡八百
街路悉ク石ヲ敷ク

17

開箱新領地的首府

臺灣臺北城之圖

館藏號 2009.011.0461
年代 1895 年
材質 紙
尺寸 78 公分 × 57.7 公分

一八九五年清國割讓臺灣，臺灣官紳抗拒日本接收，於臺北成立臺灣民主國，試圖透過外交手段抵抗日本。日軍於五月底登陸澳底，與民主國軍經過幾次戰役，進入臺北城後，著手繪製地圖，於八月十日完成〈臺北及大稻埕艋舺略圖〉。十二月，臺灣總督府製圖部發行了一張四千分之一的版本，推測在此基礎上，民間為了讓日本人認識新領地的首府，而出版這張木板彩色版畫〈臺灣臺北城之圖〉。

一八九五年左右發行的這張地圖，既留下關於清代臺北城的線索，又由於有著幾個版本的流傳，也見證這段期間城內的變化。

一年換三種身分的臺北城

一八七五年，做為牡丹社事件後強化臺灣防務的一環，清廷設立臺北府，四年後，知府陳星聚正式將府治自新竹移至臺北。然而遲至一八八一年福建巡撫岑毓英視察時，臺北城仍未有城牆，臺北府治和淡水縣治應有的衙門、兵營、監獄、官廟等也都尚未建置完成，直到隔年才開始興築城牆。一八八四年清法戰爭開打，爲防守臺北，北臺紳商捐出經費，才終於讓城牆完工。臺灣建省後，省城預計設於今臺中，但巡撫劉銘傳實際上長駐臺北，相關巡撫衙門等也都建在臺北。直到邵友濂任內才將省城改遷臺北，臺北正式成爲省城。省城臺北，一八九五年時又因爲臺灣民主國的成立，一舉成爲首都，巡撫衙門也變成「總統府」。

根據耆老陳豬乳於二次大戰後初期的回憶，民主國成立之際，各地的代表都聚集艋舺參加「送印」。總統印是銀製的，用黃綢布包紮，上面還插著金花一對，放在四角香亭中，由秀才扛亭。送印的遊行隊次序是民主國的藍地黃虎旗領先，繼後是旗牌執事、四腳亭、大鑼、地方代表、進士、舉人、士紳。排列整齊的送印隊伍，由艋舺出發，在營盤頂集合後，經過北皮寮（今剝皮寮）、龍山寺、祖師廟，過了河溝，由西門進城，入巡撫衙門（今臺北市延平南路、武昌街口）舉行儀式。在這張地圖上，總督府下方的衙門卽是昔日的巡撫衙門，後來因爲城內動亂而有部分建築燒毀。

日人登陸臺灣後，在美國記者達飛聲（James Wheeler Davidson）等人指引下長驅直入臺北。日軍於六月七日清晨抵達北門下，城內軍隊失序，治安混亂，民主國總統唐景崧早已連夜逃走。如圖所示，北門外附有外廓門（甕城），日人進入甕城時受到城內的零星槍擊，挺進至北門時，城門閉鎖，則靠婦人陳法及其子扔下梯子順利進城。地圖如實繪製了北門跟外廓門，反映清廷對北門國防上的重視，但最終卻幾乎和平攻破。六月十七日，日本就在臺北城內舉辦

▶ 臺北城北門，推測是從甕城城牆往下俯瞰拍攝，可見北門城牆跟城內建築。(館藏號2001.008.0103)

◀ 地圖上標的總督府是1893年建的欽差行臺，樺山總督在其中庭的戲臺接見原住民。(館藏號 2001.008.0103)

「始政式」，開啟日本長達五十年的殖民統治。

一八九五年的臺北城，如同臺灣人的命運一樣，先是屬於清國的省城，又相當短暫地作爲民主國的首都，最後又成爲臺灣總督府的所在地。一座城有著三種身分。

臺北城變形記

如同臺北城身分的變動，城市空間也因改朝換代，不斷變形。

這張地圖最大特色是運用如同浮世繪的製作方式，需要透過畫師、木刻師與套色師才能完成。臺史博的這幅地圖推測是較早期的版本，地圖上的街道、城牆、建築物等都與現存其它地圖大約一致，套色也較爲精準。地圖資訊應該也是木刻完成，僅標示城門、噴水井、放生池、停車場（即火車站）等清代建築，並加上野戰病院、總督府、縣廳與兵營的位置，其它建築都沒有特別說明。此外，各城門外僅標示是否有商家，城內戶數則特別標示爲約「八百」，以及城內街道有鋪石等訊息。

對照臺史博館藏另一版本的臺北城地圖（秋惠文庫寄藏，登錄號 T2018.001.7151），黑色字體標示的訊息又增加許多，包括日本新設的政軍設施，如局長官舍等，也有部分字體顯然是手寫補上，如原來的天后宮位置被標爲第八聯隊兵舍。城內外的人口說明也有變化，如西門外，原來僅有「門外商店櫛比」，增加了「艋舺街人口約四萬」；北門外的描述從「城外商家繁盛」，新增爲「大稻埕人口約三萬，外國商館十數戶」；城內戶數從約「八百」，修正爲「貳千」。此外，城內街道的名稱也增加不少，如府直街、北門街等。從地圖的變化，可以看出改朝換代時期臺北城的大致情形，以及殖民者對臺北城的改變與認識。

補充一提，日本人類學家伊能嘉矩曾參考此圖製作成另一張手稿地圖，將所有清代臺北城的空間分布重新復原，而這些名稱也可與伊能所著的《臺灣文化志・第三篇文治武備沿革》相互對照。

在被日軍接收後的一八九五年底，抗日軍陳秋菊等人以胡阿錦名義，自城外各地試圖反攻臺北城。城內的日本統治者緊急武裝城內官員，並上城牆巡守，最終抗日軍的攻城並未成功。臺北城最後一次發揮守城的功能，竟是幫助曾是攻城者的日軍，想來格外諷刺。（陳怡宏）

延伸閱讀

・河出圖社策畫，《古地圖臺北散步：一八九五清代臺北古城》。臺北：果實出版，二〇〇四。
・陳怡宏主編，《乙未之役中文史料》。臺南：國立臺灣歷史博物館、潘思源，二〇一六。
・陳怡宏主編，《乙未之役外文史料編譯（一）》。臺南：國立臺灣歷史博物館、潘思源，二〇一八。

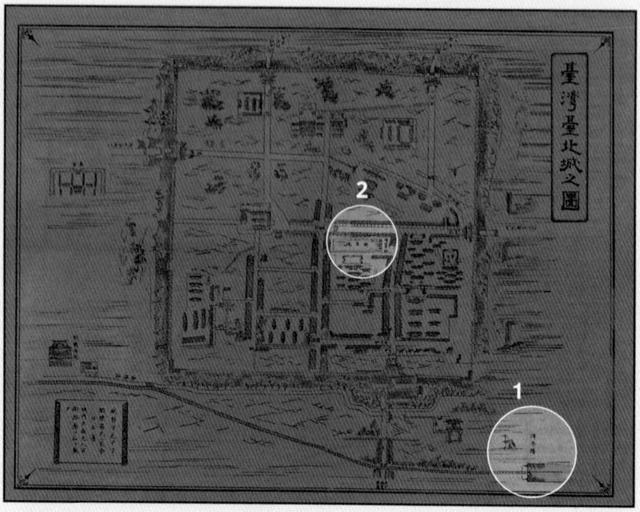

1 停車場

在臺灣巡撫劉銘傳的規劃下，一八八七年奉准設立全臺鐵路商務總局，興建基隆至新竹間鐵路，隔年臺北至錫口（今松山）完工，一八九一年基隆至臺北段完工，兩年後臺北至新竹段完工。沿線設置十六個車站，稱為「火車票房」。列車一開始一日六班，後減為四班。當時臺北火車站設於大稻埕（今塔城街），直到市區改正與鐵路新線設立，才移至北門町（面對今館前路），原臺北車站則改稱大稻埕站。圖上車站入口為西式建築，正面並配置有時鐘，畫師也沒有遺漏此細節。

2 噴水井

巡撫劉銘傳在臺北城內進行都市規劃時，設置數個公用水井。地圖中至少有五處「噴水井」，其中至少三個是由劉銘傳設置，在北門街（今博愛路）、西門街、石坊街（均位於今衡陽路）等重要街道，提供居民乾淨水源。圖中橫向的街道為西門街，中間的牌坊為表彰洪騰雲的「急公好義」坊，左右兩邊的噴水井是委由日本技師開鑿。

2

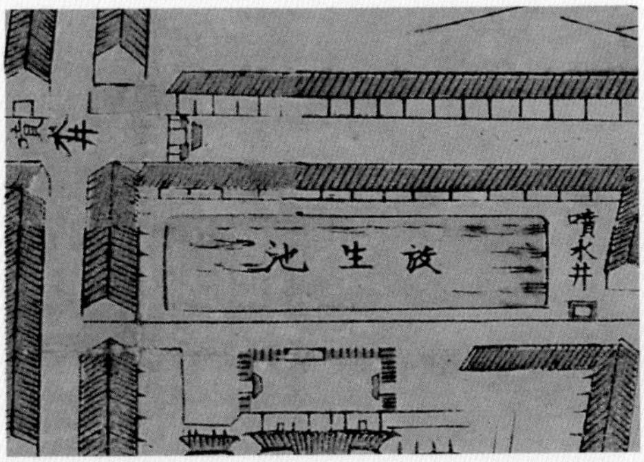

放生池
噴水井

1

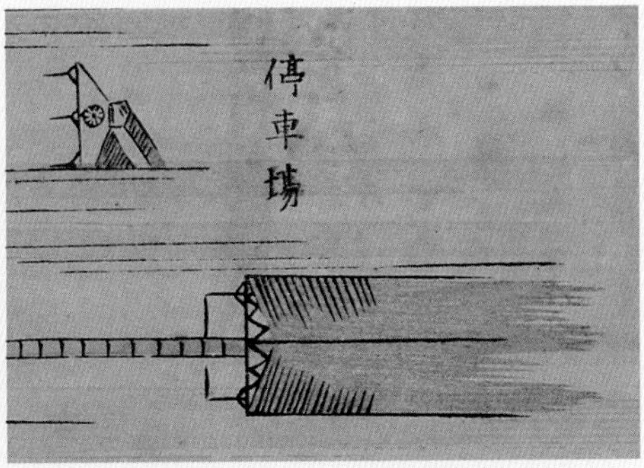

停車場

Carrying of firewood by the Formosan, at Taipei.
臺北城內西門街通り石造門前に於て臺灣人薪擔背の景

二十世紀初期臺北城內急公好義坊附近一景，遠方可見西門，應是從本圖所記載的「噴水井」往西拍攝；而右方房舍的背後，則應有本圖描繪的「放生池」。
（館藏號2001.008.0103）

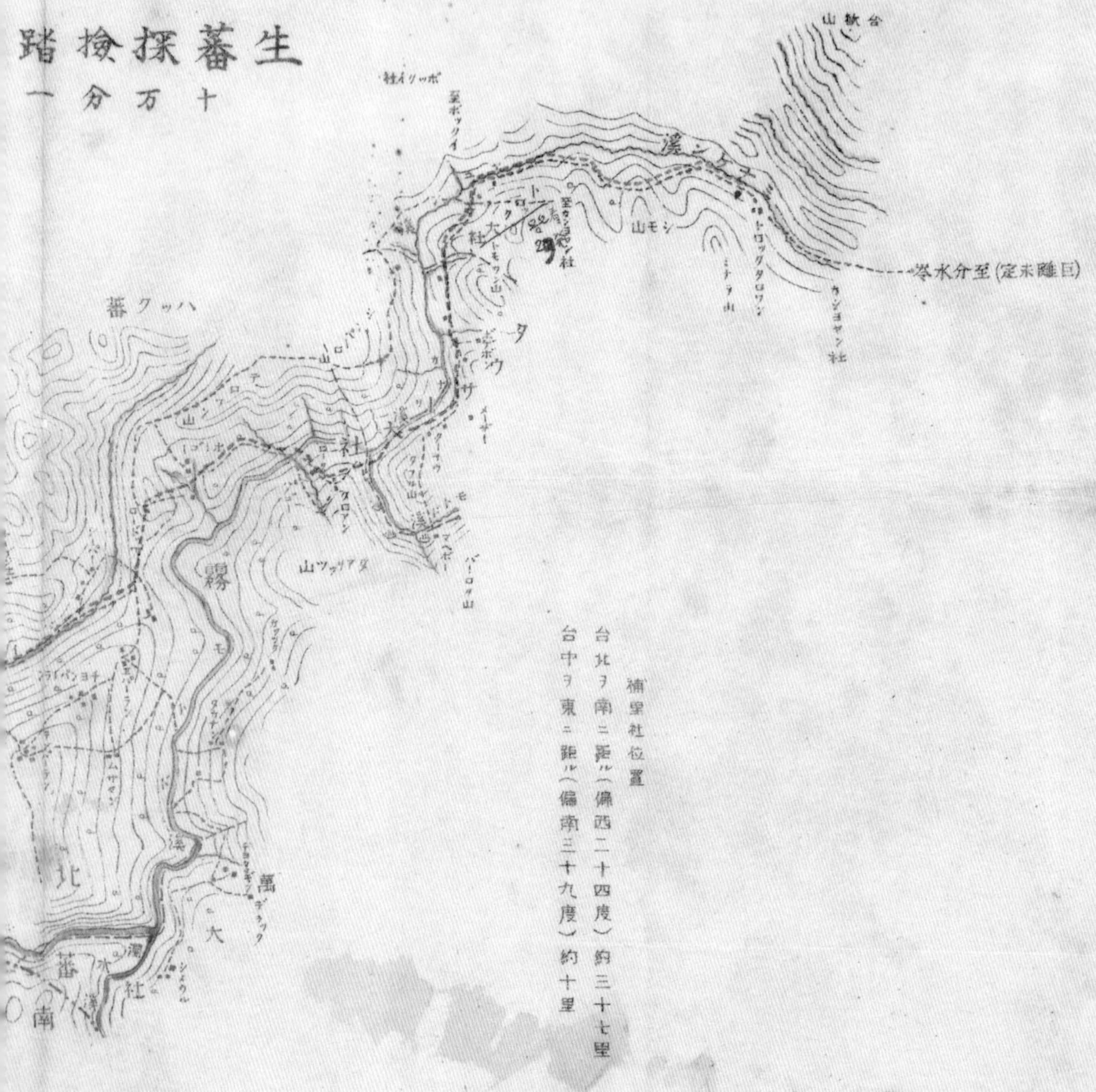
生蕃探検踏
十万分一
ハッ蕃
至分水嶺(巨離未定)
霧
大
社
北
蕃
南
補里社位置
台北ヲ南ニ距ル(偏西二十四度)約三十七里
台中ヲ東ニ距ル(偏南三十九度)約十里

深堀大尉一行發着地

一月十一日 臺北發

仝 十五日 埔里社着

仝 廿二日 哆囉咕番社着

仝 廿九日 分水嶺ヲ通過スル豫定

埔里社ヨリミナケン溪ニ至ル約十一里

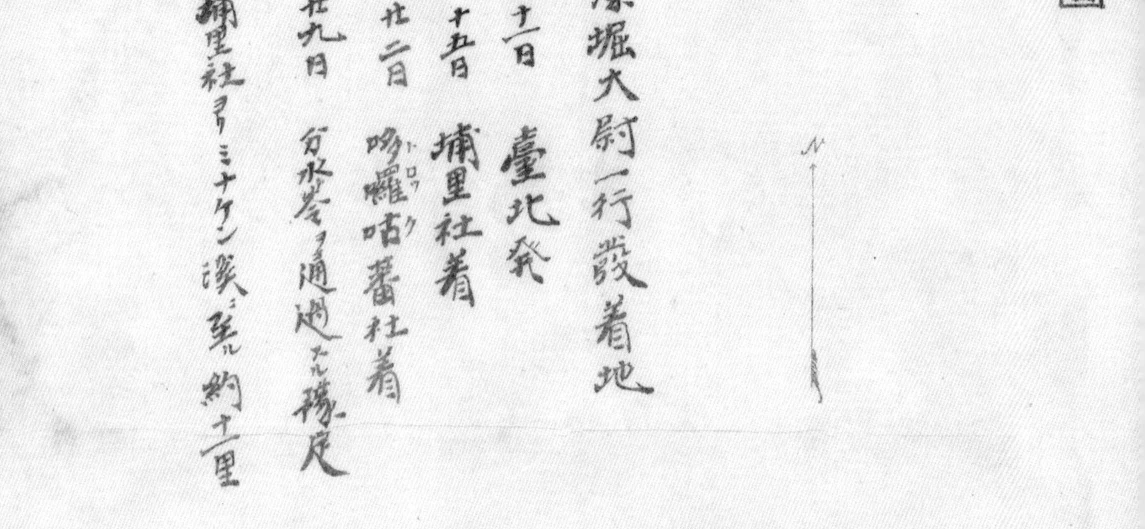

18

消失在地圖中的日本探險隊

生蕃探險踏測圖

館藏號	2020.006.0035
年代	1897 年
材質	紙
尺寸	37.7 公分 × 27.3 公分

有許多地圖在描繪眞實「存在」的空間；但有些地圖，卻在描繪「消失」這回事。

十九世紀末，有一幅地圖畫出臺灣中部山區的地形地貌，對於位處平地的閱圖者來說，原本未知的空間，因此得以慢慢浮現在眼前。然而，那幅圖卻是在記錄一場失蹤事件，在講某些消失在地圖與空間裡的事物。

這般既浮現又消失的圖景，與日本剛開始統治臺灣不久的局勢有關。

深堀大尉探險隊失蹤事件

一八九六年底，臺灣總督府爲了評估架設東、西向橫貫鐵道的可行性，派出五支探險隊進行實地勘查工作。其中一隊由軍務局陸軍步兵大尉深堀安一郎、民政局技師林學士原音吉等十四人組成，要勘查從埔里橫越中央山脈前往花蓮的路線。

一八九七年一月十八日，隊伍從埔里出發，往東循著眉溪進入山區。到了行程第十二天，隊員們已經在當地部落族人協助下，抵達トロゥク大社（賽德克族德路固群〔Truku〕）的領域，位置大約在今南投縣仁愛鄉合作村靜觀一帶。

然而，在之後往合歡山方向繼續行進的路程中，探險隊卻音訊全無。總督府爲了確認隊員下落，三月起就陸續派遣小隊前往搜索，卻只找到一些零星衣物。雖然仍無法明確掌握隊員們的最後行蹤，但他們判斷隊員應是遭原住民襲擊，全員覆沒。

這次事件，影響了總督府面對賽德克族人的態度。隔年初，總督府決定封鎖山區，導致族人對外交易中斷，無法取得鹽、火藥、槍枝等重要日常用品，埋下族人與總督府在日後陸續發生人止關之戰、姊妹原事件等衝突及壓迫的種子。

另一方面，在統治者的論述裡，這次事件被定位爲隊員的悲壯殉職，一些宣傳與紀念手段也衍生而出，像是建立紀念碑，或者用深堀之名爲地方命名。至今，能高山旁仍有名爲「深堀山」的山岳，而南投縣仁愛鄉平靜部落也有一處名爲「深堀瀧」的地名，都與這次事件有關。

探險隊的足跡

時間來到事件發生半年後的八月，軍務局局長立見尙文等人發起募款行動，要爲殉職隊員的家屬籌措慰問金。當時特別印製了一本小冊子，裡頭簡單描述事件經過，並附有一幅〈生蕃探險踏測圖〉的簡略地圖。

這幅圖描繪埔里社到合歡山之間的地形、河流、地名等資訊，還有一條紅色虛線，代表探險隊從出發到失蹤期間，大約半個多月的行進路線。

這條線從埔里社畫起，往東沿著眉溪河道，經過觀音石、人止關等地，進入霧大社（賽德克族德克達雅群〔Tgdaya〕）的領域。接著，再上山越過ホーゴー（荷戈社〔Gungu〕）後，轉往隔鄰另一條霧社溪河道，進入タウサー大社（賽德克族道澤群〔Toda〕）領域。然後又再往北走，進入トロゥク大社，並用紅字寫著「28着、29発」等字，指的是抵達與出發的日期。

這段虛線還繼續往東畫到合歡山下，最後在該處中斷。除了一個紅點之外，沒有任何註記，表示探險隊失蹤的位置。

在浮現與消失之間

早在一八九五年乙未之役的戰場上，日軍陸地測量部臨時測圖部就已隨軍進行實地測繪，並製作出大比例尺的五萬分一地形圖，成爲臺灣史上首次大規模實地測繪的成果；一八九七年，又再製作出《臺灣假製二十萬分一圖》。此外，臺灣總督府製圖部也在一八九六年製作一套《臺灣輯製二十萬分一圖》。這些地形圖一幅接著一幅現身，與新政府亟需取得準確且完整地圖情

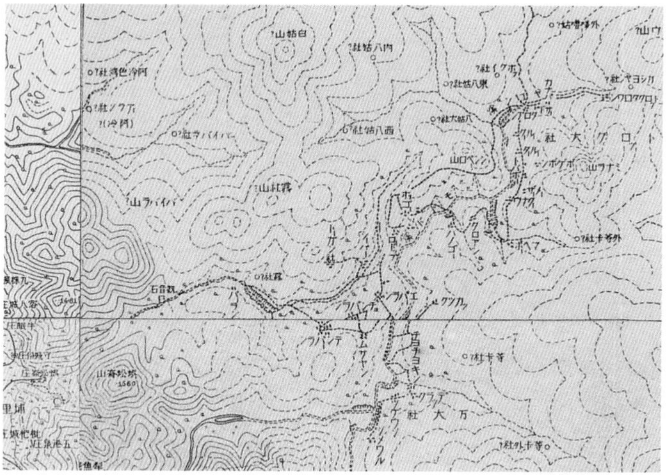

▶ 日治時期的合歡瀑布影像，今址在南投縣仁愛鄉。圖說提到，深堀探險隊失蹤事件相傳就發生在此處附近。（館藏號2001.008.0081.0106）

◀ 1897年，陸地測量部《臺灣假製二十萬分一圖》埔里東邊局部。相較於〈生蕃探險踏測圖〉，此圖中仍存在很多不確定的虛線與問號。（館藏號 2002.012.0001.0002、0003、0008、0009）

報，因應統治需求有關。但由於山區還無法接近，這些地圖的山區部分依然描繪得不太清楚。

這幅在一八九七年製作的〈生蕃探險踏測圖〉，跟同一時期的其它實地測繪圖就有很大的不同，因爲它對埔里以東的山區地形與道路描繪得相對清楚。由於深堀探險隊裡也有製圖人員，推測這幅地圖的底圖，若不是探險隊爲了執行任務所持有的資料，那可能就是探險隊初次勘查之後陸續傳回來的情報。

這些地圖的製作，讓臺灣山區的景象慢慢浮現出來，成爲新政府遂行統治的起點。然而，探險隊在地圖上的「消失」，則是在地原住民面對侵入者時，幽微卻堅決的回應。（蘇峯楠）

延伸閱讀

鄭安晞，〈日治時期臺灣的山地探險與測量〉，收於郭俊麟主編，《臺灣原住民族歷史地圖集導讀指引》。新北：行政院原住民族委員會，二〇一六，頁七九－一〇九。

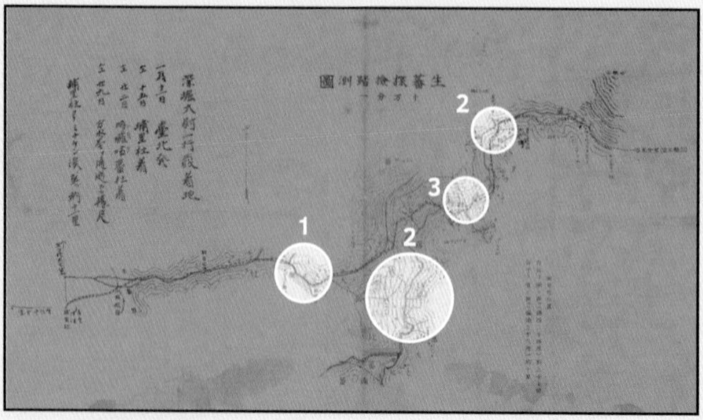

3

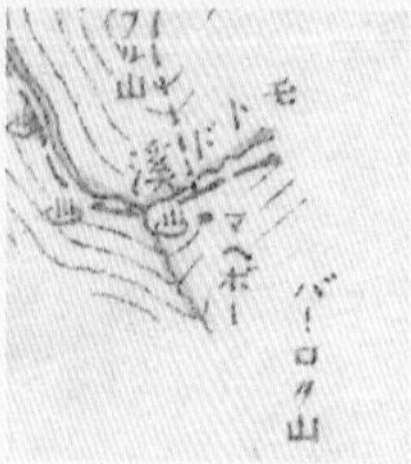

2

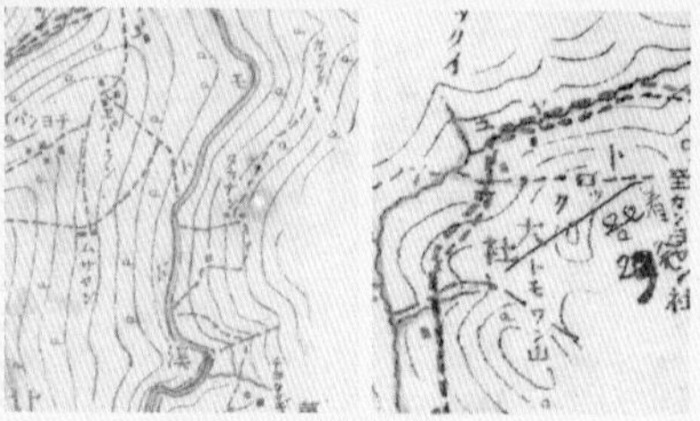

1

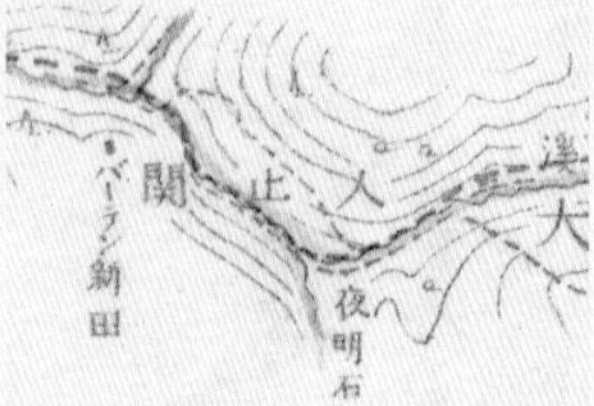

1 人止關

人止關位於今南投縣仁愛鄉南豐、大同兩村交界處，是從西邊的埔里往東進入霧社地區前，會經過的一處有高聳山壁夾峙之峽谷地形。其形勢險要有如關隘，或許因此得名。

一九〇二年，人止關附近的賽德克族群巴蘭（Paran）等部落族人，曾在此擊退準備推進到霧社地區的埔里守備隊百餘名隊員，重挫日本統治勢力，史稱「人止關之役」。

2 濁水溪原本的名字

此圖有許多地名跟現今所知的不太一樣。如圖中的濁水溪或霧社溪，在トロク大社旁被標示為「ヤユン溪」（yayun），是賽德克語的 yayung，即河流之意；而下方河段稱「モトド溪」（motodo），也是賽德克族人所稱的 yaaung mtudu，意為波浪溪。

日治時期，隨著政府對山區逐漸掌控，中、下游漢人使用的「濁水溪」一名，開始被用來稱呼整條河流。這幅初步探勘的地圖提醒我們，在變成「濁水溪」之前，這條河流有它原本的名字。

3｜溫泉記號「♨」

在「マヘボー」（賽德克族馬赫坡社（Mahebo））的溪畔，有三個圓型湯池裡裊裊飄出彎曲煙氣的「♨」記號，代表溫泉。一八八四年，此記號正式受日本陸地測量部使用於地形圖中，成為常見地圖記號之一。溫泉可再聯想到泡澡，所以在現代地圖裡也用來標示澡堂。

此處的溪流，是今南投縣仁愛鄉精英村境內的塔羅灣溪。一九四三年，埔里街官民在此成立富士溫泉；戰後借中國江西省九江市廬山之名，改稱廬山溫泉，形成稠密的觀光街區。二〇〇八年，廬山溫泉在強烈颱風辛樂克侵襲下嚴重受創。為使土地休養生息，二〇一二年政府公告廢止溫泉區，結束它短暫的溫泉休憩史。

▶ 日治時期明信片中的人止關之景，有山壁夾峙的景觀。（館藏號 2011.012.0043.0007）
◀ 1979年的廬山溫泉景觀，旁邊店家招牌可見溫泉符號。（館藏號 2017.025.0190.0069）

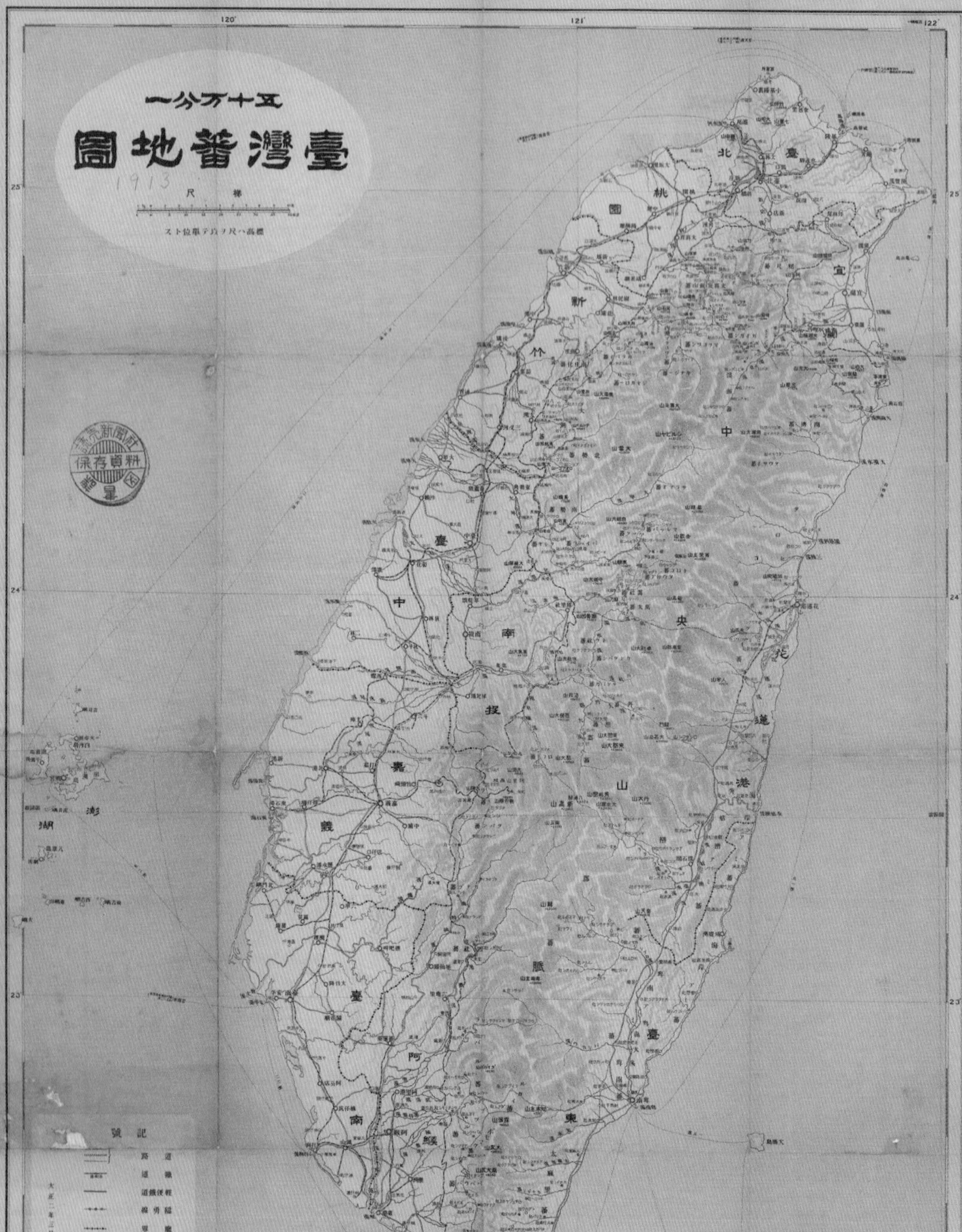

台湾蕃地図 1913

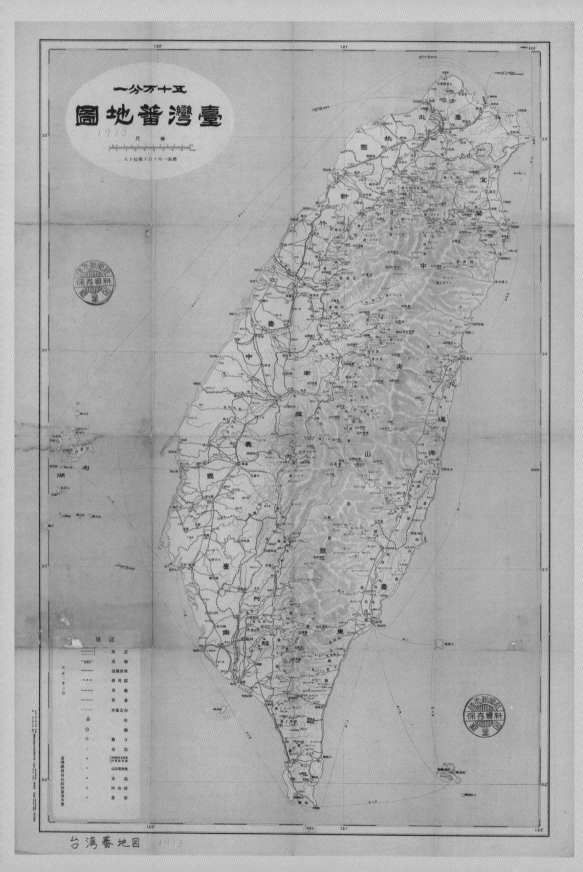

19

統治者的填充題

五十萬分一臺灣蕃地圖

館藏號	2006.008.0011
年代	1913 年
材質	紙
尺寸	60 公分 × 86.5 公分

空白之處

可能沒有統治者願意在領土地圖上看到空白，因爲那代表還有地方是未知的、不清楚的、無法控制的。

以往清朝視臺灣東半部爲「化外之地」，所以在山水畫式地圖上，東半部長期處於空白狀態；不過，在一八七四年日軍出兵牡丹社的刺激後，官府又忙著在地圖裡把東半部畫出來，並且設官治理。只是直到一八九五年結束統治前，官府仍無法完全掌控中央山區。

接著來的臺灣總督府，爲了徹底掌握新領地，便於一八九八年成立「臨時臺灣土地調查局」，展開規模前所未見的土地調查、測量與地圖繪製工作，最後產出土地臺帳、地租名寄帳、大租名寄帳等各種地籍簿冊，以及總共有三萬七千八百六十九幅大比例尺的「庄圖」等成果。此外，「庄圖」再被拿來縮製爲二萬分之一的「堡圖」共四百六十六幅，一九〇四年於東京印製出版，成爲日治時期極詳盡且使用頻繁的臺灣基本地圖。

堡圖已經達成了當時最精確完整的製圖成果；然而，在臺灣中央山區，依然留下很大一片空白。這是因爲當時總督府尚未完全掌控山區，當然也無從進入測量，所以對統治者來說，堡圖依然還不是最完美的地圖。這種情況，在佐久間左馬太就任第五任臺灣總督後，開始有了變化。

填補「蕃地」

一九〇六年佐久間左馬太上任總督不久，就積極推動「理蕃事業」，以使原住民儘快臣服政府。其中一個行動，就是在中、北部山區推進隘勇線，讓政府勢力逐漸擴張並控制山區；甚至在部分地區，更以戰爭規模的重裝武力迫使族人投降。

兩年後，總督府在警察經費項下編列「蕃地調查費用」，任命技師野呂寧擔任蕃地地形測量主任，針對原本在地圖上空白的「蕃地」，展開首次大規模測量與製圖行動。此次行動費時至少近十年時間，最後製作出比例尺五萬分之一、全套共六十八幅的《蕃地地形圖》，由臺灣日日新報社印製發行。裡面每幅圖都對蕃地的地形、植被、道路、部落等資訊詳細描繪，大致填補了堡圖的空白處，並且有效支援總督府後續的山區治理工作。

不過，在《蕃地地形圖》完成前，蕃務本署就已經先陸續編製「蕃地」相關地圖，像是一九〇九至一九一〇年間比較簡略的〈北蕃圖〉、〈南蕃圖〉，以及一九一一年較爲詳細的〈二十萬分一臺灣蕃地圖〉共五幅等。這些圖的精確度雖然還不高，但仍有助於整合「蕃界」情報。

至於這幅〈五十萬分一臺灣蕃地圖〉，也是由蕃務本署於一九一三年編製而成，並在東京印刷出版。它繪製的空間範圍涵蓋了臺灣、澎湖與其它附屬島嶼，

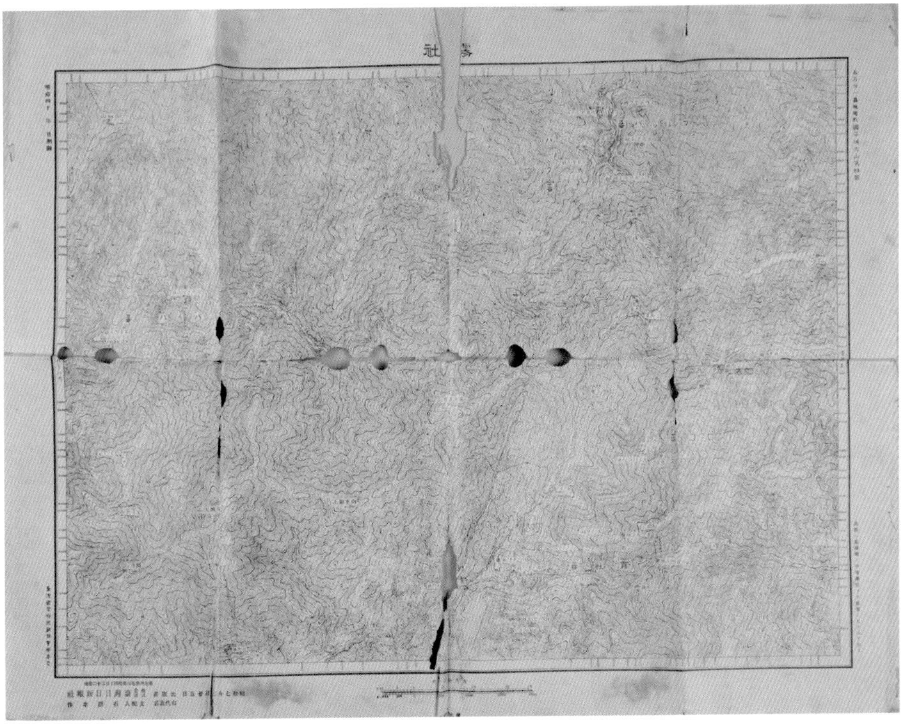

1911年蕃務本署測圖，〈五萬分一蕃地地形圖・守城大山第四號・霧社〉，1932年出版。任職臺中州林務課的潘再賜曾使用此圖。（館藏號2019.035.0021，潘怡宏先生捐贈）

平地部分有一般普通地圖常見的市鎮地名、道路、鐵道、廳界線等資訊，海上有航線。當然，它的主要重點是在中央山區「蕃地」相關情勢，所以在族群分類、部落位置，以及總督府布設的隘勇線、駐在所等訊息，都有簡要而清楚的呈現。

逐漸消失的生活空間

〈臺灣蕃地圖〉以大比例尺的單幅地圖形式，概略地呈現出臺灣整體空間資訊，既適合在桌面展開，也可以懸掛起來。而且地圖是公開發行，一般民眾可以在市面上購買與持有，所以圖上可見蓋有「讀賣新聞社圖書課保存資料」的紫色圓戳，顯示它曾是讀賣新聞社內的參考資料。所以，這幅地圖一方面讓臺灣地圖的呈現更趨完整，另一方面也有助於向外界傳播總督府「理蕃」的階段性成果。

像這樣能夠一覽無遺、不再有空白的臺灣地圖，應該更接近統治者想要看到的領地模樣吧。然而，正當統治者在地圖上將空間看得愈清楚的時候，居住在當地的人們，卻也在同時間受到愈大的衝擊。

隨著山區納入官方掌控，一九二五年起，總督府殖產局透過「森林計畫事業」，針對「蕃地」的山林資源利用方式進行區分與管理。生活於當地的族人，雖然在「準要存置林野」的名目之下獲得一部分地區的使用權，但仍無法改變已經逐漸失去自己傳統生活領域的困境。（蘇峯楠）

延伸閱讀

・鄭安晞，〈《二十萬分一臺灣蕃地圖》導讀〉，收於郭俊麟主編，《臺灣舊版地形圖選錄：東京大學總合研究博物館藏近代亞洲地圖資料典藏臺灣篇》。臺北：國立臺灣大學圖書館，二〇一三，頁三七－五〇。

・鄭安晞，〈日治時期臺灣的山地探險與測量〉，收於郭俊麟主編，《臺灣原住民族歷史地圖集．附：導讀指引》。新北：行政院原住民族委員會，二〇一六，頁七九－一〇九。

・黃清琦，〈日治時期五萬分一蕃地地形圖導讀〉，收於郭俊麟主編，《臺灣原住民族歷史地圖集．附：導讀指引》。新北：行政院原住民族委員會，二〇一六，頁一一一－一三五。

原住民傳統領域至今仍是重要課題。圖為臺史博常設展所展示，2005年司馬庫斯風倒櫸木事件中族人自行討論與繪製地圖的複製品。（蘇峯楠攝）

2

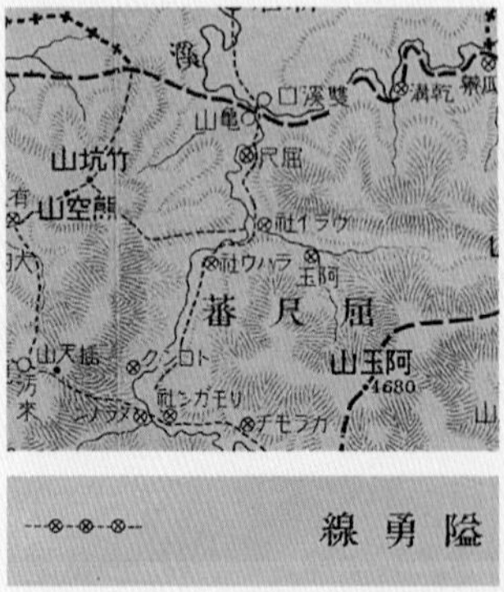

1

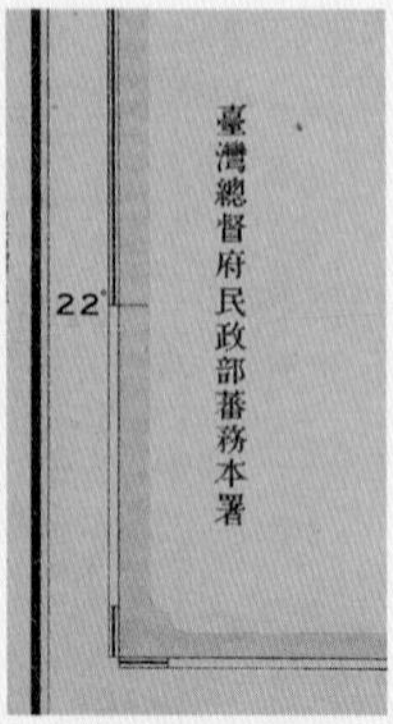

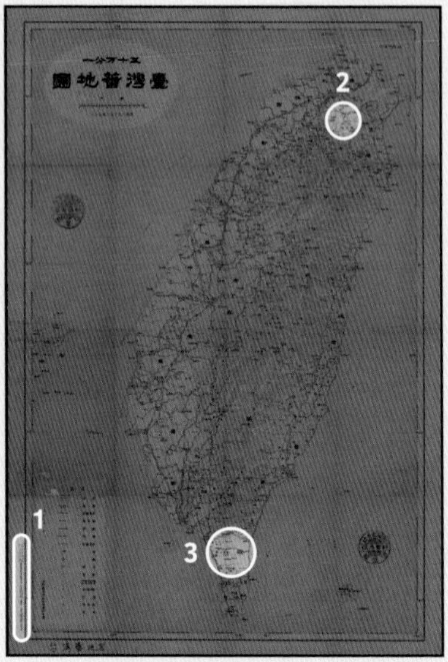

3

1—蕃務本署

此圖的出版者「蕃務本署」，為臺灣總督府民政部轄下，是辦理臺灣原住民統治與管理事務的最高專職單位。

總督府的原住民管理事務，最初由殖產系統下的撫墾署辦理，之後再移至警察系統的警察本署蕃務掛。一九〇六年佐久間左馬太任職總督後，蕃務掛提升為蕃務課；一九〇九年再擴編獨立為蕃務本署，於各州廳增設蕃務課，充分顯示統治者對理蕃事業的重視。

一九一五年佐久間卸任總督後，「五年理蕃計畫」暫告一段落，蕃務本署便廢除，業務回歸給警察本署理蕃課。

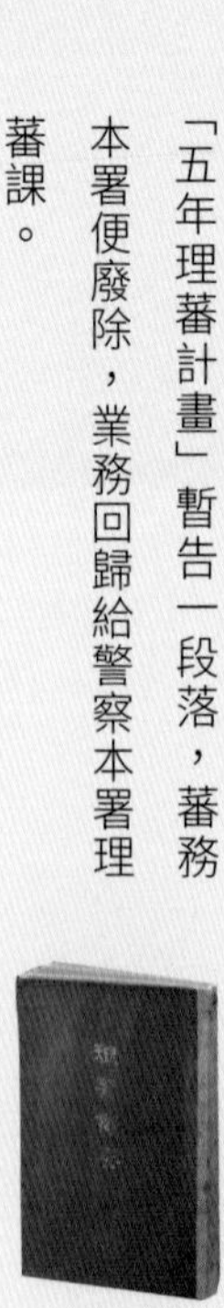

蕃務本署於1913年出版的《理蕃概要》，記載總督府對原住民的認識與理蕃行動成果。（館藏號2004.028.3489）

2—隘勇線

圖中「隘勇線」的符號，是以道路符號的虛線，搭配蕃務官吏駐在所或隘勇監督所的圓型符號所組成。佐久間左馬太上任後，採用隘勇線推進策略，也就是以木樁纏繞鐵絲網來布置武裝隔離工事，用以阻擋、包圍並

▶ 隘勇線木樁與鐵絲網，樁上還裝有白色的絕緣礙子，顯示鐵絲可通電。（館藏號2001.008.0024）

◀ 隘勇線若有異狀，須敲聲警戒。圖中敲的是部落族人在抵抗時遺落的織布用經卷箱，據說敲起來聲音響亮。（館藏號2001.008.0024）

▼ 現今浸水營古道仍可見日治時期浸水營警察官吏駐在所遺址。（蘇峯楠攝）

逐步縮減族人生活領域。

除了鐵絲網，有些隘勇線還會搭配砲臺或地雷，沿線也會設立監督所、分遣所、隘寮等守備據點。為了增強防禦力，部分鐵絲網還會接通高壓電，難以靠近，不只線外的原住民，就連線內的警備人員也常被電傷。

3 浸水營古道

在南臺灣枋藔（今屏東縣枋寮）與巴塱衛（今臺東縣大武）之間，有一條東西向道路符號。那原是排灣、卑南、馬卡道等在地人往來路徑，一八八四年由清朝官兵整建為「三條崙官道」，沿線設營哨，作為西部通往卑南的主要道路之一。日治時期，軍警多次整修這條道路，也增設警察官吏駐在所，圖中就有標示「リキリキ社」（力里社）、「浸水營」、「クワルン」（姑仔崙）三處駐在所。

類似的東西向百年路徑，還可見於圖中的中、北部。它們大多沿用十九世紀晚期「開山撫番」闢成的道路，在二十世紀初期又作為警備與「理蕃」道路。不同的外來統治者持續使用這些路徑，作為他們踏入臺灣山林的「統治之道」。

川平面圖

萬分之壹

昭和四年四月調

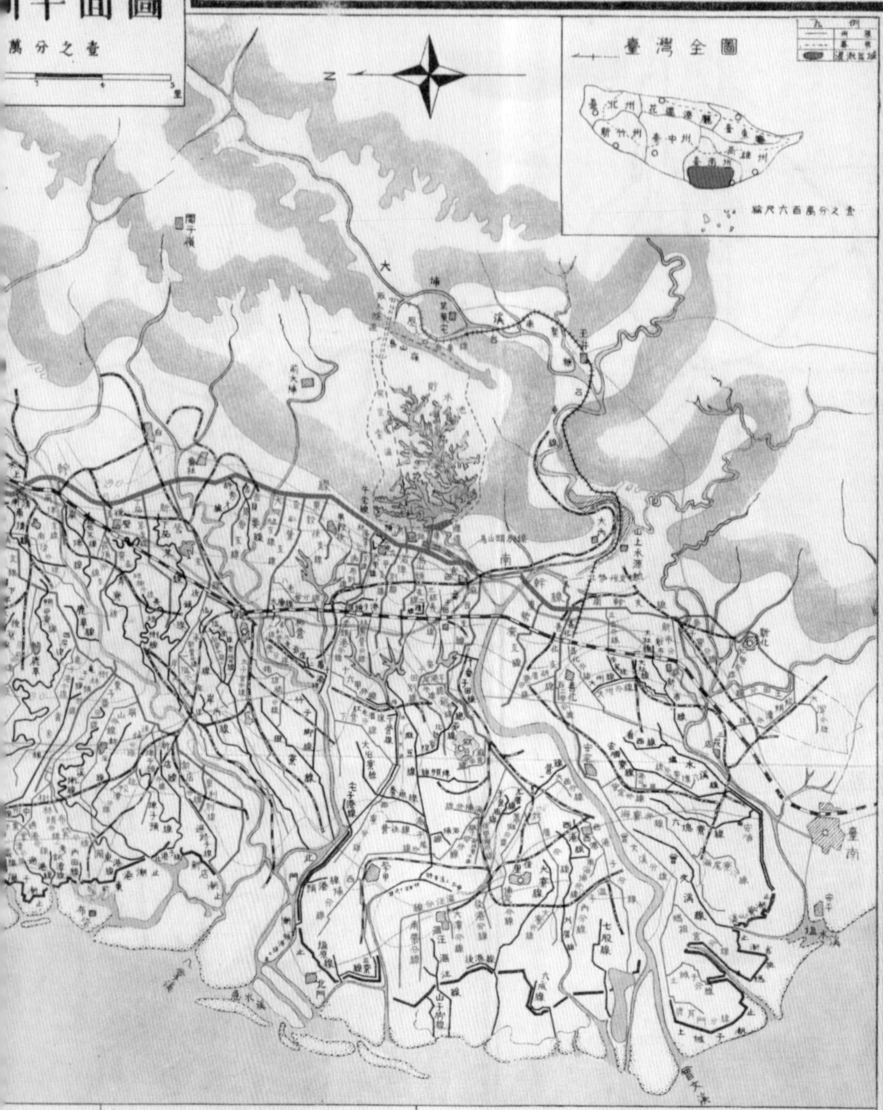

對し灌漑排
其三分の一
以外に水利
の引用は曾
共に貯水し
しむる池の
浸入を防く。

平方尺

より施工年
に設計改善の
は組合員之

滿切捨)
.000石
.000石
.000円
.000円

堰堤擴大圖

縮尺二万分之一

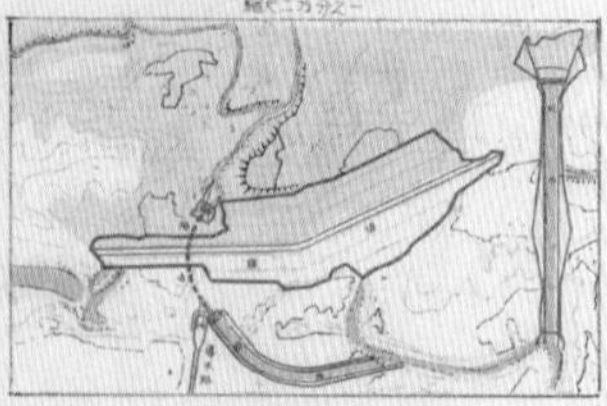

官田渓貯水池堰堤

高サ	185尺
頂部延長	700間
底部巾	1.000尺
頂部巾	30尺
盛土坪數	885.000立坪
切土坪數	129.000立坪
中心混凝土	4.600立坪

堰堤築造標準圖

縮尺二千五百分之壹

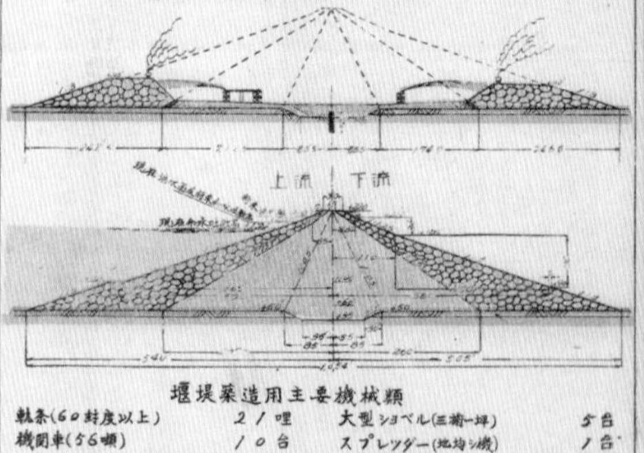

堰堤築造用主要機械類

軌条(60封度以上)	21哩	大型ショベル(三箭一坪)	5台
機関車(56噸)	10台	スプレッダー(地均シ機)	1台
エヤーダンプカー(約二坪)	100台	工事用林内發電所	1.500KW.

ジャイアントポンプ 450馬力2台 420馬力1台 200馬力1台

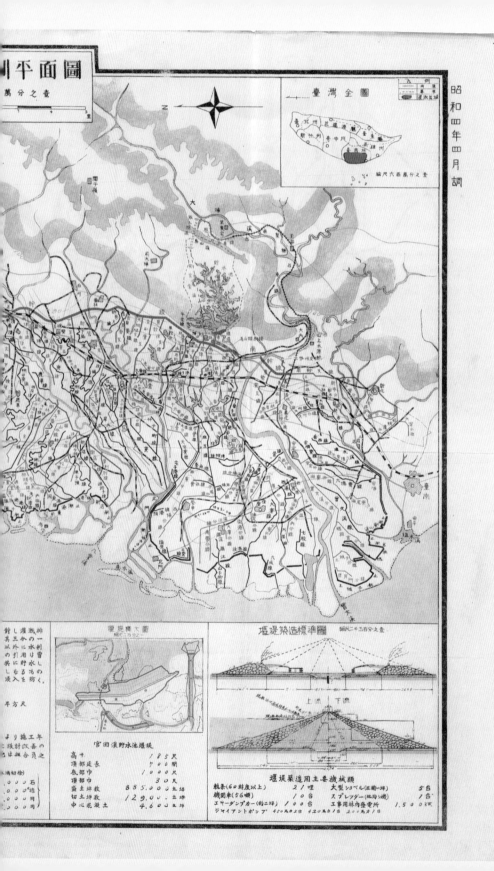

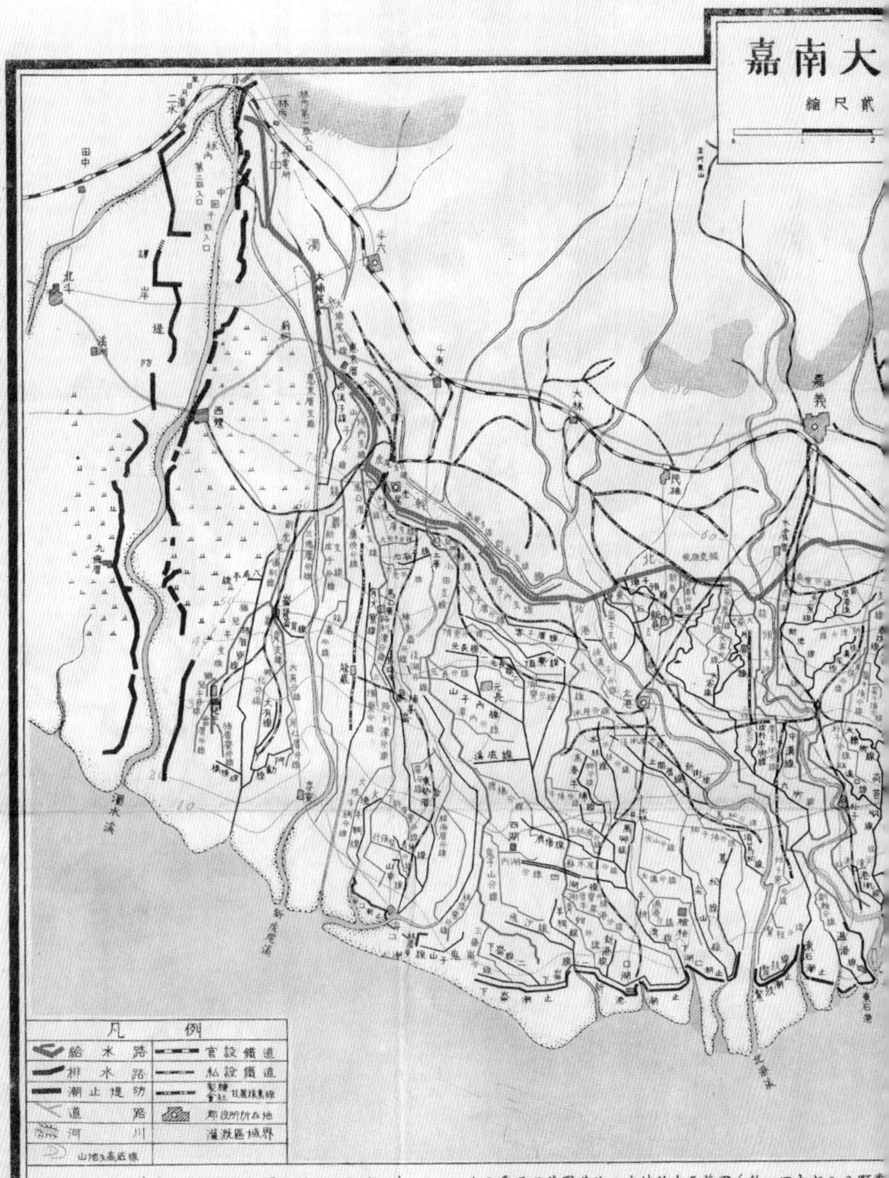

本計畫の大要　臺南州下に於ける旱魃排水不良等に苦しみつつある看天田蔗園其他の土地約十五萬甲（約一四六、七〇〇町歩
水及適所に汐止設備をなし水稻甘蔗其他農作物の増收を圖るにあり。之れか灌漑方法は區域內土地を小水路に依りて區劃し
の地域に夏季單期水稻作三分の一の地域に甘蔗作を行ふに必要なる程度の用水を供給する計畫なり。蓋し當地域に於ては本
施設の望なきを以て可及的水利を均霑せしめんとするに依る。而して之れか水源は曾文溪及濁水溪に求むるものにして曾文
文郡官田庄烏山頭に於て官田溪を締切り一大貯水池を築造し一方烏山嶺に隧道を穿ち曾文溪上流より導水し官田溪域の兩
て適宜流出給水の方法を執り濁水溪水に付ては斗六郡莿桐庄新庄子の仝溪護岸より取入れ圳路に依り溪水を其儘田園に引
とす。排水設備は要所に排水路の堀鑿と共に在來排水路の改修をなし悪水排除を充分にし又海岸適所に汐止堤防を築造し海

工事設計の大要
烏山嶺隧道延長千七百十間　仝暗渠延長百三十間　仝開渠延長二百間　最大流量千八百立方秒尺　官田溪貯水面積一億一
仝有效最大貯水量五十五億立方尺　給水路幹線延長二十一里余　仝支線延長二百八十二里　排水路及汐止堤防延長九十

事業費
本工事は當初總工費四千二百萬圓を以て大正九年より向ふ六ヶ年間に完成すへき豫定なりしか財界不況等已むを得さる時
限を昭和四年度迄延長し工費も亦四千八百十六萬三千五圓に増加せしも後不可抗力に基因する事故の發生又は構造物の
必要起りたる等の關係にて結局總工費を五千三百八十萬四千七十八圓に變更せり內二千七百五萬九千四百圓は國庫補助
を負担す

工事の效果｛備考　工事の效果は當組合に於て調査したるものにして大正五年より大正十年に至る六箇年間に於ける農產物の平均價格により計算せり｝

區	分	總額
灌漑を受くへき土地作物中主要なるものの產額の增加	米產額の增加年額	4
	砂糖產額の增加年額	2.4
灌漑地總收入（收穫物代）の增加年額		20.3
同土地價格の增加（地價騰貴）		154

嘉南大圳組合

20

水道鐵路施工中

嘉南大圳平面圖

館藏號　2010.014.0027
年代　1929 年
材質　紙
尺寸　57.8 公分 × 45.6 公分

嘉南大圳，往往在教科書中和八田與一連袂演出，並在臺灣歷史占有一席之地。這條橫跨雲嘉南的水圳，也的確作爲東亞最大的水利工程，讓日本帝國懷抱農產倍增的美夢。

這幅成圖於一九二九年的〈嘉南大圳平面圖〉之上半部，與一九三〇年發行的《嘉南大圳新設事業概要》之附圖應爲同一幅。圖面下半部則輔以文字與插圖，強調重點工程之宏偉，以及大圳建成後能帶來的效益，並在工程尚未完成之際，以此圖預告了這座水利設施的誕生。

水資源的整併

日本早在治臺初期卽有發展農業之想法，惟臺灣地理條件適合農業發展，卻獨獨缺乏水利灌溉。儘管在一九〇一年以前，臺灣總督府

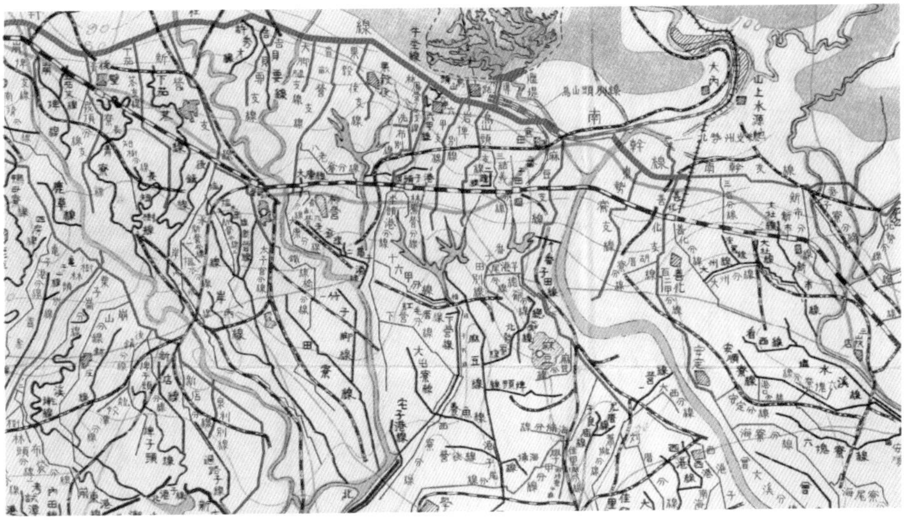

淺藍色區塊為河川或舊有埤塘。許多給水路（紅線）、排水路（藍線）與舊有埤塘匯集之情形，說明嘉南大圳的水系串聯其實整併了過去的水利設施。（館藏號2010.014.0027）

尚未有餘力加強土地管理、廣興建設，卻已設立臨時臺灣土地調查局，對平地進行諸多土地調查，也因此掌握了清代以來所闢建的各處舊有埤圳。

根據調查，這些舊有的水利設施多爲埤塘，規模較小且易受降雨不均影響，無法穩定供給灌溉水源。因此在規劃嘉南大圳時，總督府便選定在官佃溪流域上游興建一處大型貯水池，再順應地形採自然重力送水，而末端的送水過程便整併過去遺留的多處舊有埤圳。

這幅地圖也佐證了上述措施，說明嘉南大圳並非無中生有的水利設施。實際上，遍布平原的各個水路，就有許多部份利用前人累積的小規模埤塘，串接而成今日的渠道系統。

為水道闢鐵路

雖然爲了建設嘉南大圳，八田與一引進許多

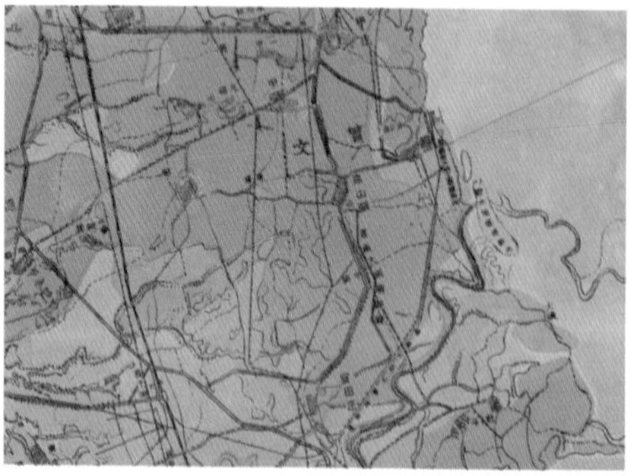

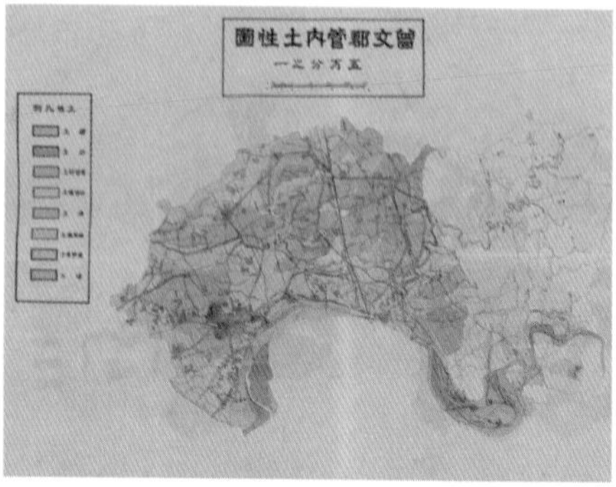

從〈曾文郡管內土性圖〉可以看到，烏山頭堰堤興建的位置多為圖中藍色色塊的埴土（黏土）。這種土壤密度較高、不易透水，不僅適合作為磚瓦的原料，填築於堰堤中心混凝土截水心牆兩側，更可加強其不透水性。（館藏號 2004.007.0207）

重型機具，但綜觀這項水利設施所用的許多原料，例如磚頭、黏土、砂石，卻與烏山頭水庫的選址有著密不可分的關係。

嘉南大圳的心臟——烏山頭水庫，所在地點卽鄰近六甲，而該地區因爲具有緻密而結實的黏土，自鄭氏時期卽發展出磚瓦業。正是因爲六甲、烏山頭一帶富含黏土，除了擁有築造土堰堤的先天優勢，水庫中隧道所需要的磚亦能就地取材，大量燒製。

這座半水力淤填式堰堤（semi-hydraulic fill method），內部有混凝土心牆及黏土層阻絕水分穿越堰堤，外側則覆蓋粗粒砂石。黏土來自水庫位址周邊，然而大顆粒的礫石或卵石卻無法從烏山頭或六甲取得，因此「公共埤圳嘉南大圳組合」還自行興築專門運輸砂石的鐵路，從大內的曾文溪畔將粗粒料載送至工事現場。

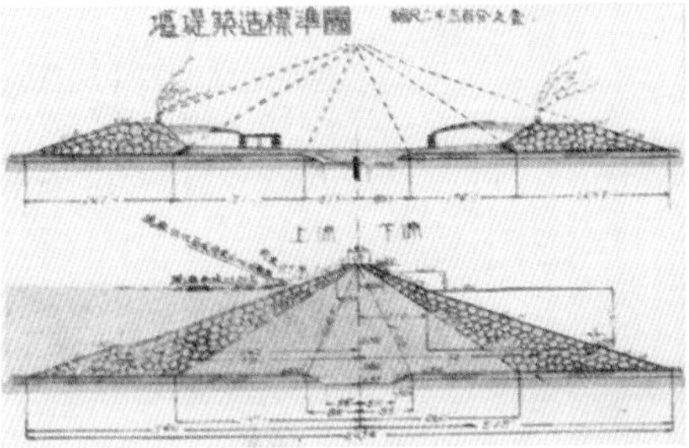

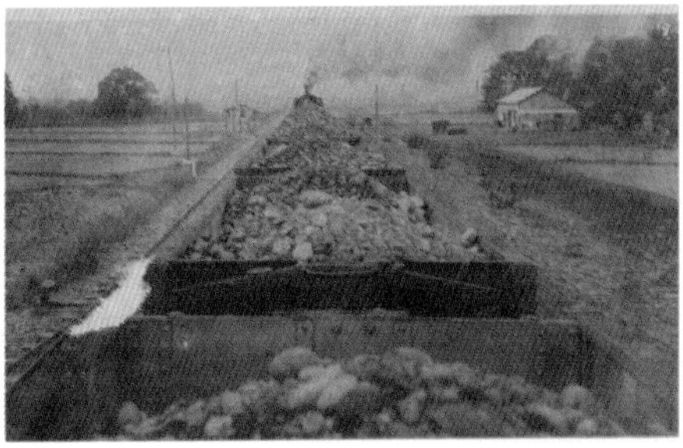

▶ 在大內曾文溪畔之砂石，藉由運搬工程材料之鐵路自大內運搬至烏山頭。（館藏號 2001.008.1195）

◀ 嘉南大圳平面圖的右下角繪製有堰堤的築造標準圖。上圖堰堤底部中心的黑色柱狀體為混凝土截水心牆，而後以火車搬運而來的土石倒置在其兩側，再對著土石沖水，使細小的黏土隨著水流沉澱至堰堤中心，形成不透水心壁。（館藏號 2010.014.0027）

▼ 烏山頭水庫堰堤現況。（莊竣雅攝）

會咬人的大圳

既然是當時的東亞之最，龐大的水利工程也同時伴隨著沉重的支出，並轉嫁至農民身上。嘉南大圳完工後，農民除了要繳納因工程衍生之費用，支付不管給水方針如何調整、連不通水時都躲不掉的水租。三年輪作的規範也限制了農民選擇高經濟價值作物的自由，並增加單一作物的歉收風險。

因此，雖然嘉南大圳組合不斷強調工事將帶來作物增產、「看天田」改良、地價上漲等效果，但圖面左下角的事業費也說明了，嘉南大圳總工程費約為五千四百萬日圓，其中兩千七百萬日圓卽由組合員負擔，約爲工程費之一半。由此可見，對於底層承擔種種壓力的農民而言，只感受到許多負面影響，進而出現以臺語諧音諷稱之「咬人大圳」（kā lâng tuā-tsùn）。

這幅〈嘉南大圳平面圖〉所繪製的期待與願景，是否眞的如願落實於這片土地呢？有趣的是，根據臺史博的另一份藏品：嘉南大圳水利委員會製作的〈光復前後十箇年集團耕作實績表〉，備受農民抗拒的三年輪作制度，其實也未百分之百執行。在這些不遵循規範的統計圖表之中，或許還隱藏了日本官方與臺灣民間互相鬥智的小故事。（莊竣雅）

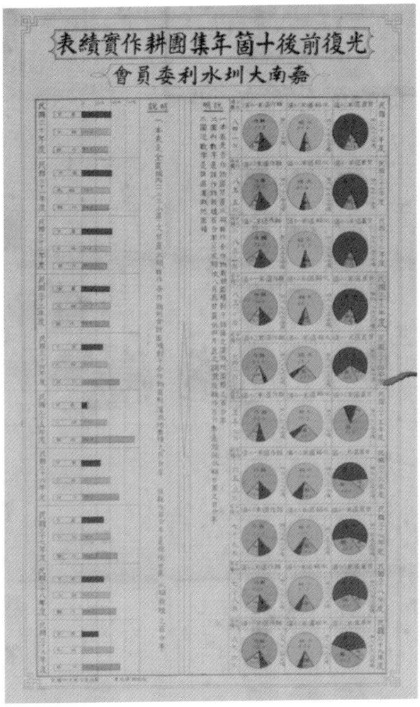

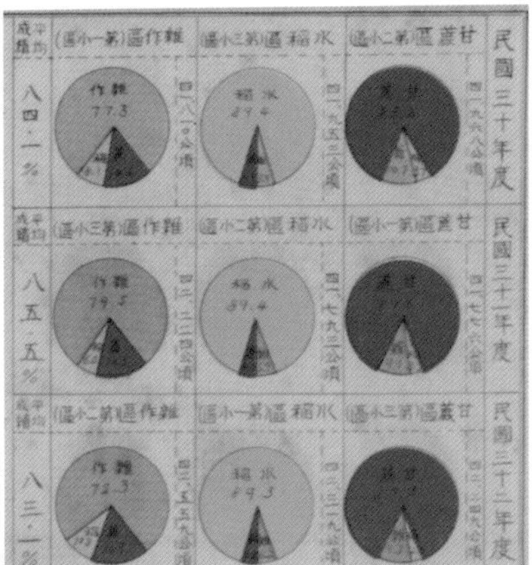

從嘉南大圳水利委員會製作的〈光復前後十箇年集團耕作實績表〉中可以發現，每一年三年輪作之區域，並不會百分之百的照著官方期待種植作物，例如1941年應該種植「雜作」的區域，實際種植的範圍僅77.3%。（館藏號2013.039.0318）

延伸閱讀

・陳鴻圖，《嘉南平原水利事業的變遷》。臺南：臺南縣政府，二〇〇九。

・故事：寫給所有人的歷史，《圳流百年：嘉南大圳的過去與未來——真正改變臺灣這塊土地的現在進行式》。臺南：臺南市政府文化局；臺北：方寸文創，二〇二〇。

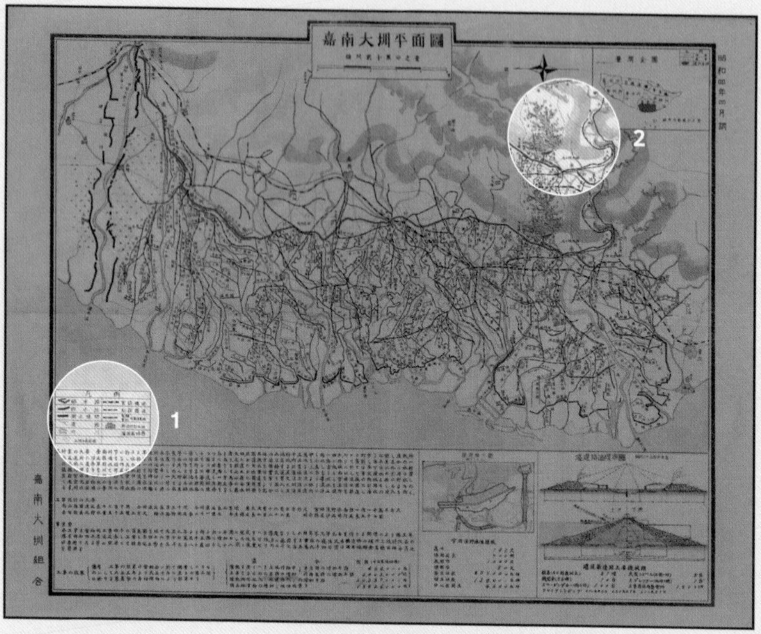

1—蓬勃發展的軌道運輸

一九二〇年代，鐵道運輸已然成為臺灣的重要交通建設。除了現存南北向的縱貫鐵路，臺灣西部也因為糖業的蓬勃發展，而有密集的東西向交通網絡。也因為不同產業皆有軌道運輸的需求，在〈嘉南大圳平面圖〉的圖例中，光是鐵道就可以分為官設鐵道、私設鐵道，以及製糖會社甘蔗採集線等三種。其中，烏山頭至大內有一段標示為紅色的私設鐵道，便是因為建設嘉南大圳時需要運輸砂石，嘉南大圳組合遂自行闢建該段鐵路以利工事進行。

2—施工的痕跡

〈嘉南大圳平面圖〉會因為不同年份繪製的版本差異，而斟酌圖面呈現的資訊。其中，一九二九年調製的版本，屬於相對較早出現的平面圖，與往後幾年版本的最大差異，在於此版畫出了烏山頭水庫附近的工事材料搬

舊烏山嶺隧道東口現況。
（莊竣雅攝）

1

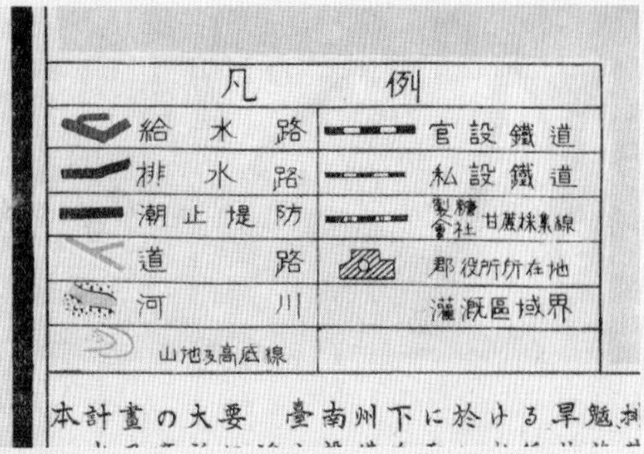

2

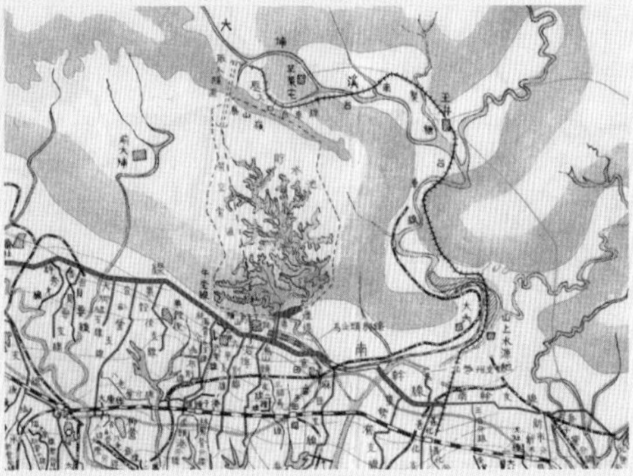

運路線，亦即圖中紅色的「取入口臺車線」，以及黑色的「臺南製糖臺車線」。這些路線並未在一九三三年、一九三四年或更之後的版本中出現。

根據《官佃溪埤圳工事說明書》（公共埤圳官佃溪埤圳組合為公共埤圳嘉南大圳組合前身），嘉南大圳在進行烏山嶺取入隧道工程時，利用火車，將水泥自番子田運至大內的頭社，再轉以臺南製糖的臺車線運送，最後以竹筏搬運。由於夏季多雨可能提高溪流水位，因此搬運作業必須在冬季的六個月內進行。其餘材料如磚塊、拌混凝土所需的砂石，以及暫時支撐結構所需的木材，則盡量在茳萊宅庄、後大埔溪上游等處取得。

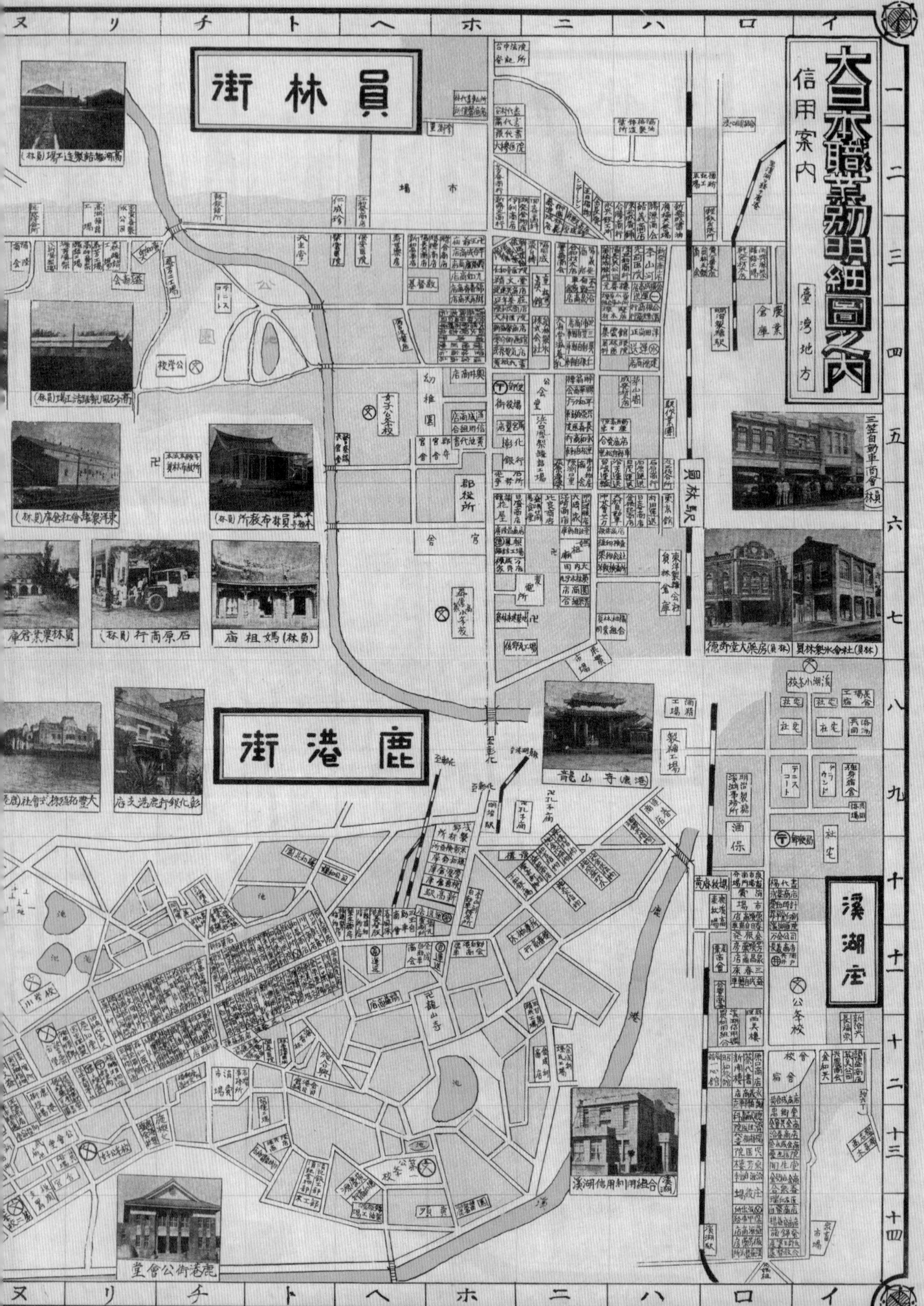

大日本職業別明細図之内
信用案内
臺灣地方
員林街
鹿港街
溪湖庄
員林駅
郡役所
幼稚園
市場
公園
公學校
龍山寺
三笠自動車商會(員林)
龍山寺(鹿港)
溪湖信用利用組合(溪湖)
鹿港街公會堂
彰化銀行鹿港支店
媽祖廟(員林)
石原商行(員林)
員林農業倉庫
員林布袋所(員林)
イ ロ ハ ニ ホ ヘ ト チ リ ヌ
一 二 三 四 五 六 七 八 九 十 十一 十二 十三 十四

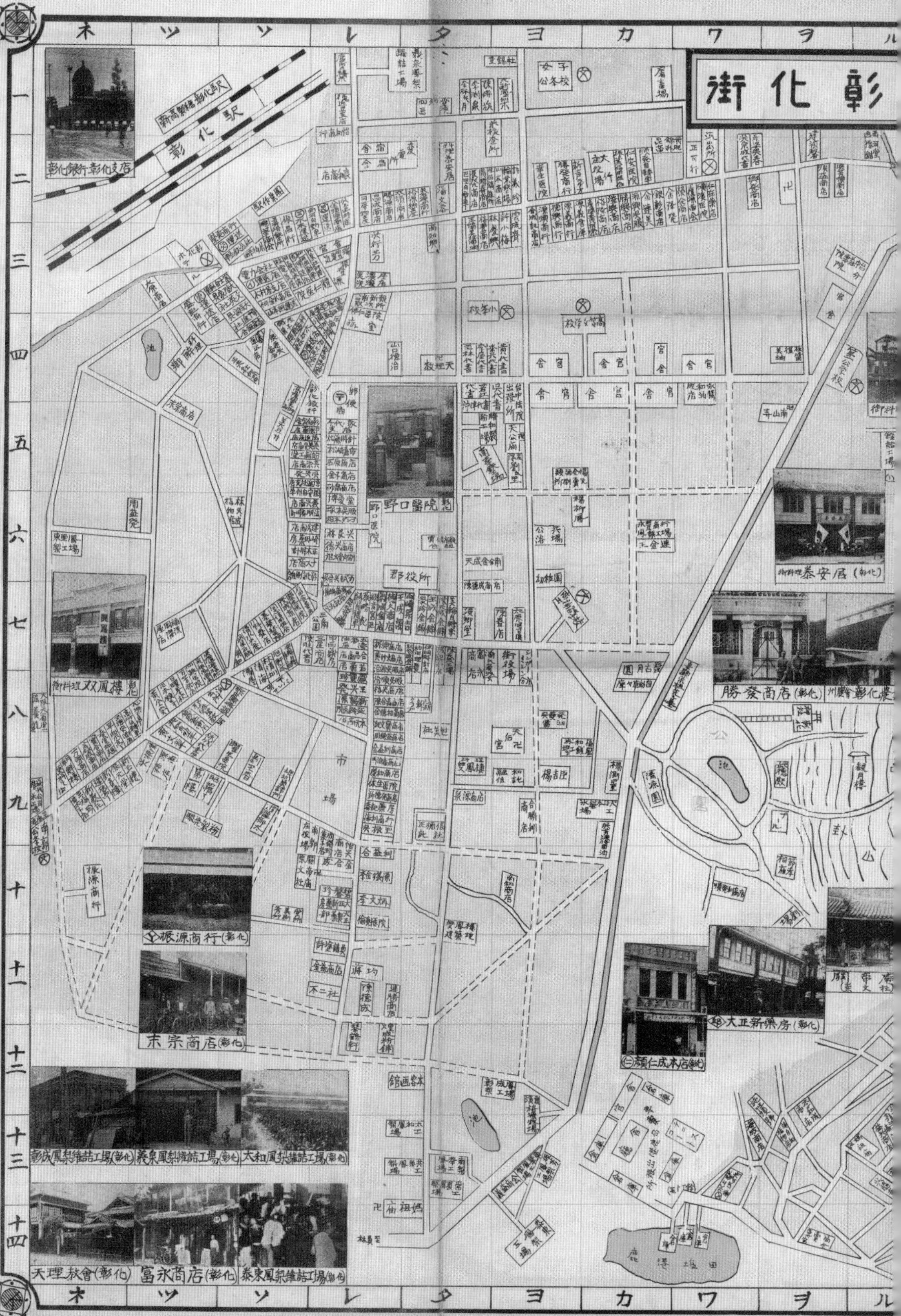

昭和五年　月　日印刷
昭和五年　月　日發行
著作權所有
臺灣臺北市建成町二丁目四番地
著作權發行人　小松豊
臺灣臺北市新起町三ノ六四
印刷所　昭明社活版印刷所
臺灣臺北市建成町二丁目四番地
發行所　東京興信交通社

21

糖、鳳梨、商店街

大日本職業別明細圖之內信用案內臺灣地方：彰化

館藏號 2020.006.0054
年代 1930 年
材質 紙
尺寸 54.8 公分 × 79 公分

一九二〇年，臺灣總督府實施地方制度改正，建立五州二廳以及「州－郡－街庄」的地方行政體系，顯示政府對於臺灣地方已有大致的了解與控制。此外，隨著縱貫鐵路、縱貫公路的交通建設發展，臺灣島上的人們也可以藉此更便利地移動。同時在印刷業的興起下，地圖可以被大量地複製印出，流通於市面販售。

於此背景下，《大日本職業別明細圖》以數千分之一的大比例尺繪製而成，以城市街區的中心點或交通節點爲主來繪製街區，地圖記載著大型資本進駐的株式會社，以及商店、旅館、公園、學校、鐵路等，並附上商店、地標建築物的照片，爲儘可能地將商家載於地圖上，僅呈現商家相對的位置資訊，而非地理空間上的絕對位置。另一面則有繪製地的「案內記」（導覽），記載著位置、歷史沿革、概況、人口、產業、交通等城市基本資訊，並標註地圖上商家、旅館、醫院、銀行等地址與電話等索引資訊，商家資訊之刊載也會取決於商家是否買廣告。此地圖可謂爲具備工商廣告的城市觀光情報，並於市面上販售，不管是旅行或是工作，都可做爲當地街區的最佳導覽地圖。

舊時代如何 Google 商店

職業別明細圖大多由日本東京交通社、東京興信交通社等民間單位出版，這幅〈大日本職業別明細圖之內信用案內臺灣地方：彰化〉就是由東京興信交通社發行，著作者及發行人爲小松豊與印刷所折井製版。

本圖繪製臺中州下的其中四個地區，分別是員林街、彰化街、鹿港街以及溪湖庄。地圖上大小不一的方框代表一間間商店，從這些店家的名稱與分布狀況，可以窺探日治時期的日常生活樣貌。要快速找尋店家，可以搭配背後的商店資訊，善用圖上簡單的座標代號來定位。圖

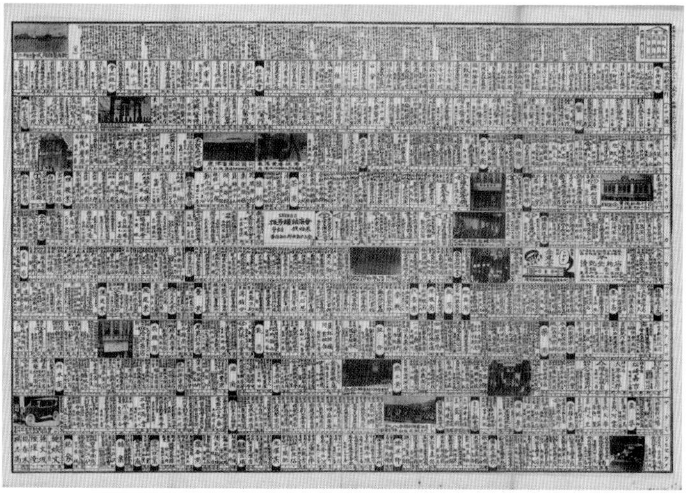

地圖另一面為商店及機構分類索引資訊。（館藏號 2020.006.0054）

中以縱排數字、橫排字符的組合作爲指示方法，橫排是採用日本語中的片假名順序，引用自日本平安時代傳統詩歌〈伊呂波歌〉的假名出現順序。

透過地圖上小方格的職業別種類，可以觀察街區區域發展與人們生活的移動軌跡。以地圖中的員林街爲例，觀看市場及王爺廟周遭區域時，可看到商店類型主要以傳統產業，以及日常生活所需用品爲主，此區自清代以來是人群聚集、農產品交易買賣之地，熱鬧的員林仔街，爲聚集商業交易的大街。

再往員林駅（今員林火車站）一帶線性延伸，則有郵便、街役場、彰化銀行、郡役所、米穀檢查所、植物檢查、變電所、員林柑橘同業組合等職業別，多爲官方設施以及商業機能建物。

鄰近員林駅的「植物檢查所」，主要從事輸出至日本的蔬果檢查，其中以柑橘檢查爲大宗，其設置位置，會考量交通運輸之便利性。植物檢查下方，有青果組合、員林柑橘同業組合，依此判斷，此地主要爲果物集散地。

地圖上的小方格，是一道一道的謎題，也是一扇扇小窗，讓我們得以一窺地方產業與商業特性。（謝燕蓉）

延伸閱讀

- 王御風、黃于津，《鳳梨罐頭的黃金年代》。臺北，玉山社，二〇一九。
- 魏德文、高傳棋、林春吟、黃清琦，《測量臺灣：日治時期繪製臺灣相關地圖 1895-1945》。臺南：國立臺灣歷史博物館，二〇〇八。

員林蜜柑園及包裝狀況。照片主景是員林一處蜜柑園，左下角照片為多人正在檢查所內檢查蜜柑狀況。（館藏號 2004.020.0107.0027）

1

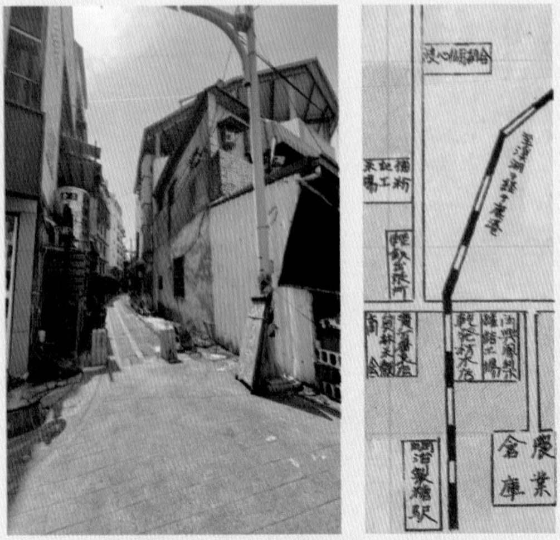

員林市員鹿路一巷與新生路交叉口（往溪湖糖廠方向）。（謝燕蓉攝）

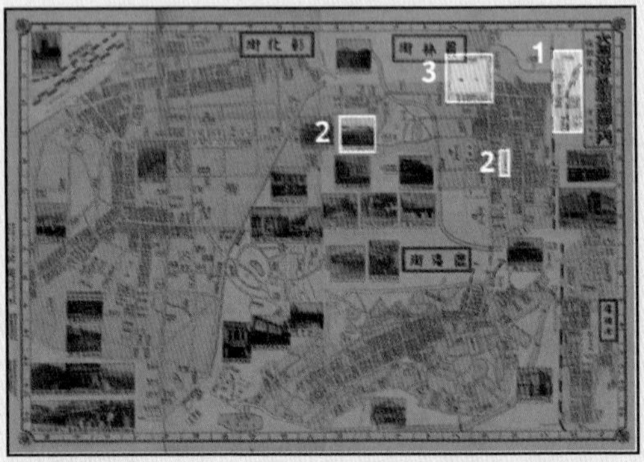

1 糖業鐵路

地圖上「員林駅」旁的一條鐵路幹線，寫著「至溪湖」。此為日治時期因應製糖產業運輸所需而建立的鐵路。一九一九年辜顯榮設立大和製糖會社，隔年與明治製糖會社合併，為溪湖製糖所，後於員林駅附近設立明治製糖站，將糖廠產製的糖、糖蜜，透過糖鐵連接縱貫線鐵路，銷售至海外。今員林街道仍可見當時糖鐵遺跡。

2 鳳梨罐頭出頭天

地圖上有許多「罐詰工場」、「鳳梨罐詰工場」的名稱，因彰化八卦臺地的土質適於種植鳳梨，一九〇六年日人櫻井芳之助在濱口富三郎的資金挹注之下，於彰化成立濱口鳳梨罐頭工廠，隔年移往距離產地較近的員林。日治時期彰化、員林地方的鳳梨罐頭外銷量，僅次於高雄州鳳山，這張地圖背面統計的「罐頭製造業」商家數就達二十五家。另外，根據〈臺灣鳳梨罐頭生產統計〉中的鳳梨產地與罐頭製造分布地圖，其產地以高雄州、臺中州為主，運輸方式則以鐵路和港口的外銷網路為主，可謂臺灣鳳梨罐頭外銷的黃金年代。

3 員林市場

清代王爺廟（廣寧宮）前廣場市集，正是「員林街」之起源，圖中的「市場」在一九〇二年設置，源於日本政府因應「衛生環境」考量重新設置，將清代已存在的露天式攤販市集集中於此，建造簡易的市場。直至一九二一年公布《消費市場使用條例》，實施市場營業許可制後，隨著員林地方產業發展、人口擴增等因素，加上原有木造建築簡陋，於一九三五年進行改造計畫，名為「員林街消費市場」（今員林第一市場）。建築設計為口字型，建物以紅磚砌成，屋頂以木構件組成，內部空間挑高，強調通風，設計多個長方形開口。現今第一市場也是員林人生活必需品的採買地點，主要販售生鮮魚貨、南北雜貨、日常生活用品等。

2

〈臺灣鳳梨罐頭生產統計〉。（館藏號2001.008.1639）

3

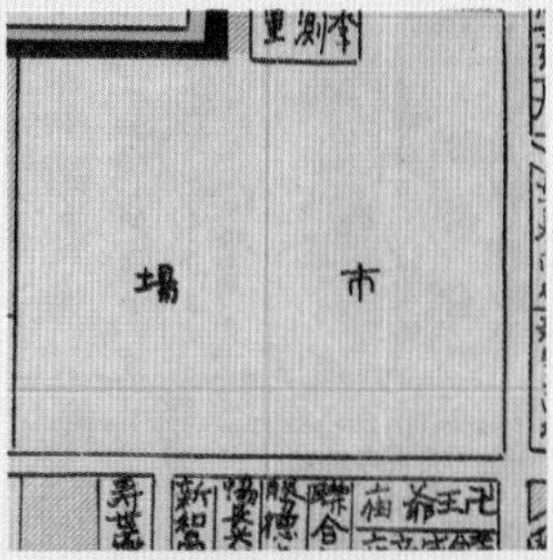

今員林第一市場主入口。（謝燕蓉攝）

22

空拍機視角的旅行指南

新高山阿里山案內

館藏號	2004.020.0026
年代	1933 年
材質	紙
尺寸	96.7 公分 × 18.9 公分

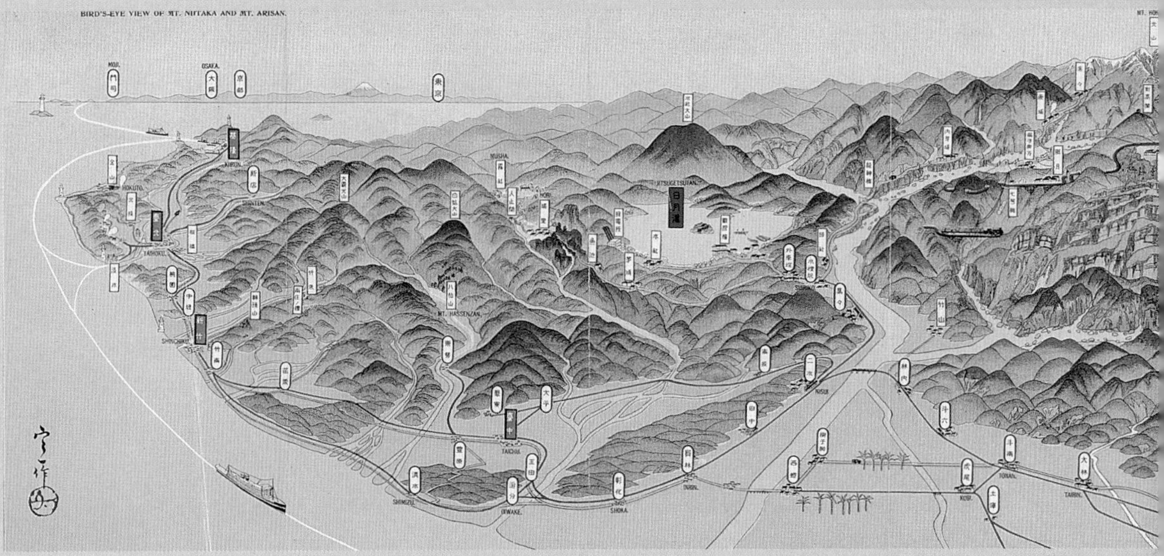
BIRD'S-EYE VIEW OF MT. NIITAKA AND MT. ARISAN.

地圖，不僅會據實以告製圖者所知的空間訊息，還會傳達他們的強烈所求。以〈新高山阿里山案內〉爲例，一覽無遺的臺灣中南部山林美景，搭配絢爛華美的藝術筆觸，觀衆有如置身畫中世界。不過，製圖者不只想讓觀衆身歷其境，更要召喚觀衆動身至此。

前進阿里山

〈新高山阿里山案內〉是介紹地方的摺頁型郵簡（書簡圖繪），繪製者是實一，編纂發行者爲阿里山國立公園協會。這幅圖，鳥瞰方向接近由南向北，也很類似由西邊臺灣海峽，往東看臺灣中南部名勝景點的角度。而圖中被紅色圖框標示出來的點位，即觀光熱點，包含嘉義市、阿里山、新高山、關子嶺溫泉，以及烏山頭珊瑚潭。事實上，地圖中

▶照片中的黑色火車頭屬於28噸級的蒸汽機關車，為載運阿里山林場木材的主力。日治時期阿里山與太平山、八仙山並稱為臺灣三大林場。為取得阿里山森林資源，日本當局於1900年代開始規劃與興建阿里山鐵路，起點為縱貫鐵路嘉義站，終點為今阿里山沼平車站，1914年鐵路全線通車。（館藏號 2004.020.0109.0045）

◀這張黑白照片是為阿里山雲海。照片左方近景的山為對高岳，右方遠景的山為西巒大山，拍攝地點在今祝山觀日樓下方一帶。（館藏號2004.020.0109.0056）

最核心、也最引人注意的位置，是嘉義市及阿里山，前者在山下，後者在山上，彼此依存。

山下的嘉義市，有著得天獨厚的臺灣西部交通、產業及觀光的中心角色。嘉義市以西，於地圖下緣，有西部縱貫公路和西部縱貫鐵路通過。除此以外，嘉義市還有通往阿里山的森林鐵路、運載蔗糖的糖業鐵路。山上的阿里山，也有著與嘉義市雷同的中心功能——臺灣西部的山林重心。

阿里山站交通四通八達，如要前往林場開採林木資源，可以搭上塔山線（位在圖內阿里山站左邊，往眠月之方向，現在稱爲眠月線，前段部分通車），以及東埔線（位在圖內阿里山站偏右處，水山車站爲第一站，現在稱爲水山線）；如是觀光需求，阿里山名聞遐邇的林野風光，有吉野櫻、神木群、日出雲海，以及瞭望新高山風采的祕密景點。

國立公園一日遊

這麼迷人的阿里山，旅客要怎麼抵達呢？

答案是，透過一條一九一二年通車的世界級登山森林鐵路。它肩負著連結山上、山下的任務，在地圖內被繪製爲一條蜿蜒的紅色粗線條。山下的嘉義火車站，扮演著這條鐵路的起點，要入山的旅客們，必須在嘉義火車站上車。搭上火車後，旅客所見之風光，是臺灣山林相貌由熱到寒的變化：有竹崎到獨立山的熱林帶、獨立山途經奮起湖到屏遮那的暖林帶，再往上爬，便是以阿里山車站爲中心的溫林帶。一路上，旅客還能體驗特殊的火車爬山節奏，前進後又後退的「之」字形移動方式。

一九三七年，政府進一步把新高山、阿里山規劃爲一座國立公園，成爲日本統治臺灣時期最熱門的旅遊景點。乘車上山的旅客絡繹不

〈國立公園候補地新高阿里山〉是另一幅以嘉義—阿里山為主題的鳥瞰圖，它的方向和〈新高山阿里山案內〉有所不同。嘉義市在左手方，往右看去，看見阿里山鐵路沿山前行，所呈現的鐵道整體更為完整。而再往右讀，是阿里山，園區設施與〈新高山阿里山案內〉幾乎一樣。值得注意的是，沼平車站附近，有新高山登山口之指標，但日治時期的新高山登山客應是自新高山車站開始攀登，故此標誌實為特殊。此外，本圖以「候補地」為名，極可能是繪於總督府初步勘查國立公園預定地之階段，早於〈新高山阿里山案內〉。（館藏號2001.008.1757）

絕，包含遠從日本本土來的旅行團。他們可能在早上九點三十八分從嘉義站出發，下午四點在阿里山沼平車站下車，再坐上下午四點十分的東埔支線，穿越四十九座橋樑，在下午五點二十五分，在海拔標高兩千五百八十四公尺的新高山車站（新高口）下車，晚上投宿於附近的山莊內，以便翌日大早就開始新高山攻頂行程。

值得一提的是，擁有知名便當的奮起湖站，並未在地圖中特別醒目。這是因爲此圖完成於一九三三年，而奮起湖站是在一九四五年後，因爲火車班次的巧妙促成，始蔚爲風潮。每日五十一次及五十二次的阿里山森鐵，分別於十一點四十五分、十一點四十七分在奮起湖站休息十五分鐘，乘客恰好購買午餐，因而推起奮起湖便當的熱潮。

名所圖繪與鳥瞰圖

鳥瞰圖顧名思義，是一種從高空俯視全景的地圖，因而不只作爲一般地圖使用，通常還會被視爲藝術而收藏。不過在鳥瞰圖發跡的二十世紀初，實被視作一種難登大雅之堂的應用美術。

鳥瞰圖的風行，承自江戶時期以來「名所圖繪」的微轉型。繪製景點之名所圖繪，遭到寫實擬眞且價格低廉的攝影術取代，因此傳統的名所圖繪需要開發新的功能與客源，以延續觀光手繪的生命。

鳥瞰圖卽可視爲傳承名所圖繪的概念，但風格略有不同的繪畫類型。名所圖繪與鳥瞰圖均有由上而下俯視的特色，兩者的不同在於，前者爲目擊特寫、畫面生動活潑，圖中的人與物也是重點之一，例如歌川廣重之〈名所江戶百景之一〉，包含一票夜晚在歌舞伎町的遊客、一輪皎潔的明月。而鳥瞰圖是重點俯視、一氣呵成之卷軸山水畫，沒人沒物，風景而已。就像〈新高山阿里山案內〉這幅鳥瞰圖，有的是紅色圖框標誌的名勝、白色圖框標示的地名，以及跌宕起伏的群山與有如深淵的潭水。

另有一說，鳥瞰圖的特色是虛擬不實。與具有確切經緯度的地圖相比，觀衆無法從鳥瞰圖得知地點的實際位置、也無法釐清點與點之間的實際距離及路況，僅知登山鐵路很彎曲，要翻山越嶺。此外，還不能以圖例了解地點內的明確狀態。以阿里山站爲例，觀衆僅知這裡有火車站，以南有俱樂部、小學校、郵便局、住宿處、神木區等設施。

不過，當鳥瞰圖觀衆轉化爲阿里山遊客，已知阿里山的交通和設施，不就完成了鳥瞰圖的目的？透過迷人吸睛的圖像來召喚遊客前往，不就是鳥瞰圖的終極目標嗎？阿里山國立公園協會出資發行〈新高山阿里山案內〉，不就是要刺激遊客數量？因此鳥瞰圖畫面眞實與否，不是重點；遊客人次的爬升，才是鳥瞰圖發行單位實際冀求的目標。（張安理）

延伸閱讀

·莊永明，《臺灣鳥瞰圖：一九三〇年代臺灣地誌繪集》。臺北：遠流，二〇一三。
·蘇昭旭，《阿里山森林鐵路與臺灣林業鐵路傳奇：擁抱鐵到的山林之愛》。臺北：人人，二〇一九。

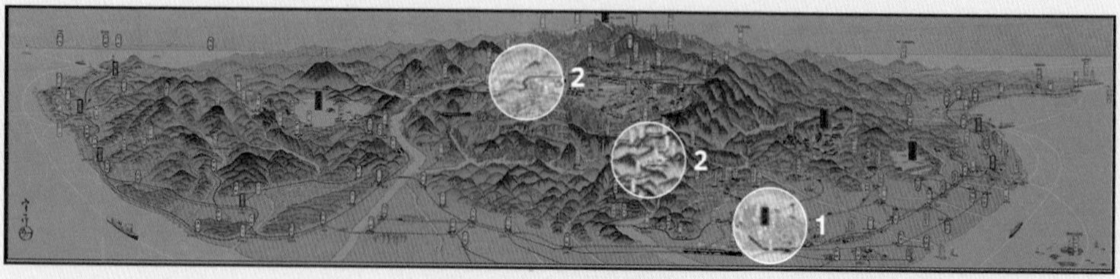

1

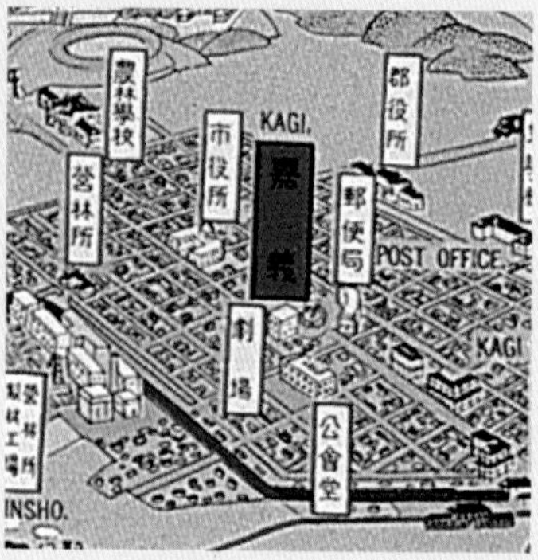

2

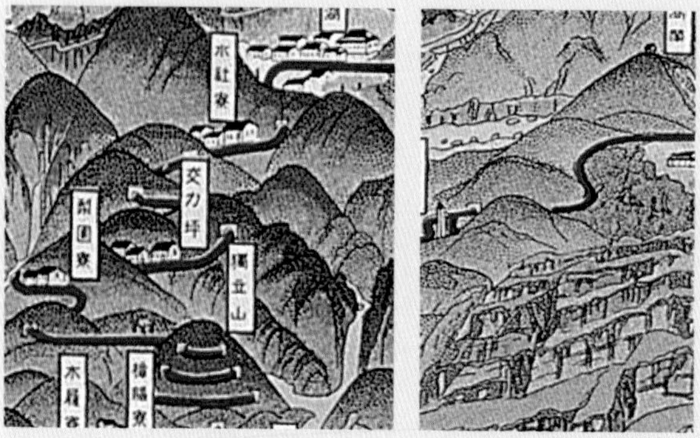

1｜林業重鎮：嘉義

圖面左下角有輛蒸汽火車通過，即將駛入圖面右下角的嘉義火車站，反映西部縱貫鐵道路線經過嘉義市街西部。特別的是，圖面上有農林學校、營林所、林業試驗所等專業機關，可以推展林業教育、實行林業實驗、經營管理森林，足見嘉義為日本統治時代的林業重鎮。

2｜阿里山森林鐵路

阿里山站，左手邊是眠月線、右手邊是東埔線，分別更深入阿里山內的林場，以便作業。不過因為天災和維護人力之關係，兩條支線均已縮短。

蜿蜒上山的阿里山森林鐵路，因為地形陡峭，設計為「之」字形往上爬行。竹崎到獨立山這段路線歷史最為悠久，今日在搭乘阿里山鐵路時，仍可體驗。

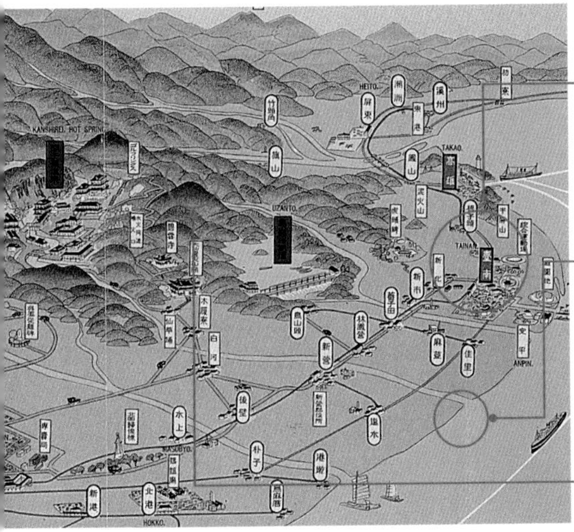

黃色油墨意外混到青色油墨之後，混色形成綠色。

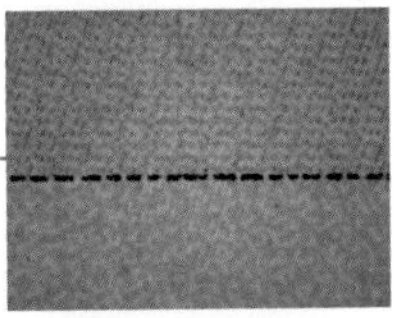

上方洋紅與黃色混合成為淺黃色，下方青色與紙張白色兩色混合成淺藍色。

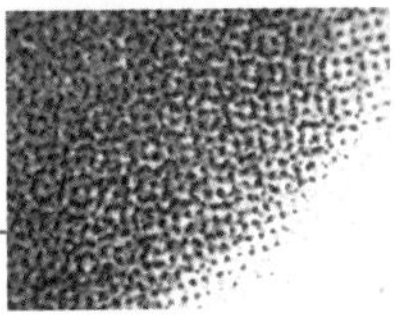

深藍處混以黑、黃、青以及些許洋紅，再以網點密度的變化，製造漸層的視覺感。

◇分色

這張色彩豐富的地圖，除了以歷史學、視覺美感觀看外，顯微放大後還能看到分色效果，我們會發現色塊是由肉眼無法辨視的小點所組成。

分色原理是根據減色法，運用三種濾色片分別對不同波長色光吸收的特性，而將原稿分爲青、洋紅、黃三原色用以製版。油墨則以青、洋紅、黃、黑色這四色所組成，經由交疊套色或三原色混色等方式組成圖像。圖上可見黃色油墨混到青色油墨之後，成為綠色的小小意外。（鄭勤思）

始政四十周年記念

臺灣博覽會協贊會御指定

昭和十年十月五日印刷
昭和十年十月十日發行

台北市上奎府町二丁目二十六番地
著作兼發行者 吉村清三郎
台北市上奎府町二丁目二十六番地
發行所 吉村商會印刷所

23

全島規模的成果發表會

始政四十周年記念臺灣博覽會鳥瞰圖

館藏號 2020.006.0143
年代 1935 年
材質 紙
尺寸 30.3 公分 × 42.2 公分

「始政四十周年記念臺灣博覽會」於一九三五年十月十日至十一月二十八日舉辦，活動為期五十天，是臺灣有史以來第一次舉辦的全島大型博覽會，可謂臺灣現代化最盛大而重要的展示場域。

日本時代，臺灣總督府會在每十年的「始政記念日」舉辦展覽會、博覽會等紀念性活動。一九三五年舉辦的最大目的，在於展現日本自一八九五年以來在臺灣統治四十年的各項建設成果，因此特別成立「臺灣博覽會事務局」，統籌規劃辦理這場盛大的活動。

事務局大力宣傳並邀請周邊各國和地區參展，而臺灣各州廳則響應舉辦小規模的展覽和活動，並設立具地方特色的展覽館。總督府動員全臺資源，除了讓海內外各地了解臺灣的建設與經濟，更展現日本統治的成果。

▶ 始政四十周年臺灣博覽會臺南特設館後援會章。（館藏號 2004.001.0074）
當時島內各州廳皆響應博覽會之舉辦，以地方特色舉辦展覽並設立相關館舍，包含臺北、新竹、臺中、臺南、高雄、花蓮、臺東、澎湖等，顯示全島動員之情況。其中臺南主要以其豐富的歷史文化底蘊為特色，而規劃臺南歷史館。

◀ 始政四十周年記念臺灣博覽會宣傳海報。其中一張以臺灣總督府的建築與傳統建築為對照，另一張以展館建築以及張開雙翼的和平鴿為背景，並以椰子樹點綴，顯示統治者所刻畫的臺灣意象、現代與傳統之對比，以及南進政策之期許與躍進。（秋惠文庫寄存，登錄號T2018.002.0757）

來去博覽會

〈始政四十周年記念臺灣博覽會鳥瞰圖〉爲吉村清三郎所作，由吉村商會所發行。鳥瞰圖的目的在於讓參觀者快速了解會場設施與展覽分布，明確知道各館舍的所在地。

第一會場設於臺北公會堂（今臺北中山堂）及公會堂以南至小南門的道路，主要展示臺灣、朝鮮等日本殖民地建設成果，以及臺灣的各項物產、交通等；第二會場設於臺北新公園及其附近街區，展出日本在臺各項政績與工業，搭配日本各府縣的物產與各類餘興活動。此外，在草山（今陽明山）另設有分館「觀光館」，介紹臺灣觀光景點，並於大稻埕設立分場，展出南洋、南中國、南日本地區的物產特色、開發情形與資源等。

在為期五十天的展覽期間，光是參觀人次就高達三百三十四萬人次。臺灣總督府運用各種手法告訴人們，一定要去參觀博覽會，除了明信片、宣傳單、信封、手冊等，總督府更在報紙、火車、重要交通設施刊登廣告，甚至運用飛機空投傳單，在臺灣市街飄下近六十萬張的宣傳廣告、入場兌換券、商品券等等，撿到的民衆還可以免費參觀。

林獻堂、吳新榮都曾在日記中留下這場博覽會的紀錄。透過日記，我們可以跟著當時的人們一起參觀博覽會。

林獻堂與他的家人同行，並於十月十日參加開幕式。開幕儀式在第一會場中的公會堂舉辦。他們隨後參觀了產業館、國產館以及府縣館，隨意瀏覽後回到旅館休息，下午則是參觀南方館，並在《臺灣新民報》的休憩所休息，還遇到中川總督一行人。除了展覽館之外，他們也觀賞許多表演與劇場演出，晚上則在江山樓用餐，到十點多才回到旅館休息，熱鬧地度過博覽會的開幕日。

躍進與南進

博覽會的興起和社會的現代化有關。一八五一年英國以「世界各國工業」爲主題，舉辦了第一場世界博覽會；一八六八年日本展開明治維新運動，將西方的文化、思想輸入日本，前往歐美國家參觀博覽會，也是學習現代化的方式之一，此風潮也影響到在一八九五年成爲日本殖民地的臺灣。

日本政府也運用舉辦展覽會的方式，將他們的政治目的潛移默化地影響臺灣人。早在一八九八年，臺灣就舉辦「日本物產展覽會」，並透過展覽會進行文物蒐集，後續在各地建置博物館設施。而始政四十周年臺灣博覽會則將原本以農業為主的臺灣，「躍進」為工業臺灣。

就日本整體戰略角度，臺灣為南進政策最重要的基地。始政四十周年的博覽會，呈現日本在臺灣的產業發展、教育制度等統治成果，並將臺灣展示為日本向華南及東南亞輸出的最佳範本，更進一步吸引日本及國外資本投資，再將臺灣資本輸向華南及東南亞。

「躍進臺灣紀念博」為當時宣傳標語入選作品的第一名，「躍進」的意義為「快速前進」的意思，透過博覽會的展示手法，將各項產業的設施作為一種進步。而機械化的展演，讓臺灣人在此博覽會中習得新技術與新知識，對於提升產業技能與眼界多有助益，作為邁向近代化的「新視界」的里程碑。（謝燕蓉）

延伸閱讀

- 程佳惠，《臺灣史上第一大博覽會》。臺北：遠流，二〇〇三。
- 呂紹理，《展示臺灣：權力、空間與殖民統治的形象表述》。臺北：麥田，二〇一一。
- 鄭麗榕，〈關於一隻黑狗與家族、戰爭記憶〉，收於歷史學柑仔店作者群著，《歷史學柑仔店一》。臺北：左岸文化，二〇二〇，頁二一六—二二二。

2

1

3

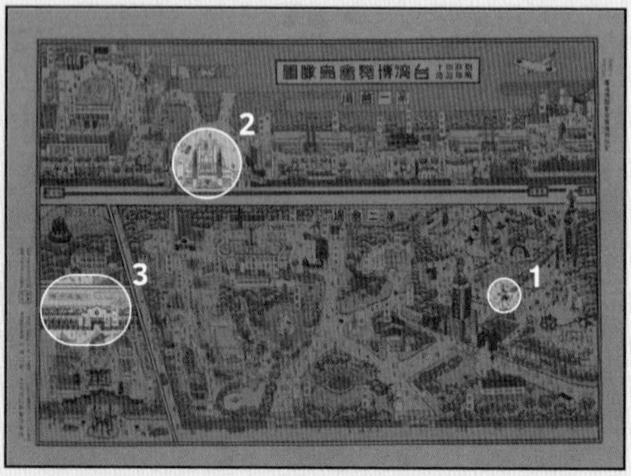

1｜米奇出現了

第二會場規劃有娛樂與休閒性的「コドモノクニ」（兒童樂園），內有兒童文化館，以及鞦韆、木馬、飛行塔等遊樂設施，新奇熱鬧。從遊覽人潮中，還可以看到米奇的遊行。米奇何時出現的呢？米奇第一次亮相是在華特迪士尼第一部有聲動畫片《汽船威利號》（*Steamboat Willie*），一九二八年十一月十八日上映，主角米奇老鼠之後也成為了迪士尼的知名代表吉祥物。

2｜霓虹燈的夜間博覽會

熱鬧的博覽會除了日間進行，同時也運用電燈將展覽延續到夜晚，並使用紅藍綠的霓虹燈，裝飾點綴博覽會的陸橋、第一會場正門，以及其它展館。街區商店也紛紛響應掛起「祝臺博」的各式燈飾，將臺北城搖身一變，變成熱鬧的不夜城。

日本統治後不久，一八九七年臺北電燈株式會社成立，為北部的夜晚增添幾許燈光照明。直至一九一九年，依據律令第一號《臺灣電力株式令》，臺灣電力株式會社成立，臺灣才具有規模性的電力建設，也為這次的博覽會添上燈光絢爛之效。

3 大稻埕南方館

臺北市大稻埕主要居住者多為「本島人」（臺灣人），為了提高居民的政商地位並促進商機，大稻埕積極努力爭取設立會場據點。在地紳商連署並推選大稻埕張清港為會長向總督府陳情，最後獲同意，將原本設置於第一會場的南方館，改於大稻埕分場設立。南方館與大稻埕的聚落建築風格、風土民情有關，符合熱帶風情之訴求，並將正門設計成閩南式合院建築風格，與周遭的臺灣傳統聚落相互輝映。

始政四十周年記念臺灣博覽會明信片。博覽會的大陸橋以及第一會場正門以霓虹燈裝飾，呈現熱鬧絢爛的博覽會夜晚。（館藏號2020.006.0155.0002）

▶ 臺北市國際情報社臺灣支局發行，始政四十周年記念臺灣博覽會大稻埕分場正門。（館藏號2002.007.1013）

◀ 臺北市國際情報社臺灣支局發行，始政四十周年記念臺灣博覽會南方館與泰國館。（館藏號2002.007.1032）

臺北州
新竹州
臺中州
臺南州
高雄州
花蓮港廳
臺東廳
澎湖廳
臺北市
新竹市
七星郡

淡水郡
新莊郡
海山郡
文山郡
基隆郡
宜蘭郡
羅東郡
士林街
汐止街
北投庄
松山庄
內湖庄

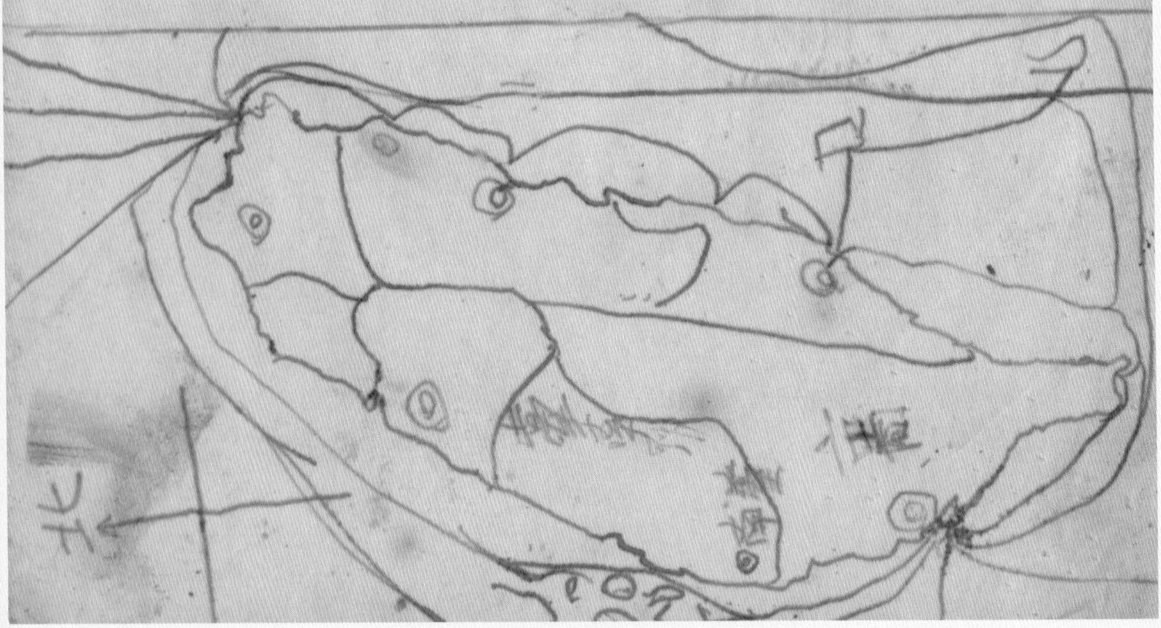

24

一位公學校五年級生的地圖世界

「雜記帳」裡的手繪臺灣地圖

館藏號 2020.014.0018（郭金城先生捐贈）
年代 1937～1938年間
材質 紙
尺寸 12.8公分 × 17.6公分

雜記本裡的手繪圖稿

一九三七至一九三八年間，就讀於臺北市士林公學校（今士林國小）五年級郭燦坤同學的小本子，透過捐贈，成為臺史博的蒐藏品。那是以棉繩將一疊白紙串綁起來的小冊，封面用鋼筆題寫「雜記帳」、「郭燦坤」。字跡工整，看起來不太像小學生所寫，可能是某位成人幫他題字，要給這位郭同學作為雜記本使用。

本子裡，郭同學寫下或畫下各種事物，像是日記、教育敕語抄錄、地址抄錄、其他郭姓學生姓名（可能也同屬於郭氏家族）與成績統計表，以及繪畫作品底稿等，內容相當零散多樣。

郭同學自己在上面自由書寫，反映出他當時的學習經歷、見聞或興趣。例如，裡面留下最多的就是畫稿。有些可能是郭同學自己的創作，有些則是摹繪自學校圖畫科教科書《初等圖畫》的插圖。即便臨摹，郭同學也都仔細描繪，沒有潦草帶過，從中可以感受到他對於畫畫的專注。

本子裡還有兩幅臺灣地圖，其中一幅用鉛筆作畫，另一幅則用藍色水性墨水繪製，內容都在描繪臺灣與澎湖等周邊島嶼。後者的圖比較熱鬧，除了地圖外，還題寫當時五州三廳的行政區劃名稱，臺北州轄下一部分市、郡名稱，以及七星郡轄下汐止、士林、北投、內湖、松山五個街庄的名稱等。會特別列入七星郡，大概是因爲當時郭同學的家就位在七星郡士林街。

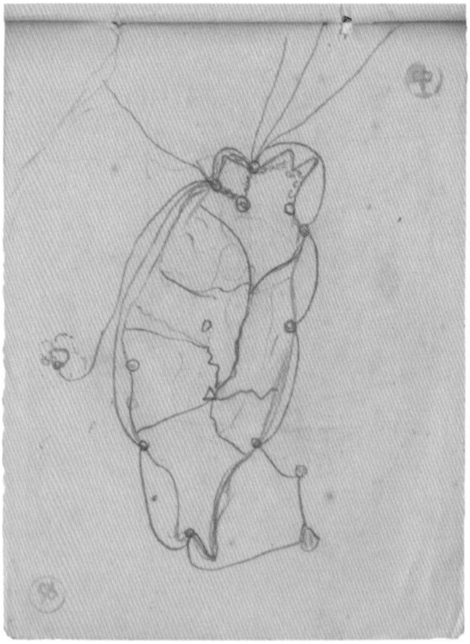

▲「雜記帳」的外觀與封面。
▼「雜記帳」裡其中一幅畫稿，描繪日本東京皇居二重橋。
◀「雜記帳」裡另一幅以鉛筆描繪的臺灣地圖。

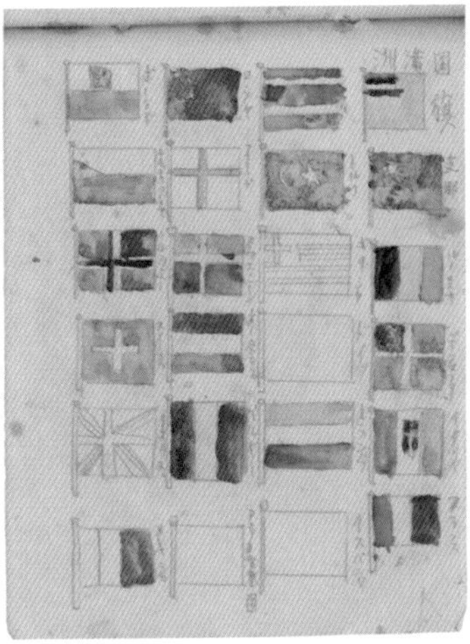

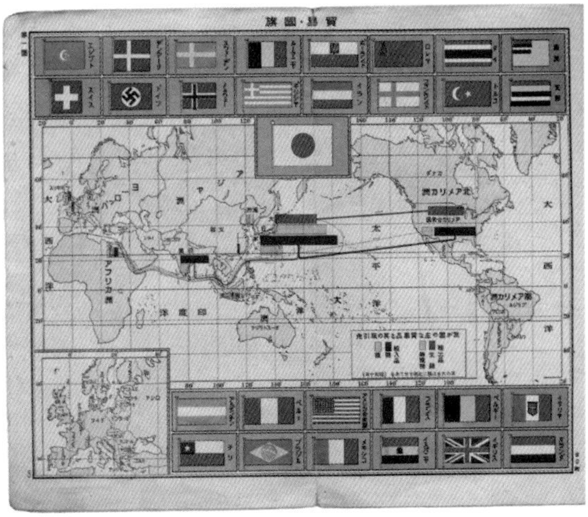

左為「雜記帳」裡的手繪國旗圖。右為1940年第十二版《公學校地理書附圖》，編號第一圖的〈貿易・國旗〉。（館藏號2013.035.0002）

地圖的來源

郭同學的兩幅臺灣地圖，線條雖然簡略，卻都有掌握到臺灣輪廓的基本特徵，且有類似行政區劃界線與海上航線的線條。因此，他不是自己隨意揮灑而已，而是根據某一幅地圖依樣摹繪。雖然現在無從得知他當時是看哪一幅地圖來畫，但我們還是能找到一些可能選項，其中之一，就是臺灣總督府編製發行的《公學校地理書附圖》。

該書收錄了臺灣、日本、中國、東南亞、世界各洲的地圖，還有世界貿易、各國國旗、洋流、等溫線、雨量等主題圖。當中，編號第一圖的〈貿易・國旗〉，呈現當時世界部分國家的國旗圖案；無獨有偶，「雜記帳」裡也有以鉛筆搭配水彩顏料描繪各國國旗的圖稿。此外，《公學校地理書附圖》收錄一幅地圖〈臺灣地方〉。郭同學兩幅地圖以小圓圈符號標示主要城市位置、州廳分界線、海運航線等特徵，也都與〈臺灣地方〉圖十分相近。

《公學校地理書附圖》是一本搭配地理科教科書《公學校地理書》的地圖集，當年學校上地理課時都會使用到。即使在臺史博收藏的郭同學校園文物中沒有發現這本書，但他仍很有可能參考該書內容，在他的小本子上，畫下臺灣的地理身影。

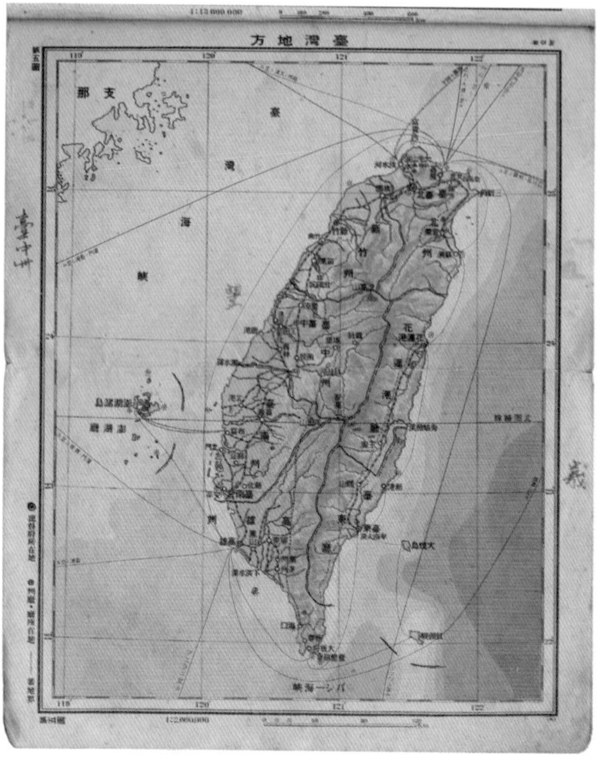

▲《公學校地理書附圖》1940年第十二版的〈臺灣地方〉圖。（館藏號2013.035.0002）

▼1941年新北勢公學校（今屏東縣內埔鄉豐田國小）地理科上課情景。透過地理課，近代臺灣學生開始接觸世界知識。（館藏號2004.008.0090.0005）

讀圖的時代

郭同學在畫圖時，想必也跟著在〈臺灣地方〉這幅圖裡上山下海，遊歷一遍紙上臺灣。對一九三〇年代的小朋友而言，閱讀或摹繪地圖並不是什麼稀奇的事，但在更早以前，就算是成人，要在日常生活中碰到地圖，並非這麼容易。

過去，地圖被視爲一種專業、甚至機密的資料，經常只有特定人士能夠繪製、持有及閱讀。二十世紀起，隨著統治者在臺灣進行大規模的調查測量行動，臺灣開始累積前所未有的詳盡地圖資料，製作地圖比從前簡單許多；另一方面，近代媒體與印刷業的出現，也讓許多資訊被大量複製並廣泛流通於民間社會。地圖就此成爲大衆可以閱讀，甚至是了解瞬息萬變世界局勢的重要媒介。

從小學生郭燦坤，到掌握權力的統治者，各種階層的人都開始透過閱讀地圖來理解臺灣與世界。讀圖的時代，其實也是世界在變化的時代。（蘇峯楠）

延伸閱讀

- 張淑卿、謝仕淵總編輯，《上學去：臺灣近代教育特展展覽專刊》。臺南：國立臺灣歷史博物館，二〇一九。
- 林孟欣、曾婉琳執行編輯，《來去臺灣：館藏文物特展專刊》。臺南：國立臺灣歷史博物館，二〇一二。

1｜郭燦坤的校園文物

這本「雜記帳」，跟其它一整批一九三〇年代郭燦坤就讀公學校期間所使用的校園物件，原本被收納在一個日式暖爐「火鉢」木箱裡，靜置於臺北市士林區洲美街郭氏古宅內。二〇一八年，臺北市政府辦理北投士林科技園區區段徵收拆遷工程。位在拆遷範圍內的古宅，在即將拆除之前，當地居民郭琬琤及郭家後人，於屋內發現這箱物件並搶救下來，之後輾轉交由臺史博典藏。

這些文物的出現，除了具體呈現一九三〇年代一名公學校臺灣小學生的校園生活細節外，也見證了現代臺北城市地景空間的變遷。

2｜州與廳

郭燦坤在他的臺灣地圖上畫了幾條線，將整個本島分成七個區域，左下方的兩區，還歪歪斜斜地寫上「臺南州」、「高（雄州）」等漢字。若再加上左邊的澎湖群島，則可看出這是在摹繪當時的州、廳行政區劃界線，即臺北、新竹、臺中、臺南、高雄五州，以及花蓮港、臺東、澎湖三廳。

隨著全臺局勢逐漸穩定，一九一九年首位文官總督田

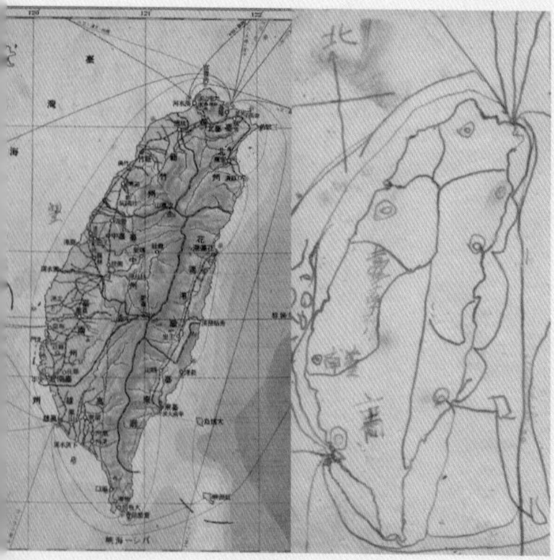

▲「火鉢」原本是燃炭取暖之物，後被郭家人用來收納郭燦坤的校園物件。（館藏號2020.014.0001，郭金城先生捐贈）

▼郭燦坤校園物件原本存放於這座郭氏古宅，現已拆除。（蘇峯楠攝）

健治郎上任後，即推動地方自治，因而在一九二〇年實行地方行政區域改正，將原本的十二廳改置為五州二廳，確立「州廳－郡市－街庄」的架構。一九二六年，高雄州轄下的澎湖郡升格為廳，再增為三廳。這樣的體系一直施行至一九四五年，並且仍持續影響戰後的臺灣行政區劃。

3 海運航線

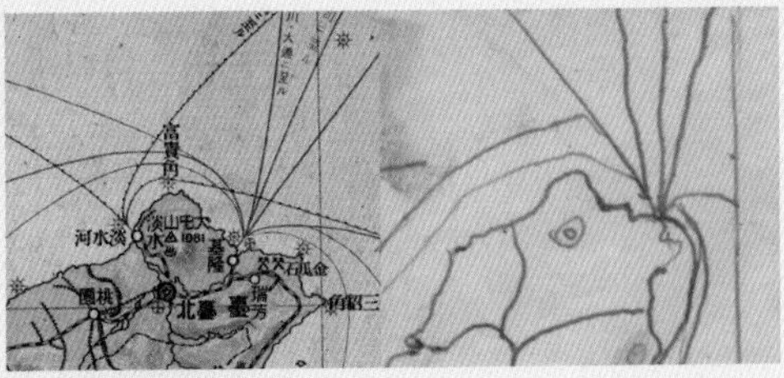

在臺灣輪廓外側，郭燦坤畫了許多往外放射出去的線條，摹繪當時一般臺灣地圖常見的海運航線。他細心依樣描畫每一條線，例如從基隆放射出去的九條線，由左到右，都確實可以對照是通往高雄、廈門與香港、福州與天津、大連與仁川、門司、長崎、石垣島與那霸、爪哇、蘇澳與花蓮港的航線。

日治時期的臺灣海運航線，有自由航線與命令航線兩類，前者指民間業者自營航線，後者則指總督府命令民間業者經營的航線。一八九六年，總督府即命令大阪商船株式會社開設基隆到神戶的航線，之後還有陸續增加。

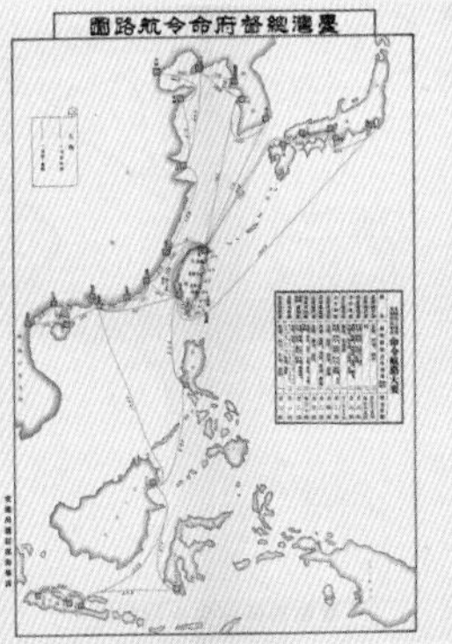

▶ 大阪商船株式會社的豪華郵輪「高千穗丸」，1934年投入日臺航線。日本人中西竹山在該年搭此船來臺遊覽，其手札「臺灣一周紀念旅行」可見貼紙與紀念章。（館藏號2015.031.0007）

◀ 1927至1930年間臺灣總督府的命令航線圖。（館藏號2020.006.0087）

建設大觀
新中國
滿洲國
日本
アリューシャン列島
熱田島
鳴神島
大東亞共榮圈建設
海南島
香港
台灣
南方發展基地
三國ノタメニ
ハタラクトキダ
サア、ミナ行カウ
大詔渙發
昭和十六年十二月八日
ハワイ
ミッドウェー
砂糖
新南群島
比島
麻
グアム島
ウエーク
大鳥島
東亞丸
日本丸
石炭
石油
ゴム
鉄
ボルネオ
セレベス
ジヤワ
日本帝國万歲
大東亞共榮圈萬歲
良民ニナレバ
ユルシテヤル
ニユーギニア
トテモ日本ニハカナハネエ
太平洋カラ
東亞カラ
手ヲヒカウ
ルーズベルト
ビスマルク群島
ソロモン群島
人面獸心ノ
惡漢共
サッサト
立去レ
大東亞海
アル諸島
ポートダーウイン
人道ノ敵!
東亞民族ノ敵!
天ニ代ツテ斬ル!
ユルシテ下サイ
命ダケハ
オタスケ下サイ
サムライ日本サン
米英人ハ
ワレワレノ
アクマダ
シドニー
羊
自由主義
個人主義
腹ヲ見破ラレタ!!
自由主義ト
個人主義ノ
正シイ、明ルイ
樂シイ
新シイ世界ノ
朝ガキタ
日本バンザイ!!
世界新秩序建設
濠洲
タスマニヤ
ニユージーランド
大東亞戰日誌抄

時局認識
啓發指導
漫画
米英撃滅大東亞
オレモ モウ ダメダ！ ルーズベルト チャーチル親爺ヲ 恨ム
永イ間 ワレワレ イヂメタ ワルイヤツダ!!
滇緬鉄路
ビルマ
石油
タイ
オレタチノ 解放サレル時ガ キタ 日本バンザイ 大東亜バンザイ
東亜民族ハ手ヲ ツナイデ 新シイ世界ヲ 作ラウ
錫
ゴム
搾取
圧制
棉花
ブクブクト 印度ノ海デ 溺レロ
獨立印度
東亜ノ盟主 日本サン 早ク 来テ下サイ
英國ヨ 印度カラ 立チ去レ
アンダマン群島
セイロン島
印度
マレー
昭南島
ニコバル諸島
品物ハ ドシドシ送ルヨ 日本丸早ク 来テクレ
石油
スマトラ
マダガスカル島
援蔣物資
蔣介石ノタメニ イラヌオセッカイハ 一撃ノモトニ コーダ!!
永イ間 同族ヲイヂメタ 侵略者メー 今コソ 思ヒ知レ
アフリカ
ルーズベルトヨ 蔣介石ヨ、 オレハ溺レル、溺レル、 印度モ オレヲ 見捨テタカ アア神ヨ!! ブクブクブク
チャーチル
蘭印

25

打了個想像

米英擊滅大東亞建設大觀宣傳海報

館藏號 2018.011.0005
年代 1942 年
材質 紙
尺寸 150 公分 ×108 公分

一八九五年，臺灣成爲日本殖民地，被納入日本帝國主義下的近代殖民版圖中。爾後日本亦開始向外擴張，包含一九三二年促成滿洲國建立、一九三七年侵略中國本土，一九四一年更以建立「大東亞共榮圈」爲目標，持續向南方進行軍事推進。

戰爭成為國民運動

爲了提升國民的戰鬥意志與凝聚其向心力，且爲紀念日本天皇於一九四一年十二月八日發布開戰詔書，日本內閣於一個月內，一九四二年一月二日決議，自當月八日開始，每個月八日訂定爲「大詔奉戴日」。大詔奉戴即是擁護天皇詔書之意，當局透過這個日子，提升國民戰鬥意志，積極開展健全明朗的各項措施。作爲戰爭時期國民運動的一環，更取代一九三九年八月八日由內閣決議、將每月一日訂為國民精神總動員運動的「興亞奉公日」。

隨著每月一次大詔奉戴日的發展，臺灣的政治環境也有改變，許多寫真畫報、報導，以及各式具有宣傳性質的文件、圖像如雨後春筍般冒出。這幅南方文化普及會、鳥居兼文於一九四二年十月二十九日納本（提交樣本）、十一月二日發行之〈米英擊滅大東亞建設大觀〉，即是以圖像宣傳日本發動大東亞戰爭的過程。

這幅圖主要以代表海洋的藍底搭配代表大陸的紅色印製而成，標題「米英擊滅大東亞建設大觀」，即所謂擊滅美國與英國，建設大東亞大局。圖面以一顆寫著「昭和十六年十二月八日大詔渙發」飛落於夏威夷島（ハワイ）炸彈為始，這顆炸彈也同時標示了大東亞戰爭爆發的起點，更為第二次世界大戰中的轉捩點。

《寫真報道》在天皇發布詔書並發動珍珠港事件後的一年，由總督府情報課編輯，臺灣報導寫真協會負責發行。（館藏號2016.003.0813）

太平洋戰爭的動態局勢

一九三七至一九四一年日本與中國的戰爭情勢，耗費日本大量資源，亟需取得東南亞的物資補給。然而，由於東南亞爲美、英爲首的同盟國殖民地，其中尤以美國海軍軍力最強，致使日本決議派出航空母艦、打擊美國的太平洋潛艦，以鞏固日本向南擴張之局勢。爲此，日本聯合艦隊司令官山本五十六於一九四一年十二月八日向珍珠港發動攻擊，摧毀美國位於太平洋的前線基地。除此之外，日本亦不斷地向南方進攻，地圖中也對應現實中的進攻路線，隨日軍所到之處插上一把把日本旗幟。

在圖面下方有一排小字，以「大東亞戰日誌抄」爲題，內文詳列自一九四一年十二月八日至一九四二年九月十日日本陸空隊、海空隊、陸軍及海軍之動向。其中，圖片上的數字，即對應日誌抄中的重要戰役的時間順序，如一九四一年十二月八日，日本天皇發布大詔煥發向美、英二國宣戰，亦於同日向夏威夷發動空襲，即是大東亞戰爭開始，並詳述擊沉戰艦、巡邏艦及飛機數量。時間說明僅到一九四二年九月十日，是爲英國軍隊登陸馬達加斯加島，馬達加斯加島戰役開始。推測是受限於印刷、發行時間之迫切性。

圖為《轟炸美軍戰爭》紙芝居，畫面內容為日本轟炸機擊沉美國戰艦、美國軍艦中彈燃燒，另有「米戰艦擊沉」、「敵前上陸」與「擊沉」等文字。（館藏號 2019.031.0289）

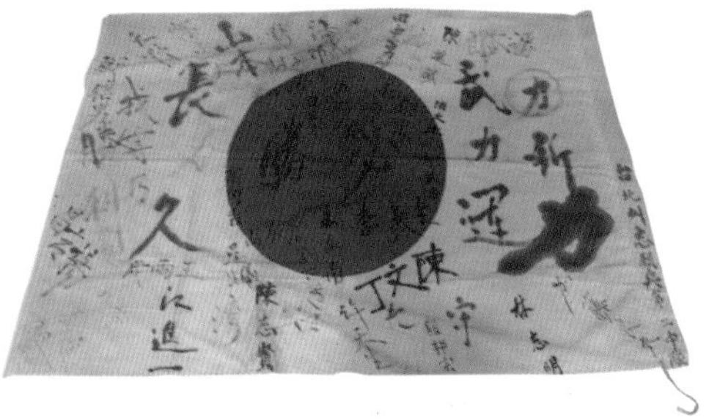

▶ 圖為臺北州志願兵第二中隊「武運長久」必勝日本簽名旗幟。1942 年，臺灣實施「陸軍特別志願兵制度」，只要年滿 17 歲、無重大前科，並符合標準體格的臺灣男子，均可申請成為志願兵。（館藏號 2019.031.0958）

◀ 大日本畫劇株式會社的《真心的出征》紙芝居，紙芝居內容以童話故事為主，最初運用於幼稚園及低年級教學。1941 年後，戰爭動員納入紙芝居題材，成為皇民化時期宣傳國策的利器。（館藏號 2019.031.0281.0001）

侵占、掠奪、爭取、爭奪，這些名詞在戰爭時期不斷出現，這個時期除了國家本身的軍力外，更重要的是透過宣傳招募志願者、並動員後方支援前線。「成爲志願兵是日本男人最高榮譽」，在這時期的宣傳雜誌、報導都向人民傳達出這一理念，臺灣青年也紛紛投入戰場，成爲志願兵並接受高強度的軍事訓練爲天皇效力。宣傳圖像的出現，不僅是讓後方人民理解、並願意投身效忠政權，更能從中傳遞思想、鞏固信心、加深信仰，同時做到向外界宣揚的效果。〈米英擊滅大東亞建設大觀〉內容不免刻劃空間爭奪、加深衝突畫面，即是以圖像塑造出政權已占領、奪取他國領土之象徵，也藉此提升觀看者對於政府的信心與信念。（莊梓忻）

延伸閱讀

・小熊英二著，黃耀進譯，《活著回來的男人：一個普通日本兵的二戰及戰後生命史》。臺北：聯經，二〇一五。
・小島毅著，郭清華譯，《東大爸爸寫給我的日本近現代史》。臺北：聯經，二〇一四。
・露絲・潘乃德（Ruth Benedict）著，陸徵譯，《菊與刀：日本文化的雙重性格》。臺北：遠足文化，二〇一八。

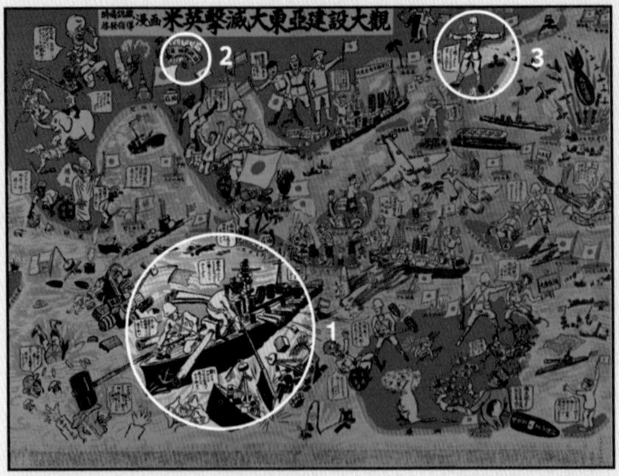

1－地圖上的小劇場

美國經歷日本空襲珍珠港一事後，從孤立主義的態度中解放，轉而加入前線作戰，與英國、中國組成同盟國，同時為東南亞戰場、中國戰場提供援助，其中包含對蔣介石政權的物資援助。對於日本來說，一切阻礙其向南推進者皆為障礙，勢必剷除。圖面中便有高舉太陽旗的船艦，以大錘、巨斧擊沉、斬斷英美對於蔣介石物資援助船隻的描繪。

畫面中充滿許多戲劇效果的圖像跟對白，直接反映製圖者的詮釋。船上戴著軍帽的軍人說：「用這一拳作為斬斷援蔣物資的收尾!!」頭頂星星頭盔的軍人說：「長期以來欺負同族的侵略者，現在正是讓他們感受痛苦這事!!」浮沉在水中的英國首相邱吉爾則喊著：「羅斯福呦、蔣介石呦，我溺水了，印度也離我而去。啊啊神呦!!噗嚕噗嚕噗嚕（溺水聲）」以及蘭印（荷屬東印度地區）：「沒力了，啊啊神呦!!救救我們吧!!」

2－占領與封鎖

中日戰爭開始，日軍占領中國東北部地區，封鎖中國重要對外港口。中國亟需尋找後援道路，以防港口全數受到日軍控制後，導致補給與外援無法進入，便修築由雲南到緬甸之公路、鐵路，試圖聯通國際。

大東亞戰爭爆發前，法國與日本簽訂協議。日本於一九四〇年駐軍印度支那北部及法屬殖民地越南，試圖封鎖滇越、桂越國界，而法國於一九四一年九月派兵進駐印度支那半島，封鎖重慶政府外聯東南亞之滇緬鐵路。

3 — 一起成爲志願兵吧

在總督府的指導下，臺灣成為日本向南發展的基地，為大東亞戰爭而努力。不僅如此，日本在臺灣募集志願兵接受高強度的訓練，並向外界宣揚臺灣已實施徵兵制度，且有許多青年願為天皇效力而成為志願兵，同時向內宣傳成為志願兵是男人最高榮譽，促使臺灣人效忠天皇。海報便描繪一位站在臺灣島上的志願兵，他展開雙臂說：「為了我們的國家一起奮戰吧，來吧，大家一起去吧。」

1

2

3

鄭子寮
三分子
老松町
花園町
明治町
北門町
旭町
清水町
高砂町
竹園町
綠町
東門町
竹篙厝
開山路 開山町全線
東門路 東門町全線
西門路 西門町全線
北門路 北門町全線
安平路 港町全線
公園路 花園町全線
永樂街 永樂町二丁目
建業街 開山由後路
立人街 宝町全線
赤崁街 赤崁樓前面路

輯四

二戰結束至今的多元表述

臺南市新舊街路名圖

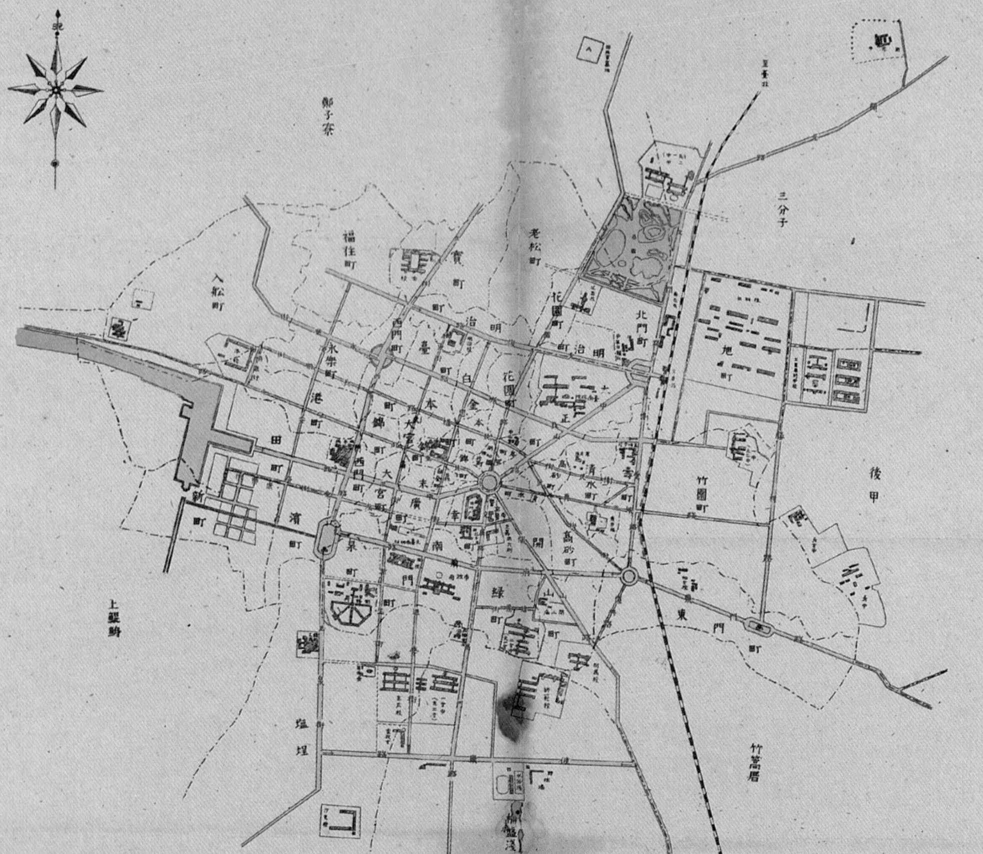

臺南市新旧街路名稱對照表

新街路名	旧街路名稱
光復路	明治町全線
中山路	大正町全線
中正路	末廣町起至運河
民族路	[illegible]學校起臺町止
民權路	本町全線
民生路	錦町全線
青年路	清水町起竹園町止
府前路	東門町一丁目起至西門綠園
開山路	開山町全線
文廟路	寺町全線
開元路	三分子路
東門路	東門町全線
西門路	西門町全線
南門路	綠町、桶盤淺
北門路	北門町全線
安平路	港町全線
公園路	花園町全線
博愛路	壽町全線
復興路	東門綠園起至竹篙厝
健康路	汐見町
海安路	福住町起濱町止
勝利路	竹園町、旭町
忠義街	白金町全線臺南神社前止
玉泉街	泉町起至塩埕
進學街	南門町二丁目起塩埕町止
新生街	法院西樣起至末廣校
永樂街	永樂町二丁目
康樂街	新町
建東街	開山廟後路
立人街	寶町全線
衛民街	先憲兵隊前面路
友愛街	大宮町四丁目起至濱町
長樂街	永樂町三丁目
協進街	港國民學校前面路
武廟街	武廟起至南門町
武緯街	高砂町全線
赤嵌街	赤嵌樓前面路

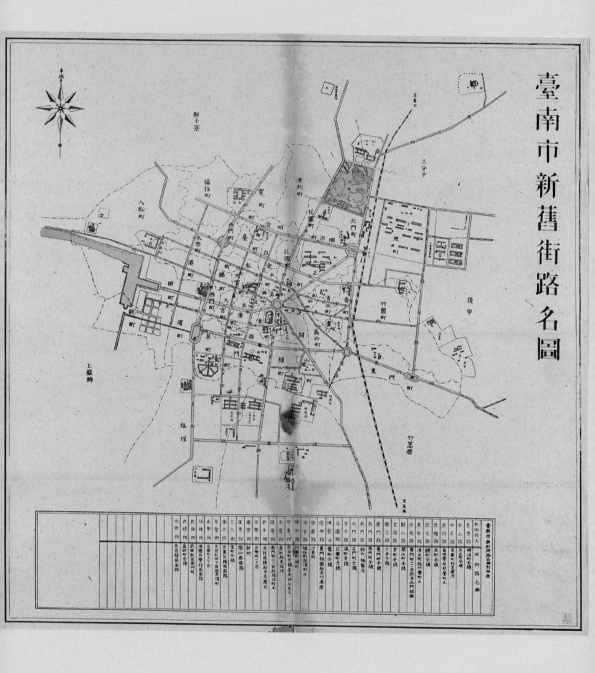

26

從明治町到光復路

臺南市新舊街路名圖

館藏號	2006.002.1196
年代	1945 ～ 1949 年間
材質	紙
尺寸	54.7 公分 × 53.8 公分

臺灣歷經多次政權更替，每次轉移也帶來新政權的文化與意志。其中，重新進行空間命名的權力，更是讓地名承載了不同時期所欲達成的認同指標。

在這幅政權交替間的一九四〇年代末、新舊地名並存的〈臺南市新舊街路名圖〉上，不僅呈現了不同的空間治理形式，亦顯露由原本臺灣總督府的同化主義，轉向中華民國政府三民主義教條的政治意圖。

從面到線

以地圖上呈現的路名調整爲例。過去日本時代實施町名改正之城市，多以街區方式記錄住址，其順序包含町名、丁目、番號等，同時具有戶籍與地籍之功能；戰後則捨棄此種面狀的地名，改以線狀的道路爲城市地址命名，包

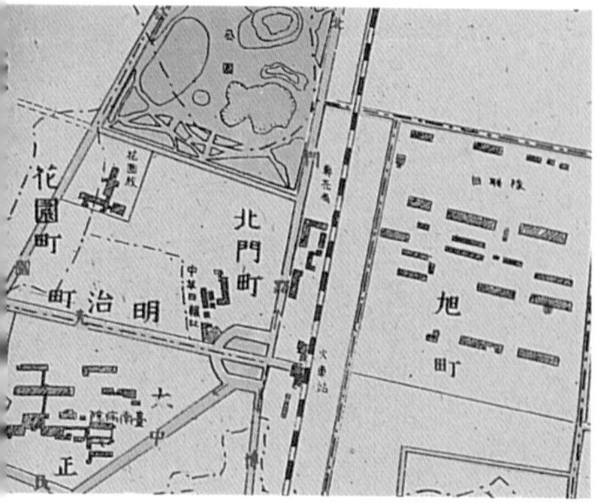

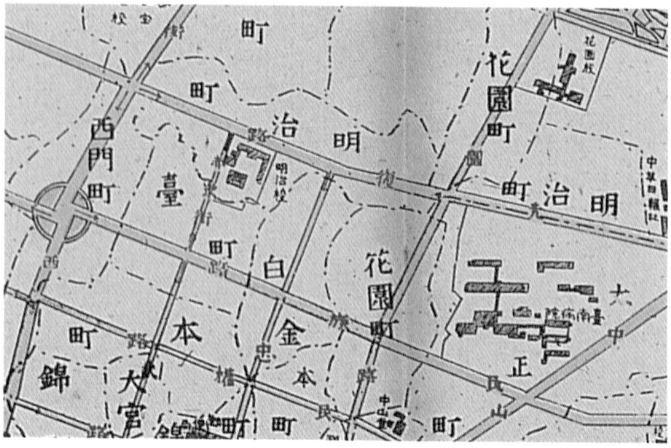

含街道、號等資訊。儘管戶籍所用之門牌號碼命名方式大幅改變，日本時代的町名區劃卻仍沿用於戰後的地籍系統。

這幅地圖以臺南的舊市區爲主要描繪範圍，利用黑字與黑色虛線，劃出日治時期「町」的範圍，紅字與紅線則是政府重新命名的路名及其起迄位置。圖面下方雖然附有「臺南市新舊街路名稱對照表」，但僅靠文字仍難以完整說明，而須搭配地圖，始能比對空間上的變化與差異。

改造與延續

空間的命名策略，往往反映當時政權的治理理念。圖中所示的町名，是一九一九年實施町名改正後所採用的日式地名，例如與日本天皇年號相關的明治町、大正町，或宣揚日本國威的旭町。而町名改正也隱含藉由日本化的地域名稱，結合日常生活的接觸乃至意識形態之灌輸，以達到殖民地的同化目的。

中華民國政府接收臺灣後，自然要對具有如此濃厚日本色彩的臺灣進行一番大改造。一九四五年十一月十七日，行政長官公署即

▶ 圖中的空間曾以天皇年號命名為明治町，而後改名為光復路。（館藏號 2006.002.1196）
◀ 圖中的公園路延續日本時代的花園町，北門路甚至與清代的地名有關。（館藏號 2006.002.1196）

公布《臺灣省各縣市街道名稱改正辦法》，強調破除日本統治觀念，明令新的街道名稱，應發揚中華民族精神或合乎三民主義，因此出現許多教條式的道路名稱，諸如光復路、中山路、中正路等。

儘管部分空間的命名與當時的文化政治脈絡有關，但這當中也不乏對日式地名或府城傳統地名的延續。例如大北門、大西門與大東門等地，在日本時代對應到北門町、西門町與東門町，戰後又沿襲爲北門路、西門路與東門路至今。花園町改名爲公園路，或者泉町改名爲玉泉街，也都是承接日本時代地名的例子。（莊竣雅）

延伸閱讀

· 石暘睢，〈臺南市街小志〉，《臺南文化》一卷一期（一九五一年十月），頁五三－五五。
· 黃清琦，〈政權更替如何影響地名的調整？〉，《觀・臺灣》五〇期（二〇二一年七月），頁一四－一七。
· 黃雯娟，〈臺北市街道命名的空間政治〉，《地理學報》七三期（二〇一四年六月），頁七九－一〇五。
· 黃雯娟，〈命名的規範：臺南市街路命名的文化政治〉，《臺灣史研究》廿一卷四期（二〇一四年十二月），頁一四七－一八六。
· 黃偉嘉，〈從《臺南廳公文書》再探臺南市町名改正〉，《臺灣文獻》六六卷一期（二〇一五年三月），頁一六二－一八〇。
· 蘇峯楠，《行走的臺南史：府城的過往與記憶》。臺北：玉山社，二〇二〇。

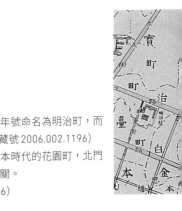

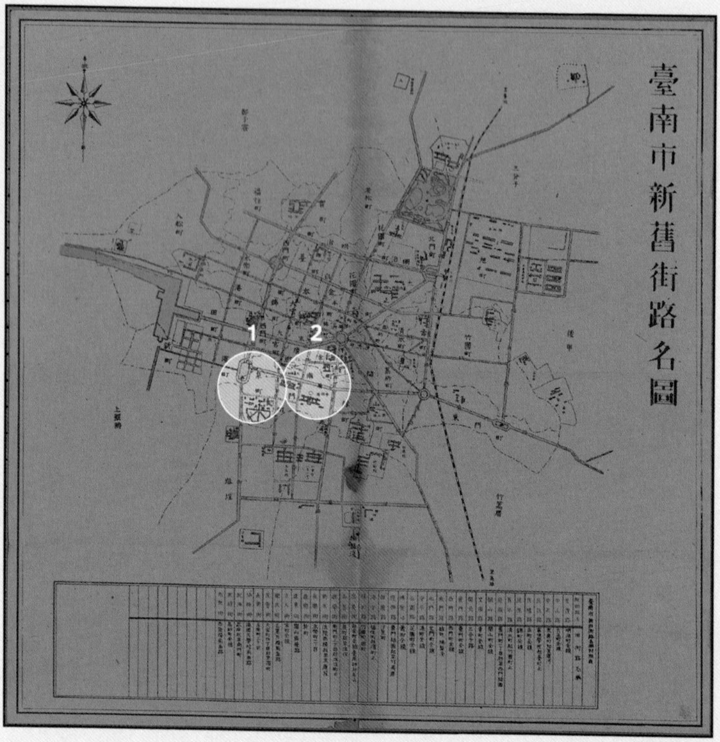

1｜刑務所與新生路

圖中的刑務所位於臺南舊市區的西南部（今新光三越臺南新天地），戰後持續做為臺南監獄使用。刑務所東側的街路改名為「新生街」，則暗示國家對於受刑人出獄後的期許。

2｜市政府背後的府前路？

看著位於現今臺南市政府後側的「府前路」，可能會產生許多疑惑，但在許多年前，這條路的確是名副其實的「府前路」！

戰後，原本的南門國民學校遷出，校舍改由臺南市政府進駐使用，當時正逢街道名稱改正的階段，也因此順理成章地命名為府前路。市政府於一九六九年移交給今日的臺南市立建興國民中學使用，路名卻未因此改變，而沿用至今。

1

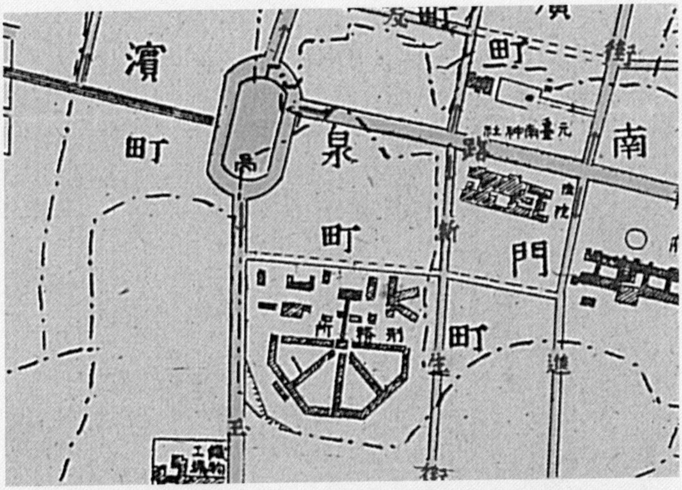

2

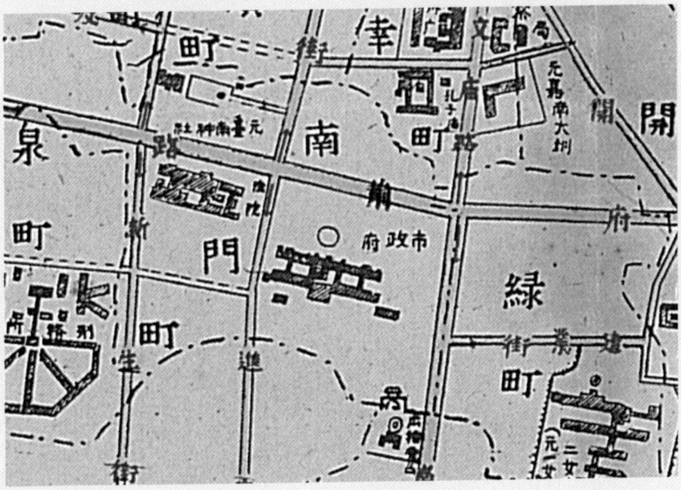

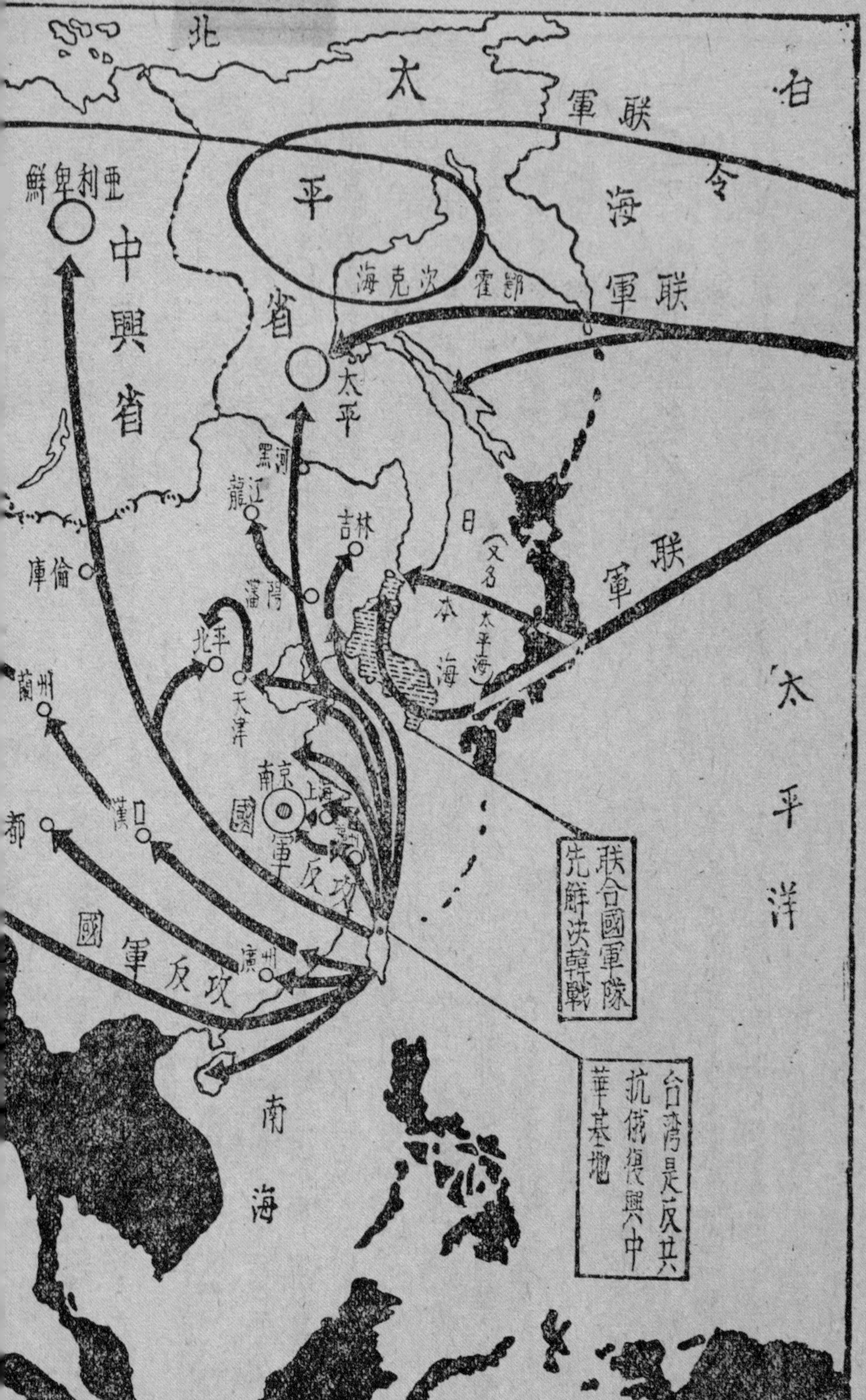
联軍
海軍联
中興省
省
太平
黑龍江
吉林
瀋陽
北平
天津
蘭州
庫倫
南京
上海
漢口
廣州
國軍反攻
日本海
太平洋
南海
联合國軍隊先解決韓戰
台湾是反共抗俄復興中華基地

海
波羅的海
原子彈
氫彈
莫斯科
联合國託管
联軍
黑海
裏海
永寧省
新鮮卑利亞
鹹湖
永安
永安省
阿克蘇
疏勒
迪化
拉薩
波斯灣
阿剌伯海
孟加拉湾
圖例
抗俄勝利
中國疆界
新設省界
原界

27

直到北極海都是我的領土

反共抗俄勝利中國疆域形勢圖

館藏號 2019.011.0015
年代 1953 年
材質 紙
尺寸 20.6 公分 × 16.7 公分

一位中國東北移民的製圖事業

二十世紀中期，國共內戰進入最後階段，中國共產黨漸居上風，中國國民黨所領導的中華民國政府則愈趨不利。一位遼寧人，就在這變化急遽的時局下，輾轉跨海落腳臺灣。

楊德鈞畢業於遼寧的東北大學，曾任教長白師範學院。他來到臺灣後，一九四九年起擔任臺南市立初級中學（今臺南市立大成國中前身）第二任官派校長；一九五九年則是臺中武訓中學（今明道中學前身）創辦人之一，事業仍多與教育相關。

除了學校工作外，他也是中國生命線雜誌社發行人兼社長。雜誌社座落在臺北市長安東路，一九五三年就開始發行《中國生命線》雜誌，也有出版歷史地理相關主題的一般讀物。

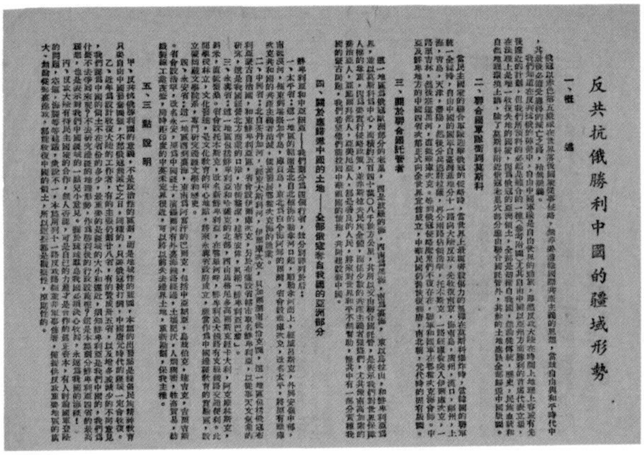
反共抗俄勝利中國的疆域形勢

▶ 1955年《最新世界分國地理教科圖》，中國生命線雜誌社相關出版品之一。（館藏號2004.003.0196）
◀ 臺史博藏有一件「反共抗俄勝利中國的疆域形勢」的說明，推測就是〈反共抗俄勝利中國疆域形勢圖〉的附屬說明。其背面尚印有一篇楊德鈞撰〈偉大中國歷代疆域形勢史圖編輯要旨〉。（館藏號 2019.011.0016）

每一期的《中國生命線》都附有「中國歷代疆域形勢史圖」專欄，透過地圖向讀者介紹歷史上中國王朝的統治領域。之後，雜誌社將所有地圖另外集結成一本同名歷史地圖集《中國歷代疆域形勢史圖》。

根據楊德鈞在〈編輯要旨〉的說法，該書的推出，是因爲史圖專欄「深蒙讀者歡迎」，並同時標榜是「中等學校學生」、「升學自修」、「高普考試」必備，並能「加強民族精神教育」。這樣的安排與宣傳，無疑呼應了當時統治當局標榜的「反攻大陸」、確立「中華正統性」等論述，以及隨之而起的大眾閱讀需求。

「鮮卑利亞」的出現

該書中的各幅歷史疆域圖裡，有一幅名爲〈反共抗俄勝利中國疆域形勢〉的地圖。它描繪了中華民國的領土輪廓，但不只涵蓋中國本土，還擴展到今日俄羅斯絕大部分範圍，西界甚至直抵中亞的裏海，北界到

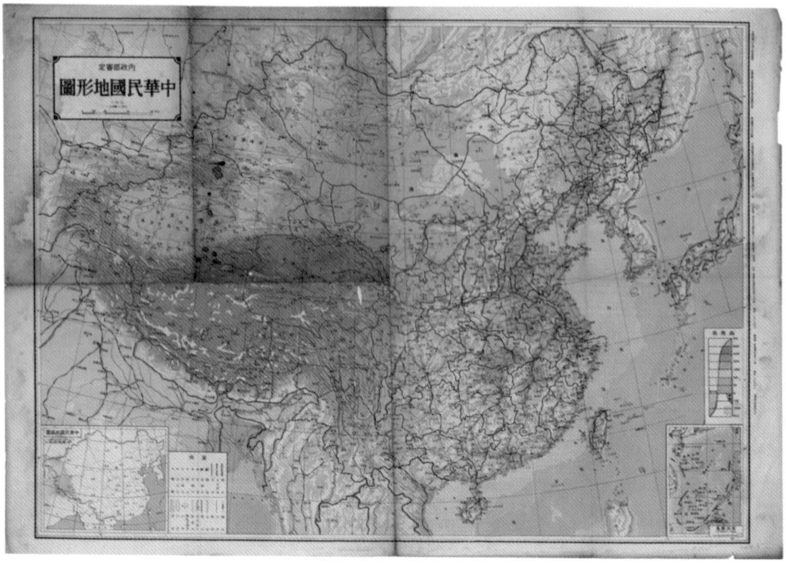

1980年〈中華民國地形圖〉，把蒙古國也納入領土，當時人們俗稱「秋海棠」，是二十世紀下半葉臺灣統治當局最常使用的疆域輪廓。（館藏號 2004.003.0201）

達北極海，跟戰後初期常見的一般中華民國疆域圖有非常大的差異。

之所以會如此描繪，可能與當時的「反共抗俄」論述有直接關聯。一九五〇年代，中國國民黨政權確立反共抗俄政策，把跟中國共產黨關係緊密的蘇聯也視作敵國。楊德鈞與任教於陸軍軍官學校的王蘇、趙尺子等人，也著手整理中國與俄羅斯的歷史，並從清朝與滿洲人的演變出發，一路追溯到原本居住在中國東北部到俄羅斯東北亞地區一帶通古斯人（Tungus）的歷史。依據這個關聯，他們主張西伯利亞其實是中國領土的一部分，並引用中國古籍裡「鮮卑」一詞，將大眾慣稱的「西伯利亞」改稱爲「鮮卑利亞」，最終發展出「俄寇侵略我國鮮卑利亞」的史觀。

在此主張下，西伯利亞跟中亞一部分地區被詮釋爲「應歸還中國的土地」，也就是這幅

〈反共抗俄勝利中國疆域形勢圖〉所要表達的內容。地圖繪出十一條黑色實線，從臺灣放射出去，落在中國各地，藉此說明國軍反攻的路線。而其中四條線更延伸到北方的俄羅斯境內，分別抵達太平、鮮卑利亞、新鮮卑利亞、永安等四個地方。楊德鈞說明，未來中華民國將在鮮卑利亞成立太平、中興、永寧、永安四個行省，進行實質統治。

虛幻的版圖

這幅地圖呈現的並不是眞實狀況，而是在表現符合中國國民黨政權「反共」政治主張的國軍反攻路線，也結合「抗俄」論述，把整個西伯利亞扭轉爲中國領地。

然而，一九六〇年代蘇聯與中華人民共和國關係愈顯疏離，「抗俄」因此不再被中國國民黨政權所強調，漸漸退出歷史舞臺。而這幅地圖，由於大幅圈地的想法本身就不切實際，加上無法契合時勢需求，不能爲國策服務，仍只是曇花一現，沒有眞的實現。

不過，這樣的虛幻版圖，既勾勒出一種「想像的地圖學」之下的空間建構，也具體反映了一九五〇年代部分中國移民對於國共對峙與世界局勢的看法。（蘇峯楠）

延伸閱讀

林果顯，《一九五〇年代臺灣國際觀的塑造：以黨政宣傳媒體和外來中文刊物爲中心》。臺北：稻鄉，二〇一六。

1
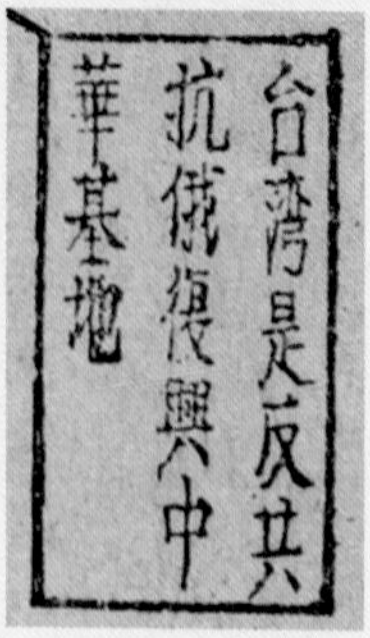

2

3
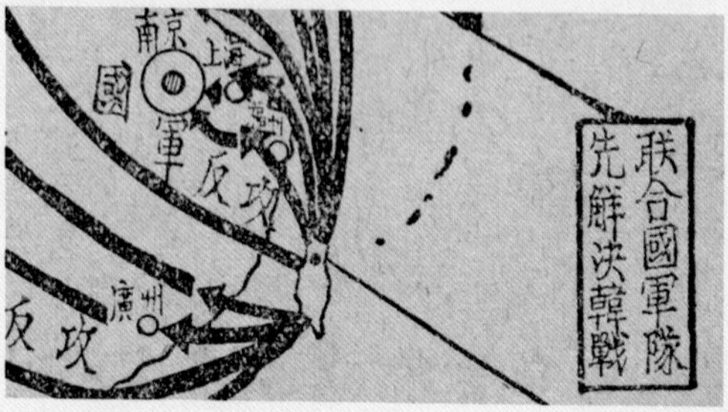

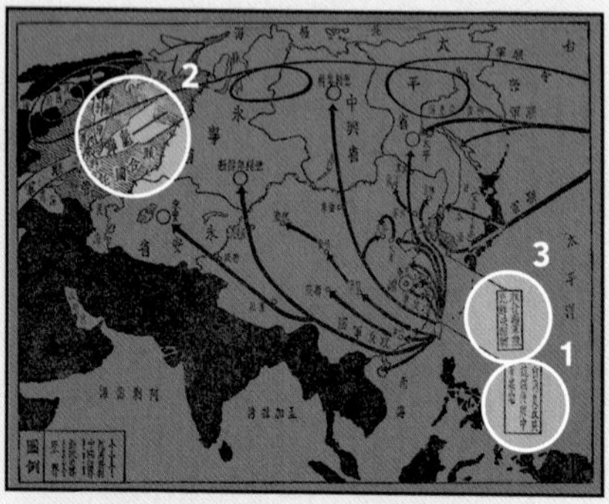

1｜反共抗俄

一九四九年底撤退來臺的中國國民黨政權，為了繼續在臺灣安身立命、準備反攻，並能向美國及其它各國爭取支持與資源，便將國共內戰對應到當時美國、蘇聯兩大陣營相互對抗的冷戰結構，提出「反共抗俄」的基本國策。

之後，「反共抗俄」口號在臺灣被積極宣傳，甚至在一九五二年臺灣省保安司令部制定《印製品加印反共抗俄宣傳標語暫行辦法》，「反共抗俄」相關文字要印在民眾各式用品上。這四字因此充斥在人們的日常生活環境當中，成為鮮明的時代生活記憶之一。

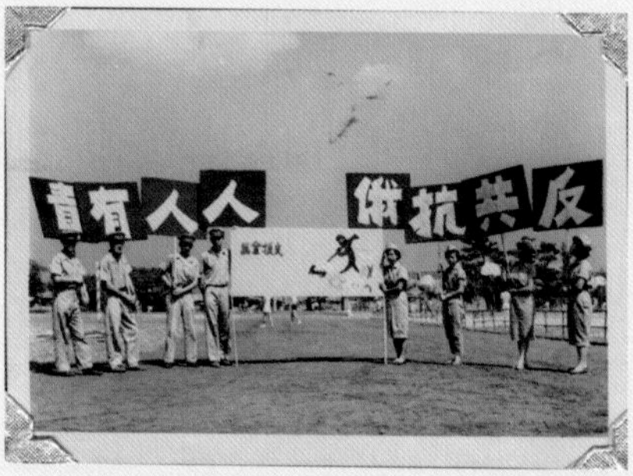

1958年10月10日，師大學生參加「支援金馬大遊行」活動，手舉「反共抗俄人人有責」標語。（館藏號 2010.006.0058.0079）

2｜氫彈

此處畫有「原子彈」、「氫彈」兩顆炸彈飛向莫斯科。根據說明，這在表現「世界上最厲害殺傷力的氫彈在莫斯科爆炸」。

氫彈是以原子彈為基礎，但威力更強的核子武器。一九四九年蘇聯成功研發原子彈，美國則於一九五〇年開始研發氫彈，一九五二年在太平洋首次試爆；蘇聯的氫彈研發也隨後起步，一九五五年再製造出「沙皇炸彈」。這是冷戰期間雙方陣營的核子軍備競賽。

一九五二年的試爆，讓世界大眾首次知道氫彈威力，楊德鈞也把這種最新武器畫入圖中。在更多大眾文化裡，也可見到核武的歷史記憶，如一九五四年登場的日本怪獸特攝電影《哥吉拉》（ゴジラ）等，都有描寫輻射污染導致怪物崛起、為人類社會帶來災難的劇情。

3 韓戰

一九五〇年爆發於朝鮮半島的韓戰，是朝鮮民主主義人民共和國（俗稱北韓）與大韓民國（俗稱南韓）之間的戰爭。而北韓有中華人民共和國與蘇聯支持，南韓則有以美國為首的聯合國支持，又使韓戰成為冷戰時期美、蘇兩大陣營的代表性衝突。

韓戰期間，為防止中華人民共和國攻擊臺灣，影響整個太平洋地區戰略情勢，美國便派遣第七艦隊協防臺灣海峽。臺灣因此緩解了迫切的軍事威脅，更開始獲得美國長期的軍事與經濟支持。

這幅地圖出版於一九五三年五月，此處仍提到「聯合國軍隊先解決韓戰」；但當時韓戰實已漸近尾聲，至七月因《朝鮮停戰協定》簽訂而告終。

▶《原子恐龍》即1954年日本電影《哥吉拉》，其電影本事提到「原子魚、放射性之類的恐怖」，與二十世紀中期核武發展背景有關。（館藏號 2006.009.0893）

▲美國海軍亨德森號驅逐艦（USS Henderson，DD-785）照片。此艦曾於1950年前往朝鮮半島參與仁川登陸戰；1953年再參加韓戰，直到停戰。（館藏號 2004.006.0267）

◀韓戰期間有中共士兵投奔中華民國政權，而臺灣當局也會利用「韓戰反共義士」來宣傳，這件由中國大陸災胞救濟總會印行的文宣即是一例。（館藏號 2006.002.2896.0009）

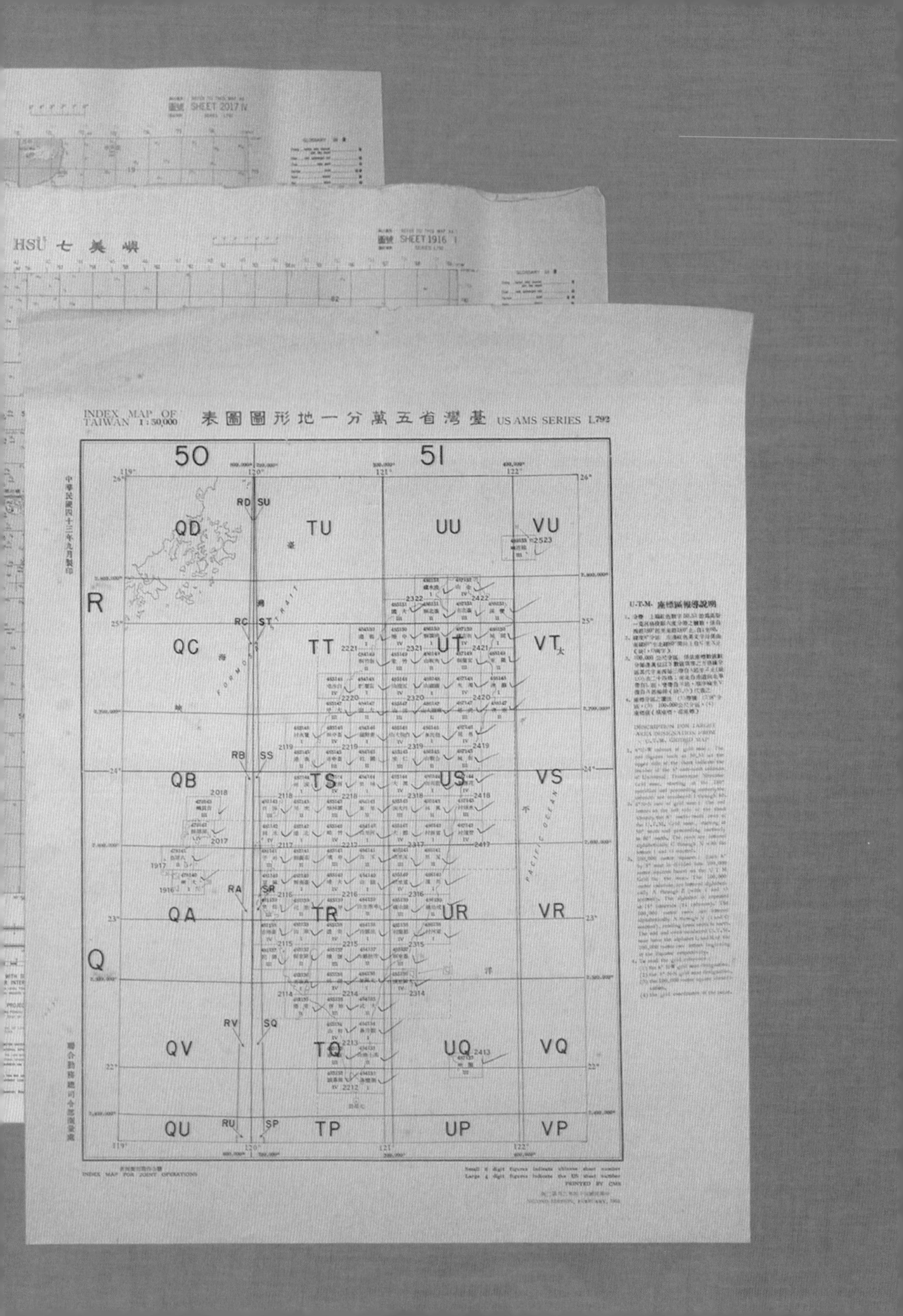
SHEET 2017 IV
HSÜ 七美嶼
SHEET 1916 I
INDEX MAP OF TAIWAN 1:50,000
臺灣省五萬分一地形圖圖表
US AMS SERIES L792
50
51
U-T-M 座標區報導說明
INDEX MAP FOR JOINT OPERATIONS
PRINTED BY CMS

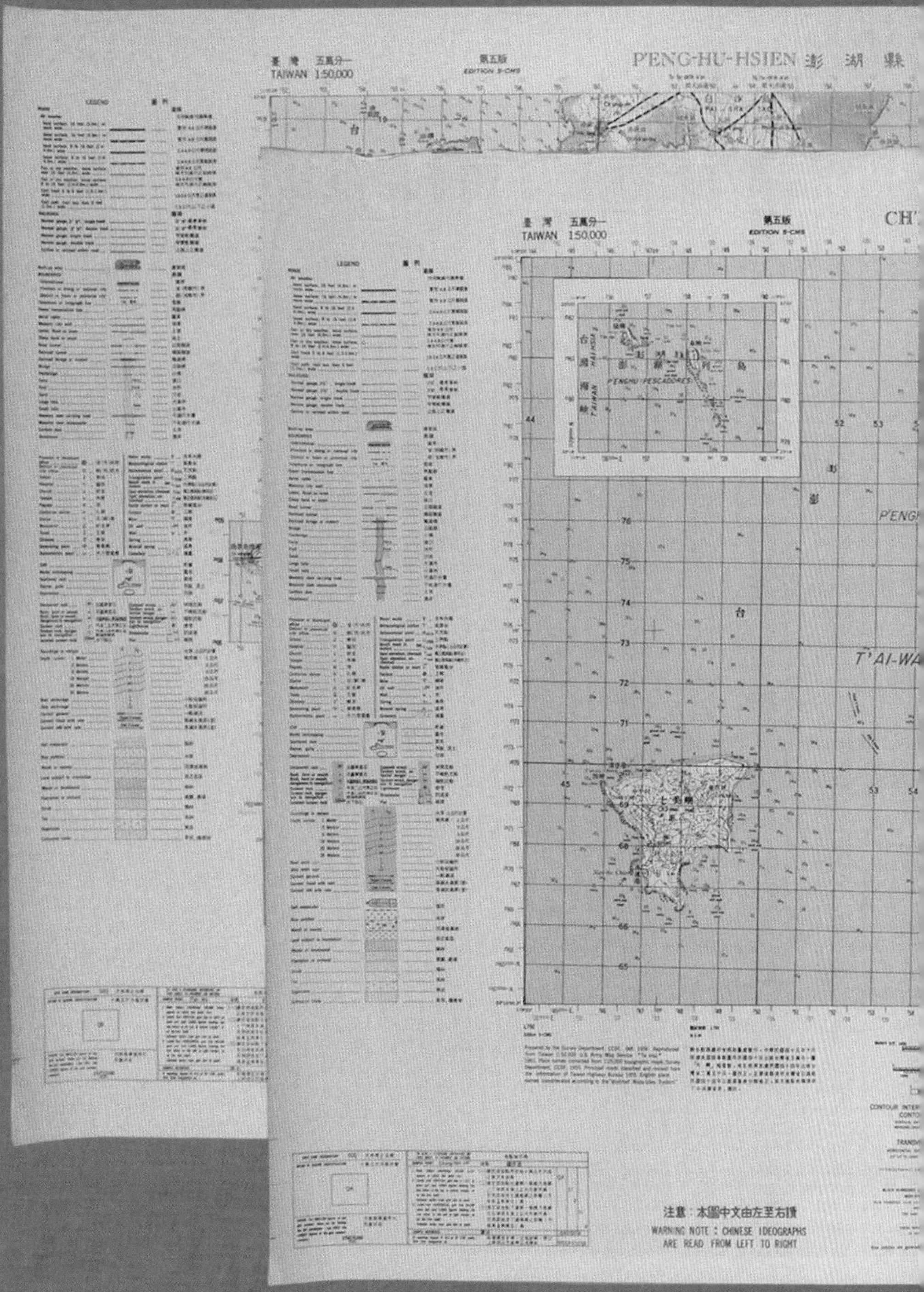
臺 灣 五萬分一
TAIWAN 1:50,000
第五版
P'ENG-HU-HSIEN 澎 湖 縣
臺 灣 五萬分一
TAIWAN 1:50,000
第五版
注意：本國中文由左至右讀
WARNING NOTE : CHINESE IDEOGRAPHS
ARE READ FROM LEFT TO RIGHT

28

地形圖的三國志

聯勤版臺灣省五萬分一地形圖

館藏號	2007.002.0001
年代	1955 ～ 1964 年間
材質	紙
尺寸	73.2 公分 × 56.2 公分

地形圖（topographic maps）是詳細描繪地表高低起伏、聚落、植被、土地利用方式、交通路線等各種自然與人文景觀資訊的地圖，常多幅成套，內容精確度高，需要國家力量動員人力、物力，並進行長時間與大範圍的實地測量行動才能完成。其鉅細彌遺的製圖成果，往往是國土規劃、政策施行甚至軍事行動的重要基礎資料。

在二十世紀中期，臺灣先後出現三種長得很像的基本地形圖。它們由不同的國家各自繪製而成，卻因爲特定的時空背景，彼此有了糾葛的承襲關係。

陸地測量部的地形圖

一八九五年，日軍在臺灣鎮壓反抗勢力時，就隨著軍隊推進而製作了一套「迅速測

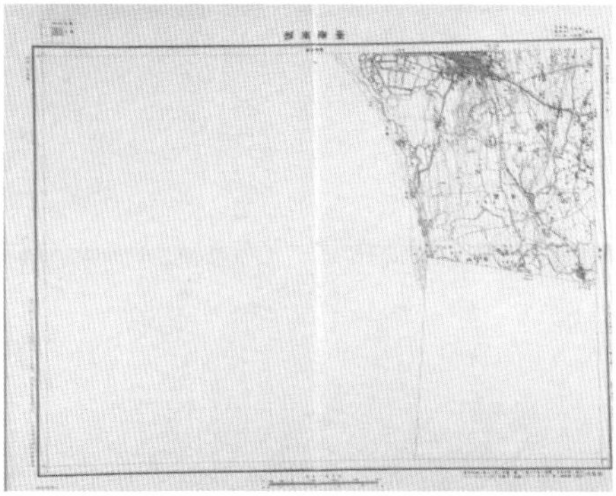

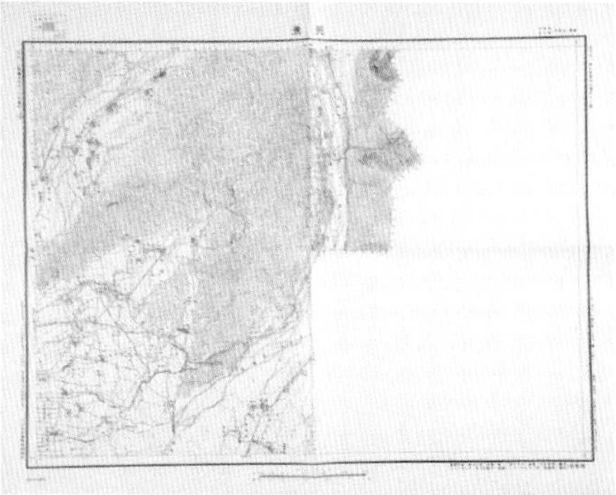

▶ 1931年日本陸地測量部發行五萬分之一地形圖《美濃》，以實地測繪搭配攝影相片製成，右方山區則是尚未繪製，仍是一片空白。（館藏號 2009.011.0420.0003）

◀ 1938年日本陸地測量部發行五萬分之一地形圖《臺南南部》，下半部涉及高雄要塞範圍而以遮蓋方式處理，因此呈現一片空白。（館藏號 2009.011.0421.0006）

圖」，雖然精確度不高，但應是臺灣史上第一套廣泛實地測繪的基本地形圖集。之後，臺灣總督府展開兩次前所未有的大規模測繪工作，分別是在土地調查事業中產出「堡圖」，以及在理蕃事業中產出《蕃地地形圖》。這些地圖是臺灣總督府自行辦理的成果，規範上與日本本土的地形圖有所不同。

一九〇九年，職掌地理測量工作的日本陸軍參謀本部陸地測量部，決定在臺灣展開三角測量與製圖工作，以補齊日本全國基本地形圖當中欠缺的臺灣部分。在完成基線測量、埋設三角點標石等前置作業後，地形測繪工作於一九二四年展開，一直到一九四五年二戰結束前，總共製作出兩種尺規的地形圖：五萬分之一，以及針對西部及部分東北地區繪製的二萬五千分之一。

這套地形圖都是單色印製，格式規範與日本本土一致，是日本政府在臺灣進行實地測繪的最後、也最接近完整之製圖成果，爲統治者提供了日治中、晚期臺灣精確的空間資訊。不過，由於二次大戰影響，少部分山區沒有進行測量，它還是無法達成繪製全臺的目標；而且，有些涉及軍事機密的部分會被遮蓋，或者不對外發行，所以依然可見不少空白之處。

美軍的地形圖

二次大戰晚期，美國爲了蒐集敵國日本（包含臺灣）完整的領土情報，陸軍製圖局（Army Map Service，簡稱AMS）取得前述日本陸地測量部的臺灣地形圖作爲基底，搭配美軍自己的航空攝影相片及其它情報資料修正，最後在一九四四年製作出美軍版本的臺灣地形圖，以輔助其在東亞地區的軍事行動。不過，這套圖並非實地測繪，反而大部分靠情報資料編輯而成，所以上面新增或修正的資訊，不見得能完全反映出當時的實際狀態。

由於引用陸地測量部的版本，美軍版本同樣也有五萬分之一、二萬五千分之一兩種尺規，不過改採美軍自己的圖式規範，並用七種顏色套印，圖上地名也不是漢字與日語，而是英語，地名都轉爲平文式羅馬字拼音。此外，美軍也另外縮製其它比例的地圖，例如二十五萬分之一，就是日本沒有使用的尺規。

這些差異，顯示美軍版本仍與陸地測量部版本有所不同。在視野上也是如此，若陸地測量部的圖是統治者視野下的臺灣景象，美軍的圖則偏向由戰爭情報蒐集與攻擊規劃所構成的敵方視野。

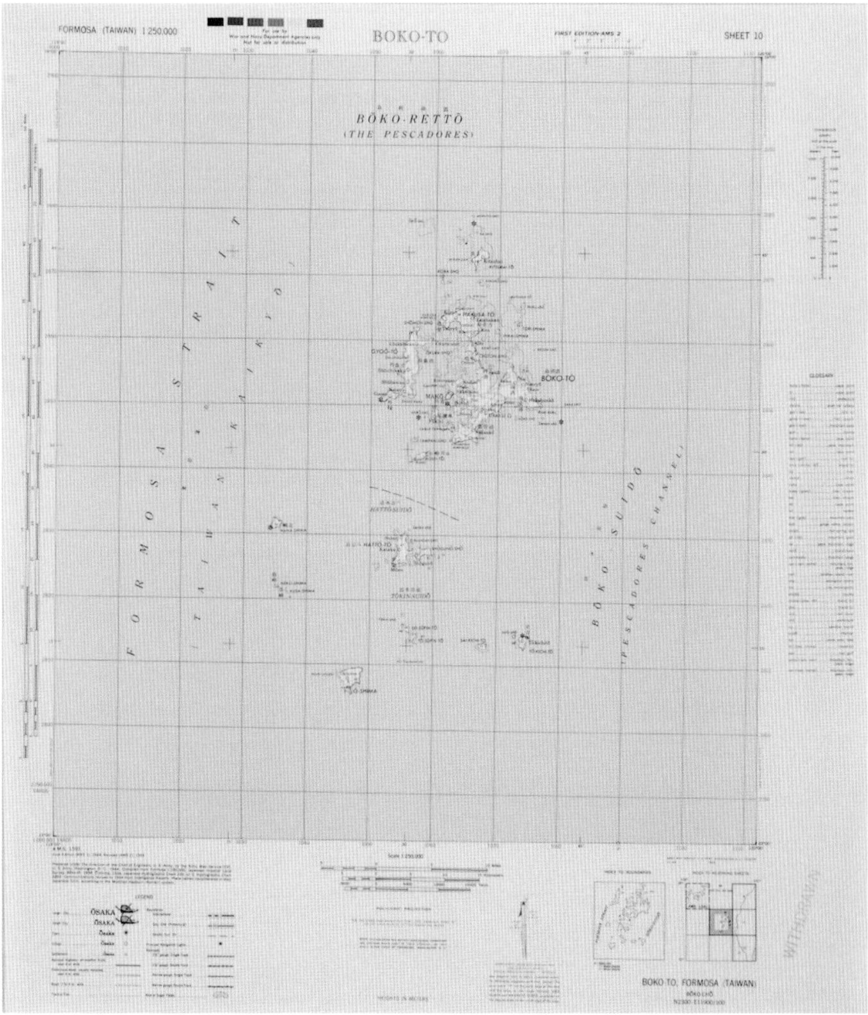

1944年美國陸軍製圖局繪製〈二十五萬分一臺灣地形圖－澎湖島〉，以日本陸地測量部地形圖為基底製成。（館藏號 2008.004.0110）

聯勤的地形圖

二戰結束後，中華民國國軍一方面也沿用日本陸地測量部的二萬五千分之一地形圖，在一九五〇年代初期製作出添印紅色中文字的地形圖；另一方面，在當時冷戰結構下，國軍也與美軍展開了臺灣地形圖的合作修訂工作。

一九五五年起，國防部聯合勤務總司令部測量處製圖廠開始印製這套合作成果，也就是聯勤版《臺灣省五萬分一地形圖》。這套圖主要以美軍版本作爲基底進行修訂與註釋，並且以五種顏色套印，總共有一百零八幅。

這套地形圖仍帶有軍用地圖性質，所以受到管制，除了曾開放學校機關或少數登山社團申請使用外，基本上不對外公開流通。直到一九七七年起，爲了配合國家經濟建設及施政需要，內政部委託聯勤利用相片基本圖搭配實地調繪，製作出「經建版」地形圖，臺灣基本地形圖資料才向社會大眾開放。

這三套地形圖，先後記錄了二十世紀中期臺灣不同時段的面貌，都爲臺灣留下珍貴的空間環境線索。在這段期間，世界也經歷了重大變化，接連編製它們的日本、美國與中華民國政權，雖然在二戰前後勢力有所消長，卻都跟臺灣近現代發展的關係密不可分，直至今日仍是如此。這幾套臺灣地形圖集，可說是臺灣與世界局勢變化的見證者。（蘇峯楠）

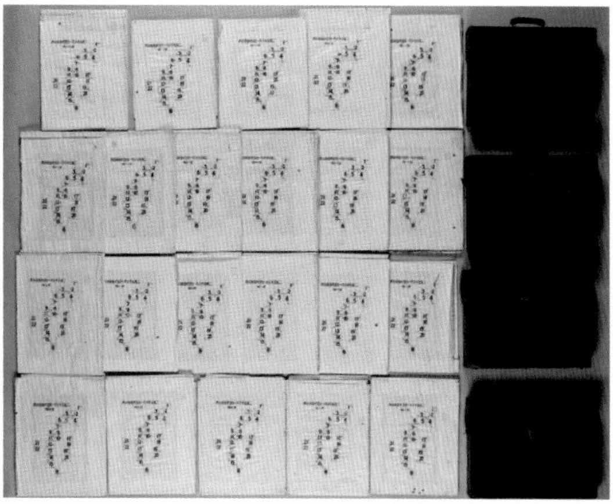

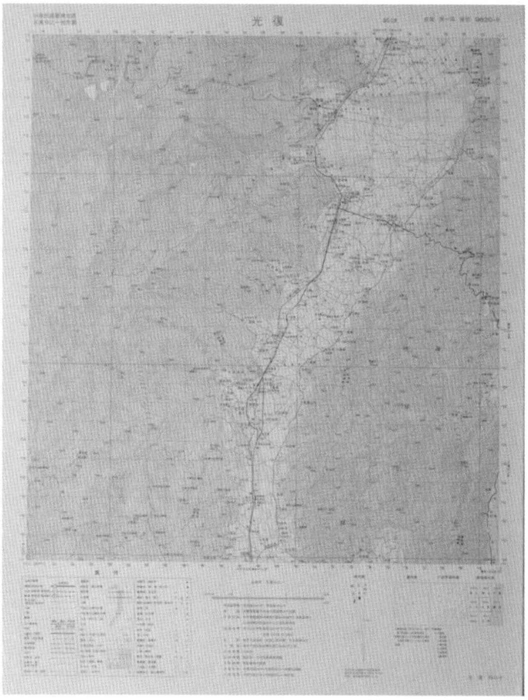

▲ 聯勤版《臺灣省二萬五千分一地形圖》由四個皮箱裝盛，蓋有「日本陸軍部戰利品」章，是1950年代中華民國國軍以日本陸地測量部地形圖為基礎添改而成。（館藏號 2018.011.0015）

▼ 經建第一版《臺灣地形圖》。（館藏號 2004.006.0012）

延伸閱讀

・黃清琦，〈日治後期臺灣《五萬分一地形圖》導讀〉，收於郭俊麟主編，《臺灣舊版地形圖選錄：東京大學總合研究博物館藏近代亞洲地圖資料典藏臺灣篇》。臺北：國立臺灣大學圖書館，二〇一三，頁五一－六八。

・連鋒宗總編輯，《光復初期五萬分一臺灣地形圖》。新北：上河文化，二〇一六。

・黃同弘，《地景的刺點：從歷史航照重返六十年前的臺灣》。臺北：行政院農業委員會林務局農林航空測量所、暖暖書屋，二〇二一。

1

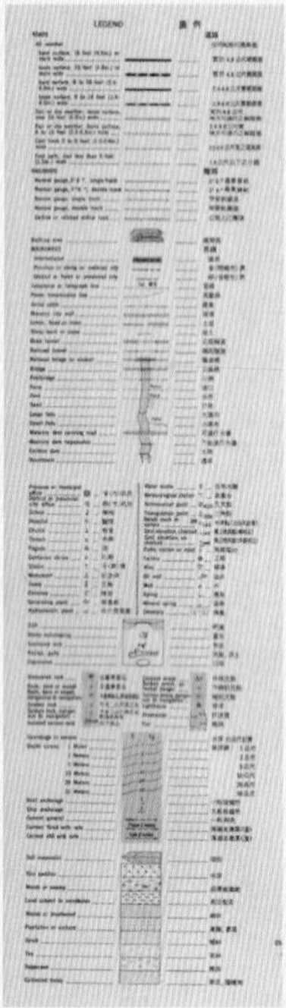

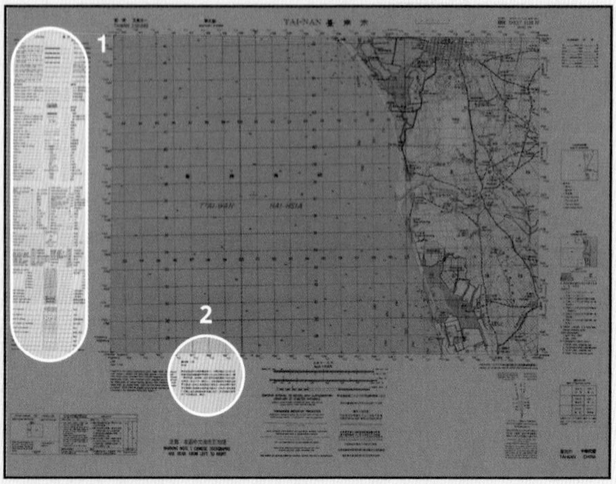

1｜圖例

為方便讀者迅速掌握地圖內容，地形圖大多會在圖面一角安排圖例（legend），簡略說明地圖中各符號所代表的涵義。

在日本陸地測量部的臺灣地形圖中，雖然沒有每幅都放圖例，但其圖例是依據一九一七年的地形圖圖式來制定。到了美軍的地形圖，並沒有沿用日本圖式，而是採用美軍自己的規範，戰後的聯勤地形圖跟著使用美式系統，之後的經建版地形圖也受其影響。例如學校的符號，日本圖式是用漢字「文」表示，美軍與聯勤的圖式則是用升旗的臺座圖案「」來表示。

不同圖式符號的設計，透露出製圖者欲關注的重點及其文化觀。走向美式系統的臺灣地形圖，則留有戰後初期臺灣當局與美國合作的局勢線索。

2｜農復會與森林資源調查

農復會是在美國經濟援助下，由中華民國政府在一九四八年於南京成立的機構，一九四九年遷至臺灣。此機構在臺灣進行了三十年的農村基礎建設與發展工作，直

2

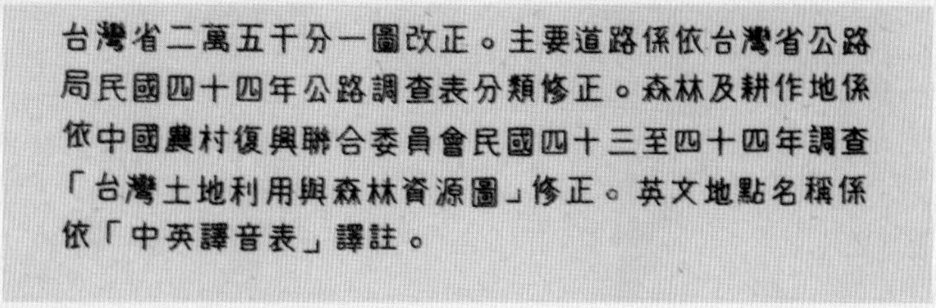

台灣省二萬五千分一圖改正。主要道路係依台灣省公路局民國四十四年公路調查表分類修正。森林及耕作地係依中國農村復興聯合委員會民國四十三至四十四年調查「台灣土地利用與森林資源圖」修正。英文地點名稱係依「中英譯音表」譯註。

聯勤地形圖一部分圖幅當中的森林及耕作地部分，引用自中國農村復興聯合委員會（Sino-American Joint Commission on Rural Reconstruction，簡稱農復會）的《臺灣土地利用與森林資源圖》。

到一九七九年因與美國斷交而結束，改組為行政院農業發展委員會。

為了掌握森林資源概況，農復會在一九五四年成立「臺灣森林資源及土地利用航測調查隊」，展開戰後首次森林資源調查行動。當時主要依據美軍在一九四七至一九五二年間的航照資料，並委託中華民國空軍協助補拍，最後在一九五六年繪製出五萬分之一、共一百一十幅圖的《臺灣土地利用與森林資源圖》，而這個成果也幾乎同時被聯勤地形圖引用。

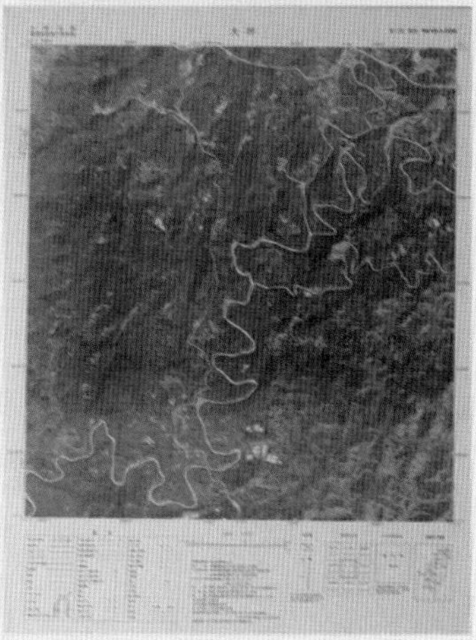

▲ 戰後初期農復會印製的宣傳海報。（館藏號 2020.032.0134）
▼ 森林資源調查完成後，農復會的調查隊人員就編入臺灣省政府農林廳，1959年再成立農林航空測量隊，繼續辦理資源調查與航測工作，《中華民國臺灣地區像片基本圖》就是其中一項成果。圖為1988年像片基本圖第三版〈大坪〉。（館藏號 2004.006.0001）

美麗富饒的台灣省

一九五五年八月初版第一次印刷　　每幅定價三角五分　　張演濤　王新光　編繪　　世界輿地學社出版　　上海圖書發行公司總經售

29

一個基地 兩種表述

美麗富饒的臺灣省

館藏號	2020.006.0114.0002
年代	1955 年
材質	紙
尺寸	54.3 公分 × 77.2 公分

在一江山島戰役之後

一九五四年，中華民國政府與美國雙方簽訂《中美共同防禦條約》，臺灣正式被納入美國的防衛體系，也讓在臺灣的中國國民黨政權能藉由這項軍事性合作，獲得美國的經濟、社會等各方面具體協助。美國派遣的第七艦隊，也不打算隨韓戰結束而撤回，而期望藉由條約簽訂，打消中國共產黨政權對美國協防臺灣的懷疑態度，以換取臺海局勢穩定。

對此，中共於一九五五年一月八日發動「一江山島戰役」來回應，原本就不穩定的臺海局勢，頓時充滿緊張氛圍。美國總統艾森豪（Dwight David Eisenhower）向國會提出特別諮詢表示，若中華人民共和國攻下一江山島，便是奪取臺灣的前奏；而若臺灣、澎湖淪陷，西太平洋地區即出現安全缺口。美國參、眾議院便於同年一月二十五、二十八日以壓倒性票數通過《臺灣決議案》。這項繼《中美共同防禦條約》後美國協防臺灣的另一重要政策，讓美國國會授權持續以武力確保臺灣與澎湖免於受中華人民共和國侵襲，並協助中華民國政府防衛它最後的根據地臺灣。

「寶島」論述的反擊

就在這極爲關鍵的一九五五年，位於中國上海的世界輿地學社，在八月就出版了一套名爲〈美麗富饒的臺灣省〉地圖，由張漢潔、王新光編繪，上海圖書發行公司經銷發售。

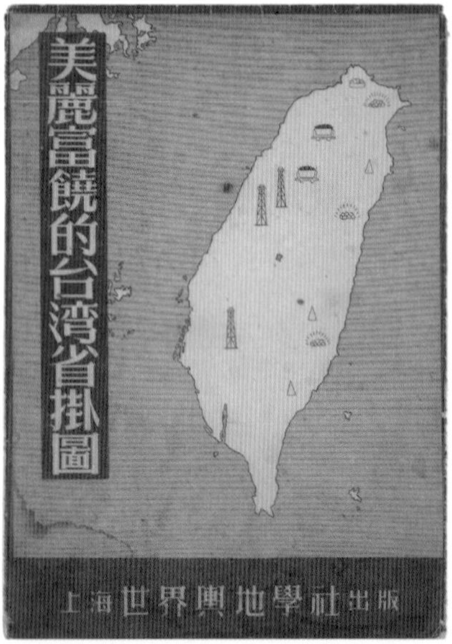

〈美麗富饒的臺灣省掛圖〉封套。
（館藏號 2020.006.0114.0001）

這幅地圖描繪臺灣、火燒島（綠島）、蘭嶼、澎湖以及其它周邊附屬島嶼，但沒有包括金門、馬祖。地圖的內容，以各種淺顯易懂的小圖案，呈現出臺灣各地物產與觀光名勝。而在圖的周邊，也附有〈臺灣水力資源分佈圖〉、〈臺灣主要礦產分佈圖〉、〈臺灣重要農作物分佈圖〉、〈美蔣侵佔臺灣軍事基地圖〉等小型主題圖。整體看來，它很像承襲自日治中期以來呈現臺灣物產與觀光景點的風景物產地圖類型。

值得注意的是，這幅地圖的右上角，還以紅色明體字大大標示出「臺灣自古以來是中國的領土」的宣傳口號，相當突出顯眼。而左下角也有一欄「百年來美帝侵臺簡史」，內容回顧了文獻上曾記載臺灣、曾派遣使者來到臺灣、之後又有移民移居臺灣等歷史過程，而美國也在「開羅宣言」與「波茨坦宣言」中聲明臺灣歸屬，顯示臺灣與中國大陸自古以來就有密不可分的關係；然而，美國卻與蔣介石合作「霸占」臺灣。

就此來看，這幅地圖的圖像與文字描述，應是契合當時中國共產黨的政策與態度。它一方面強調臺灣的多樣物產與豐富資源，藉以呈現「寶島」意象，增添中國共產黨占領臺灣的合理性；另一方面，也透過對臺灣歷史的整理，強化「臺灣自古以來是中國的領土」的歸屬論述，以及美國「占領」臺灣的不合理性，藉以回應中國國民黨政權與美國的合作關係。

「反攻復國基地」論述的成立

相較於中國出版〈美麗富饒的臺灣省〉的「寶島」形象，臺灣方面的地圖，則是呈現出另一種不同的論述。

一九二八年，中國國民黨在五中全會決議，籌組全軍統一的後勤系統，並於行政院軍政部下設陸軍署、軍需署、兵工署，作爲全軍後勤補給。之後，軍事機構全面改組，成立國防部，下設陸軍、海、空三軍總司令部，並參考美國國防後勤局，於一九四六年，在南京設立國防部聯合勤務司令部。

一九五六年十月，聯勤總部測量處就在臺灣發行了〈中華民國臺灣省立體地圖〉。此圖也是描繪臺灣、澎湖及附屬島嶼，不過，它就沒有像〈美麗富饒的臺灣省〉一樣側重於呈現物產面向，而以分層設色與陰影繪圖法，搭配實際的凹凸處理，強化地形起伏的立體視覺效果，並且附有經緯度、縣市界、鐵路、公路、機場、港口、航線等資訊。在標題上方，更插佇了一面青天白日滿地紅的中華民國國旗，標示「反攻復國基地臺灣省」字樣。

這樣的圖面，一方面呈現出臺灣空間基本資訊與地形起伏，但是，也更含有中華民國政府將臺灣作爲反攻中國之根據地的宣傳經營。就是在這段特殊的國共對峙情勢下，臺灣也因此出現了兩種完全不同的地圖表述方式。（莊梓忻）

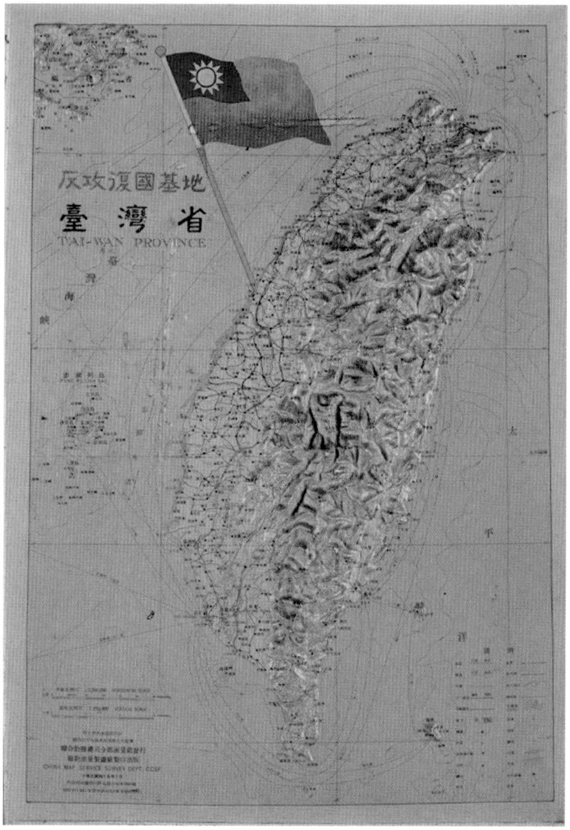

聯勤總部測量處於一九五六年十月發行〈中華民國臺灣省立體地圖〉。（館藏號2011.012.0354）

延伸閱讀

・宋怡明（Michael Szonyi）著，黃煜文、陳湘陽譯，《前線島嶼：冷戰下的金門》。臺北：國立臺灣大學出版中心，二〇一六。

・林孝廷著，黃中憲譯，《意外的國度：蔣介石、美國、與近代臺灣的形塑》。臺北：遠足文化，二〇一七。

・何鳳嬌，〈戰後初期臺灣軍事用地的接收〉，《國史館學術集刊》十七期（二〇〇八），頁一六七－一九九。

・陳鈺明，〈美國選擇撤退「大陳島」之決策過程〉，《醒吾學報》四六期（二〇一六），頁三三三－三四六。

1

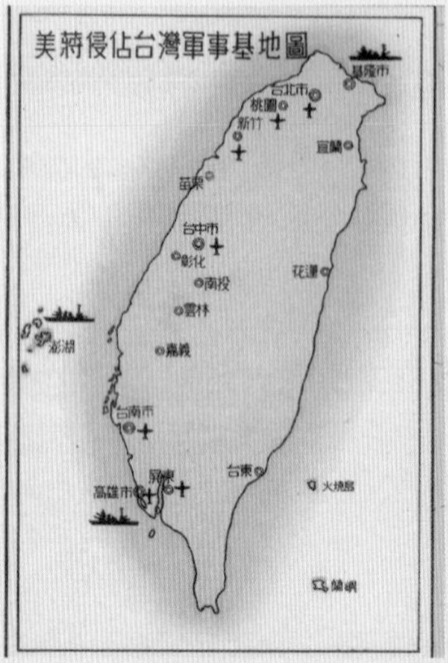

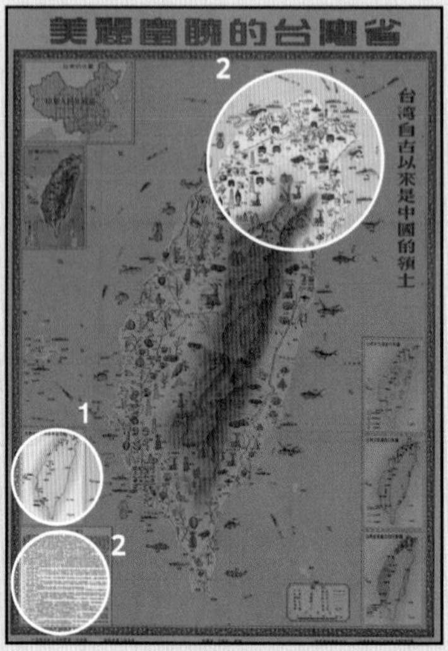

1 軍事基地

〈美麗富饒的臺灣省〉版面左下角另有一張〈美蔣侵佔臺灣軍事基地圖〉，點出基隆、高雄以及澎湖均有海軍軍事基地，其餘臺北市、桃園、新竹、臺中市、臺南市、高雄市及屏東則有空軍基地。

一九三七年中日盧溝橋事件爆發，臺灣從原本的米、糖等原物料供應地，搖身一變成為日本的南進基地，加強防禦工事與軍事設施。戰後，日本所遺留之軍事基地由中華民國政府接收。由於日治時期並無獨立的空軍建制，其空軍部隊隸屬於海、陸軍之下，戰後國軍則依軍種性質與防區，將各軍事基地按陸、海、空性質接收。在這張地圖中，中華民國政府接收日本軍事基地一事，被渲染為美國與蔣介石侵占臺灣軍事基地，政治意味濃厚。

另外一提，戰後的軍事接收工作主要進行於一九四五至一九四七年間，部分案例爭議處理工作至一九五三年，而本圖發行於一九五五年，其內容之參照資料仍需考證。

2

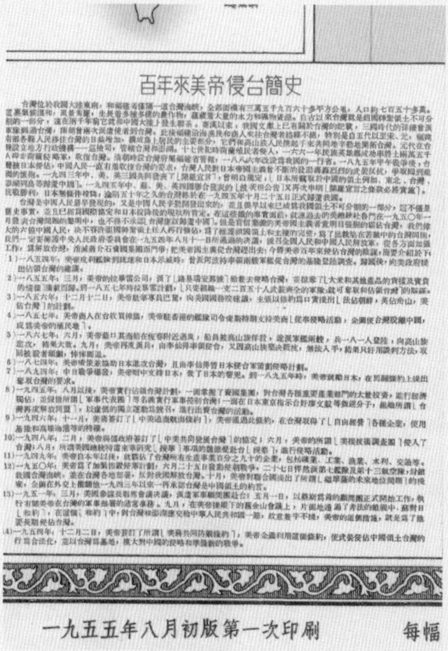
百年來美帝侵台簡史

一九五五年八月初版第一次印刷　每幅

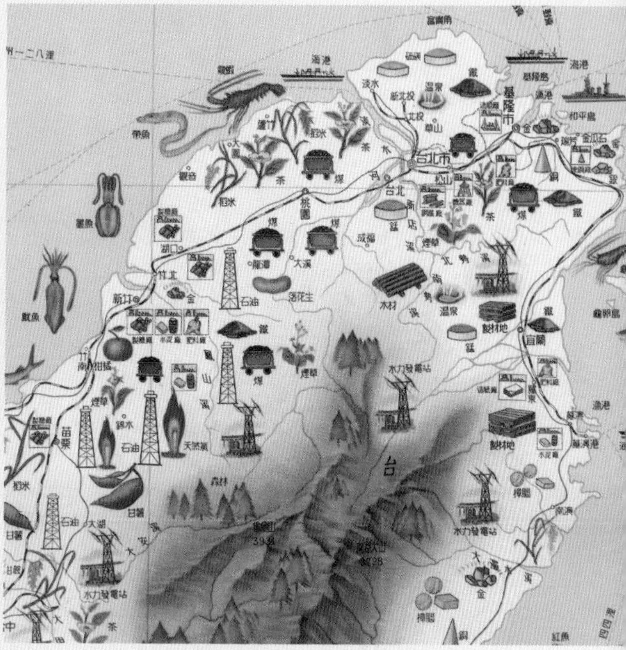

2　寶島臺灣

〈美麗富饒的臺灣省〉沿用日治時期主題地圖概念，如臺灣鐵道圖、臺灣案內圖繪、臺灣產業地圖等，並不特別強調地圖位置之精確性，而是將使用者鎖定為一般社會大眾，以淺顯易懂、豐富有趣的圖像，發揮宣傳作用。

地圖的出版單位為上海圖書發行公司，受眾應為一九五〇年代的中國人民。圖面左下角「百年來美帝侵臺簡史」另有文字提到：「臺灣位於我國大陸東南，和福建省僅隔一道臺灣海峽，全部面積有三萬五千九百六十多平方公里，人口約七百五十多萬。這裡氣候溫和，風景秀麗，生長著多種多樣的農作物，蘊藏著大量的水利和礦物資源。」推論是為了讓中國人民認同爭取對臺主權，進而強調臺灣豐富資源。

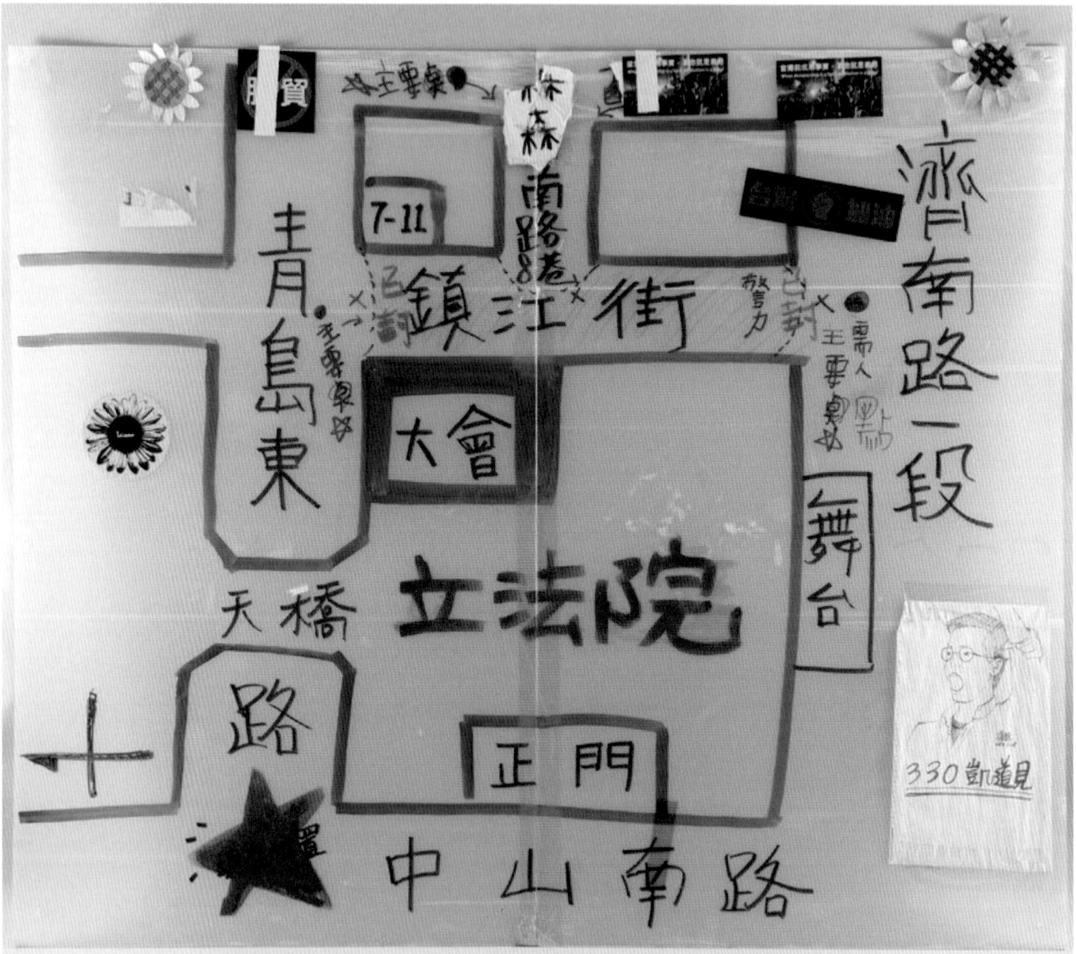

立法院
濟南路一段
青島東路
鎮江街
中山南路
林森南路8巷
7-11
大會
舞台
正門
天橋
330凱道見

30

空間的不服從

三一八公民運動的手繪立法院周邊地圖

館藏號 2016.032.2243
年代 2014 年
材質 塑膠、紙
尺寸 120.8 公分 × 103.8 公分

臺史博於二〇一六年接收中央研究院移交的七千多件「三一八公民運動」（太陽花學運）物件。這批物件始於二〇一四年三月十八日的一場公民不服從運動，包含各種手繪地圖，傳達出對原有公共空間用途的不服從，另有一張巨型的臺灣地圖便利貼，貼著三百三十一張便利貼，傳達出對臺灣認同的想像。臺史博因著這批物件而啟動的當代蒐藏行動，也開啟了對博物館典藏制度的不服從行動。

從議場到街頭

二〇一三年六月二十一日，馬英九政府簽署了《海峽兩岸服務貿易協議》，引爆各界對於服貿協議黑箱作業的不滿。其後，五十多個公民團體投入監督服貿條例的審查，並

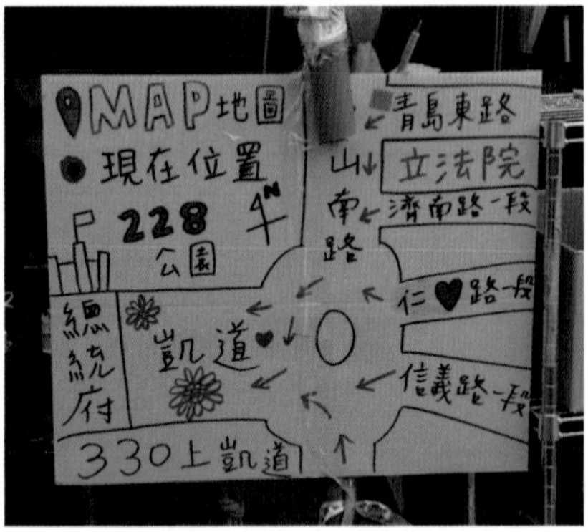

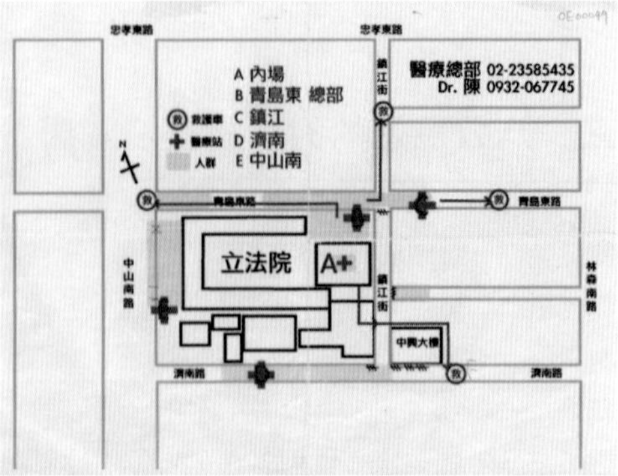

▶ 立院周遭平面圖。（館藏號 2016.032.1470）
◀ 三一八公民運動現場的指示地圖。（蘇峯楠攝）

參與多場公聽會。二〇一四年三月十七日下午，朝野針對服貿協議是否逐條審查、逐條表決，僵持不下。中國國民黨籍立法委員張慶忠拿起麥克風宣布該協議「依法視爲已審查」，並解散會議，馬英九政府則迅即發布新聞稿表示「感謝張慶忠辛勞」。隔天三月十八日晚間六點，反黑箱服貿公民團體聚集在立法院外舉行「守護民主之夜」晚會；晚間九點多，以學生爲主的抗議群衆衝入立法院，掀起三一八公民運動的序幕。

此運動爲期二十四天，於四月十日撤場。除了立法院內的占領，亦包含立法院外的四周道路，如青島東路、濟南路、中山南路等。至今，立法院尚未通過服貿協議。

臺史博收藏的相關物件中，包含運動現場的各式手繪地圖。這些地圖都不符合正規繪製地圖的條件，但卻記錄著運動的操作方式：在立法院會場內外形成一個能平等參與議事的自治區域，並賦予各個公共空間在占領期間的另一層意義和使命。除了立法院的議場功能被重新定義，議場外的街頭空間則區分成各種功能，街道不再是交通動線，而是維運這場運動的後援部隊，街頭設置有臨時物資站、醫療站，更有課輔站、服貿教室等等。

博物館的「不服從」

正規的博物館都有相當嚴謹的蒐藏政策，臺史博亦然。臺史博每季召開蒐藏審議小組，審議送審物件是否入藏及如何分級，審議通過者則列爲本館的「蒐藏品」，即爲「文物」，並依照《蒐藏品取得作業要點》、《蒐藏品登錄作業要點》等完成入藏程序。若要進行研究等用途，得依《蒐藏品取用作業要點》取用藏品，關於取用時間、地點、持拿原則、拍攝之圖檔等，也都有相關規定。臺史博接收的七千多件三一八公民運動物件，除了伴隨著繁瑣的入藏程序，亦得面對社會運動物件的多元材料，如多元複合材料、食品類的物件等保存維護課題。

從博物館思維、制度來看，三一八公民運動物件確實對傳統的博物館科層制度帶來極大挑戰。這場起於公民不服從的運動，亦在博物館延燒；博物館面對當代社會的行動，可能是翻轉博物館思維的重要過程。

2016年9月臺史博至中研院點交三一八公民運動物件。

意義所繫之處

美國的非裔美國人歷史和文化博物館（National Museum of African American History and Culture，簡稱NMAAHC）創始館長邦區（Lonnie Bunch）曾說，國家廣場（National Mall）是美國的前院，「在某些方面，這裡比起國內其它任何地方，是讓更多人明白身爲美國人意義的地方」。美國國家廣場一端爲國會大廈（United States Capitol）、另一端則爲林肯紀念堂（Lincoln Memorial），美國重大政治慶典、示威抗議、民權運動的現場。

這裡借用邦區的話，臺灣的民主化過程也有許多抗爭現場，例如自由廣場、凱達格蘭大道、立法院院前，以及三一八公民運動占領的立法院內。這些行動現場所激盪出的自由、民主、人權，以及臺灣認同的思想與價值，都是讓更多人明白身爲臺灣人意義的場域。

猶如其中一件巨幅的「三一八公民運動臺灣地圖便利貼立牌」，臺灣形狀的黑色底圖，貼著三百三十一張便利貼，上面的文字有著數百個「臺灣」字樣，傳達出對服貿協議的不服從，也出現大量的「臺灣加油」、「捍衛／支持民主」等

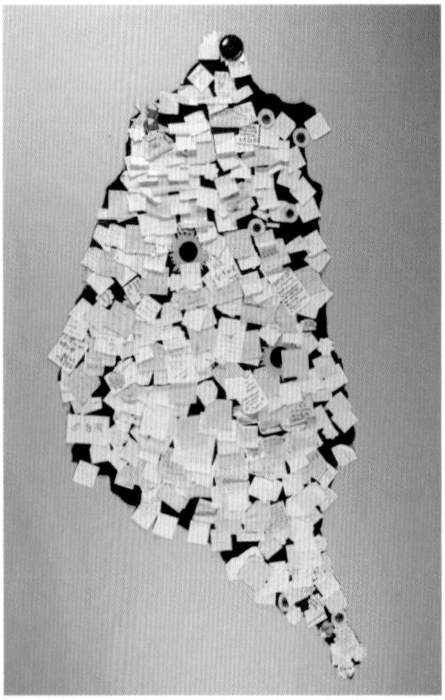

三一八公民運動臺灣地圖便利貼立牌。
（館藏號 2016.032.0046）

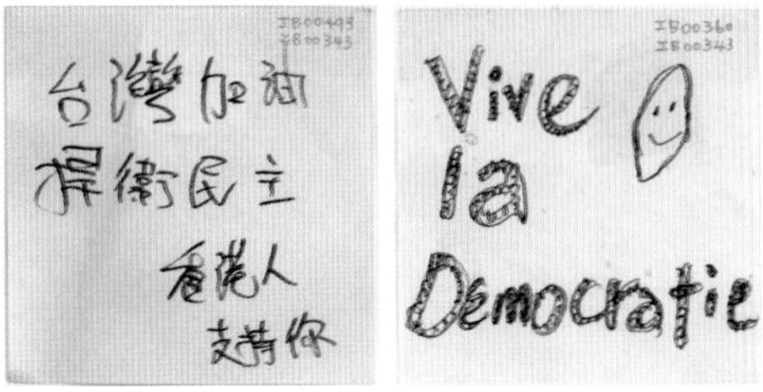

三一八公民運動臺灣形狀的各種便利貼，來自臺灣與世界各地的支持。（館藏號 2016.032.0046）

鼓勵的話語，道出守護臺灣價值的決心。

臺灣的四、五、六年級生對於用「秋海棠」來形容中華民國疆域的說法應該不陌生；而在二〇一四年的三一八公民運動上的行動者對於自己的國家的想像，已等同於「臺灣」。除了這張巨幅的臺灣地圖便利貼，運動現場的參與，自由創作了各式各樣的臺灣地圖，不被制式的地圖繪製規則、和「中華民國」的框架所限制。讓「一個臺灣，各自表述」，不服從運動現場的地圖創作愈自由，象徵著臺灣一直在走的自由之路愈寬廣。（曾婉琳）

三一八公民運動現場的參與者，自由創作的各種臺灣地圖，不被制式的地圖繪製規則和「中華民國」的框架所限制。（蘇峯楠攝）

延伸閱讀

· One More Story 公民的聲音團隊，《那時我在：公民聲音三一八－四一〇》。新北：無限出版，二〇一四。
· 黃恐龍，《野生的太陽花》。臺北：玉山社，二〇一四。
· 林怡秀、高愷珮採訪、整理，〈抵抗的物件〉，《今藝術》二七二期（二〇一五年五月），頁九四－一一五。
· 「三一八公民運動文物紀錄典藏庫」，http://public.318.io/。

公民運動物件的當代蒐藏行動

在三一八公民運動之初，中央研究院歷史語言所研究黃銘崇研究員就與占領立法院內的人員聯繫，表達希望蒐集運動物件作為史料，並積極徵求院內關注社會運動發展之社會學研究所蕭新煌所長、歷史語言研究所黃進興所長、臺灣史研究所謝國興所長等同意。占領場內的人員有不同的態度，而在不斷的協調溝通下，終在退場前取得占領行動的人員及三所所長同意，並在議場內發表共同聲明，將蒐集這場運動物件，視為「為全體社會追求民主的公共財」。

二〇一四年四月七日，占領立法院議場的學生宣布四月十日下午六點退場，歷史語言研究所廖宜方助研究員即發出訊息，希望所有參與者能投入史料蒐集工作。現場有臺灣大學人類學系、歷史系、臺北藝術大學等師生來幫忙採集工作，以處理考古現場的方式進行記錄。

中研院進入議場蒐集物件之時，同時啟動「三一八公民運動文物紀錄典藏庫」計畫，將蒐集到的七千多件物件由資訊科學研究所莊庭瑞副研究員團隊接手，進行數位化、線上資料庫建置等等，並於二〇一六年雙方簽訂備忘錄後，移轉至臺史博典藏。

「318公民運動文物紀錄典藏庫」（http://public.318.io/）自2015年3月上線，同年10月31日也啟動318文物線上指認與授權的功能。

▲ 三一八公民運動「史料小組」布條，上有簽名。（館藏號 2016.032.3348）

▼ 三一八公民運動的立法院內外，貼滿各式與運動議題相關的標語、創作，黃銘崇稱其為「沒有策展人的展覽」。（蘇峯楠攝）

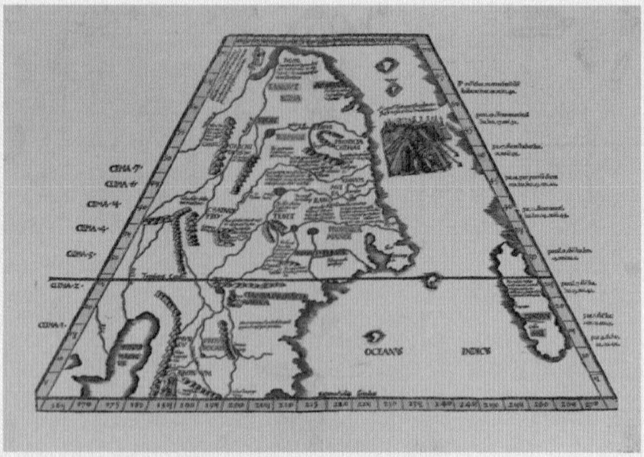

01 東印度與大韃靼地圖

1503

1593
日本豐臣秀吉向高山國臺灣發出招諭文書。

1596
林斯豪頓編輯出版《東印度水路誌》，其中包括〈中華領土及海岸線精確海圖〉。

1602
◊ 荷蘭聯合東印度公司成立。
◊ 利瑪竇繪製〈坤輿萬國全圖〉。

1619
荷蘭人在印尼建立巴達維亞城，作爲東亞貿易總部。

1622
荷蘭占領澎湖。

1624
荷蘭人在明朝政府指引下撤離澎湖，轉往大員設立據點。

1626
西班牙占領雞籠，開始建造薩爾瓦多城。

1636
《熱蘭遮城日誌》首次提到探詢黃金。

04 艾爾摩沙島荷蘭人港口描述圖

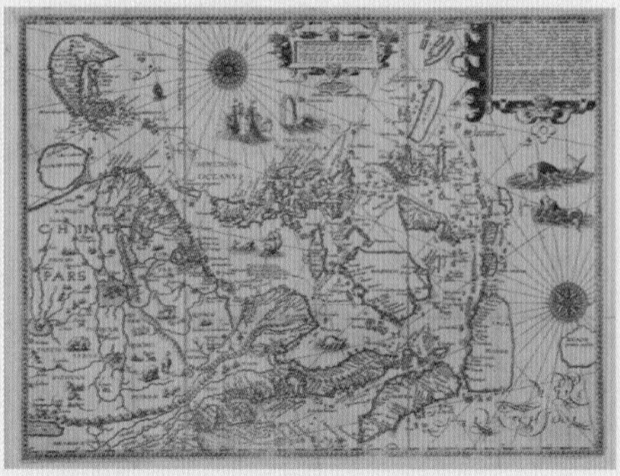

02 中華領土及海岸線精確海圖

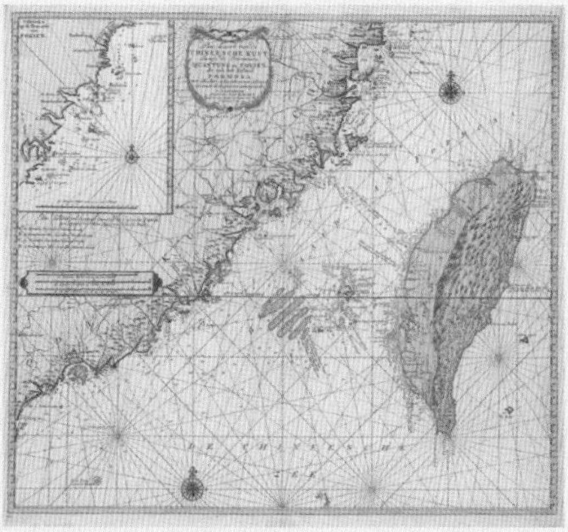

05 中國沿海地區海圖 ： 廣東、福建與福爾摩沙島

《皇輿全覽圖》初步完成。

耶穌會士白晉等人開始測繪《皇輿全覽圖》。

清廷設立一府三縣，開始治理臺灣。

鄭成功率軍攻下熱蘭遮城，荷蘭東印度公司退出臺灣。

1728 **1726** 1721 1717 1714 1708 **1705** 1684 1674 1662

朱一貴事件爆發。

耶穌會士馮秉正等人抵達臺灣，開始地圖測繪工作。

南懷仁繪刻〈坤輿全圖〉。

《福爾摩沙歷史與地理之描述》一書出版，其中包括〈十八世紀初福爾摩沙地圖〉。

03 福爾摩沙島與漁翁群島圖

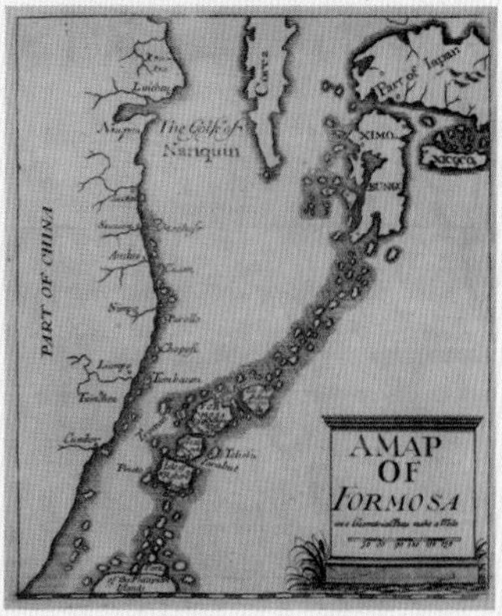

06 十八世紀初福爾摩沙地圖

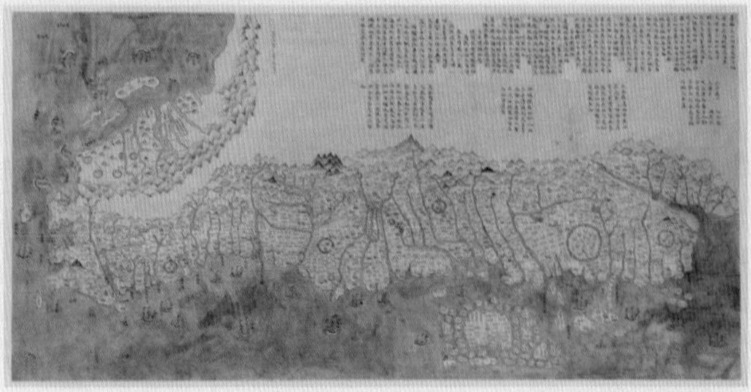

08 十九世紀臺灣輿圖

1851 — 1823 — 1812 — **19 世紀初期** — 1804 — 1786 — 1760 — **1738** — 1736

1851

英國在倫敦海德公園舉辦第一場世界博覽會。

1823

中部岸裡社等原住民社群集體前往埔里盆地開墾。

1812

噶瑪蘭廳設立。

19 世紀初期

08 十九世紀臺灣輿圖

1804

◊ 巴宰族人潘賢文率領中部地區各部落族人移墾噶瑪蘭。

◊ 蔡牽攻入鹿耳門，燒毀北汕木寨。

1786

林爽文事件爆發。

1760

官府於臺灣中、北部劃定藍線番界。

1738

杜赫德《中華帝國記述》英文版於英國倫敦出版。

07 福建省圖

1736

耶穌會士杜赫德於巴黎出版《中華帝國記述》，收錄唐維爾根據《皇輿全覽圖》改繪的中國地圖。

10 福爾摩沙島宣教地圖

1874 1873 1871 1870 1868 1867 1865 1862 1860 1858

1874

日本出兵恆春半島長達半年，是爲牡丹社事件。

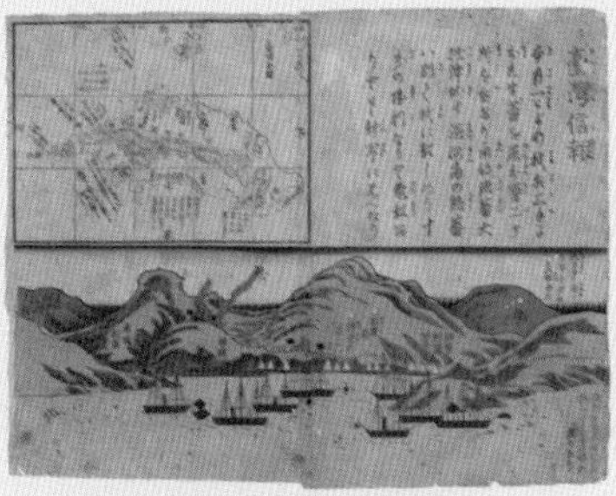

11 臺灣信報及臺灣全圖

1873

（*10* 福爾摩沙島宣教地圖）

1871

琉球國漂流民於恆春八瑤灣一帶上岸遇難，史稱八瑤灣事件。

1870

李仙得〈福爾摩沙島與澎湖群島圖〉於美國紐約出版。

1868

日本發起明治維新。

1867

◊ 羅妹號事件，美國商船在南臺灣沿海遇難。李仙得與卓杞篤簽訂〈南岬之盟〉。

◊ 英國長老教會牧師李麻抵達打狗。

1865

英國長老教會宣教士馬雅各來臺行醫傳教。

1862

戴潮春事件爆發。

1860

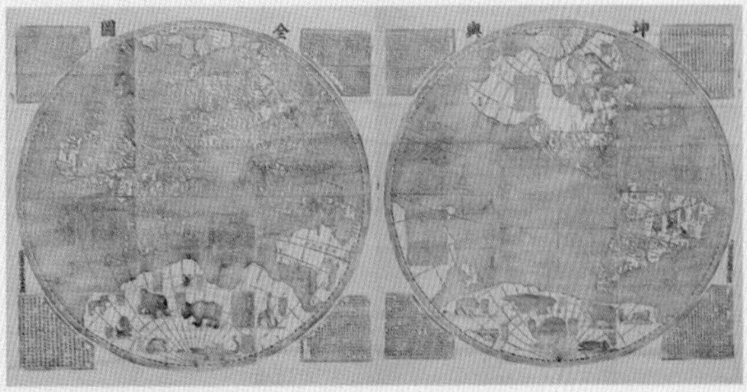

09 坤輿全圖

1858

清朝與各國締結條約，淡水、安平等地開港。

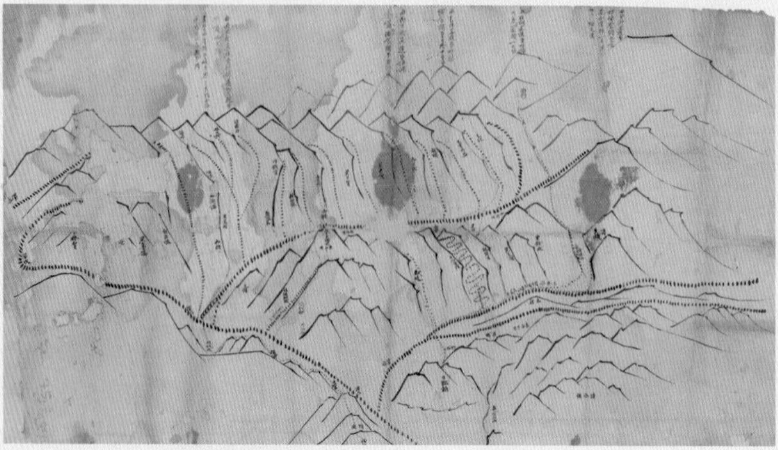

14 濁水溪上游聚落與道路手繪地圖

1875~1895

1887 清廷設立福建臺灣省。

1885

15 內港繫泊處與澎湖群島圖

13 南部福爾摩沙圖

1884 清法戰爭爆發，法軍攻擊基隆、淡水。

1883 鵝鑾鼻燈塔興建完成。

1880

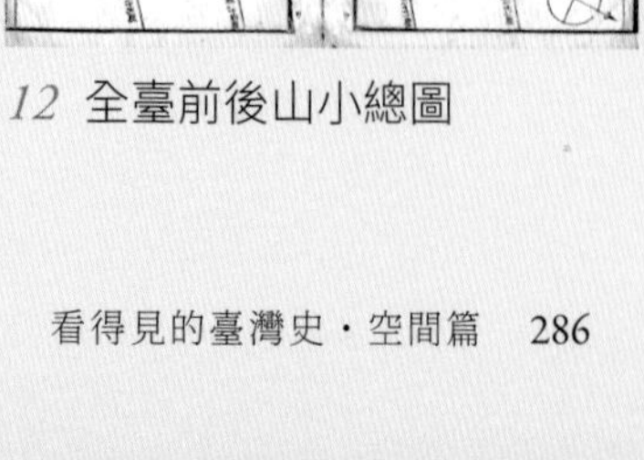

12 全臺前後山小總圖

1879 臺北府府治由竹塹城（今新竹市）移至臺北。

1875 清軍開闢八通關越嶺道路，增設臺北府，沈葆楨來臺辦理新政。

1894

臺北正式成爲省會。

1895

◊ 甲午戰爭清國戰敗，簽訂《馬關條約》，臺灣割讓日本。

◊ 乙未戰爭在臺爆發。

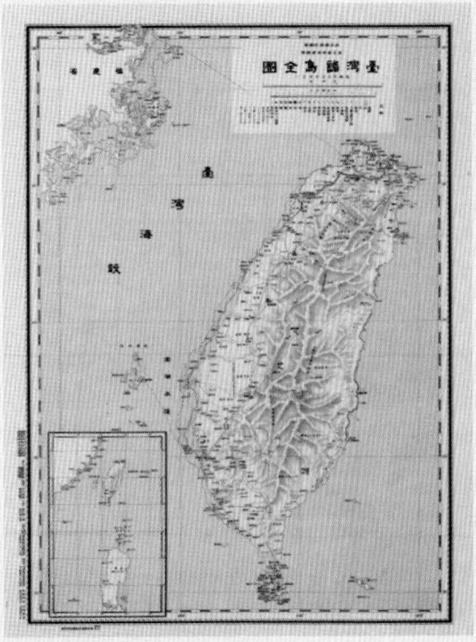

16 臺灣諸島全圖

1896

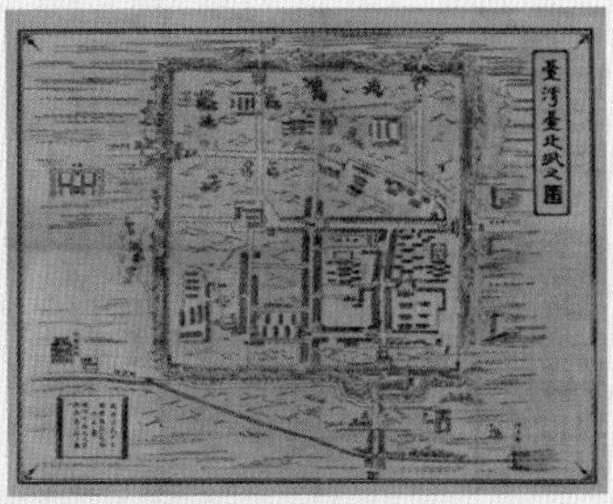

17 臺灣臺北城之圖

1897

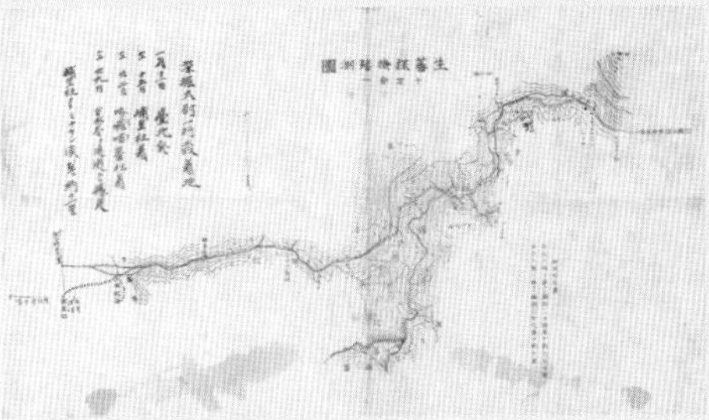

18 生蕃探險踏測圖

1898

◊ 臺灣總督府首度舉辦日本物產展覽會。

◊ 臨時臺灣土地調查局成立，進行地籍調查與製圖。

1906

臺灣總督佐久間左馬太上任，積極推動「理蕃」事業。

1908

◊ 臺灣縱貫鐵路通車。

◊ 臺灣總督府展開首次大規模蕃地測量與製圖行動。

1909

◊ 臺灣總督府民政部新設蕃務本署。

◊ 日本陸軍參謀本部陸地測量部，決定在臺灣展開三角測量與製圖工作。

1910

臺灣總督府接手興建阿里山鐵路。

1912

阿里山森林鐵路通車。

◊ 嘉南大圳完工。
◊ 霧社事件爆發。

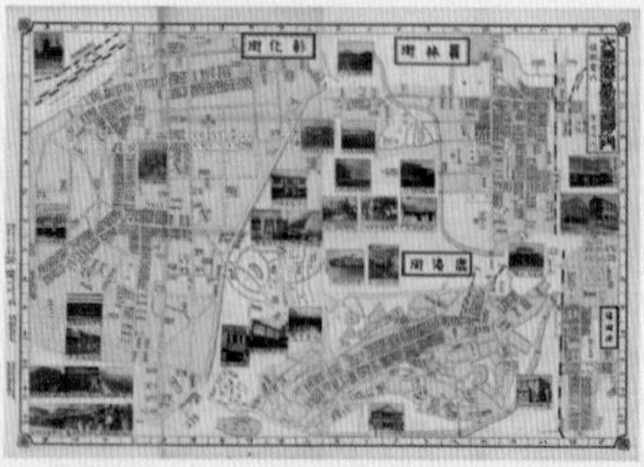

21 大日本職業別明細圖之內信用案內臺灣地方：彰化

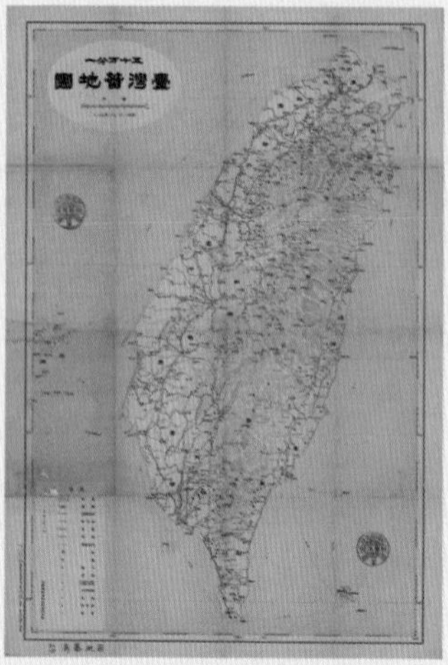

19 五十萬分一臺灣蕃地圖

滿洲國成立。

陸地測量部開始進行臺灣地形測繪工作。

◊ 臺灣地方制度改正。
◊ 嘉南大圳工程動工。

1932 **1930** **1929** 1924 1921 1920 1919 1915 **1913**

臺灣文化協會成立。

噍吧哖事件爆發。

臺南實施町名改正。

20 嘉南大圳平面圖

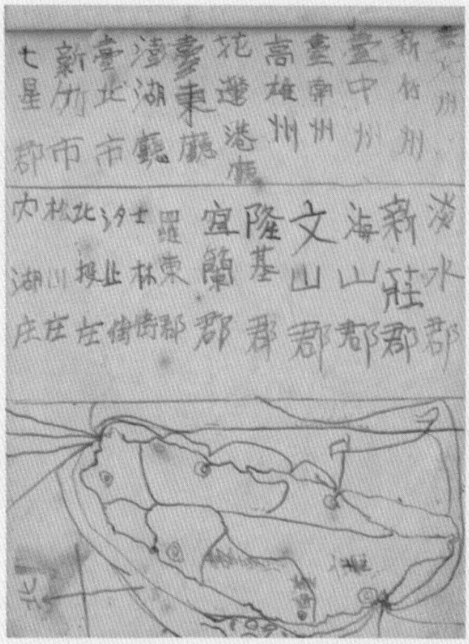

24「雜記帳」裡的手繪臺灣地圖

◊ 臺灣合同鳳梨株式會社成立。

◊ 舉辦「始政四十周年記念臺灣博覽會」。

◊ 臺灣舉辦首次地方選舉。

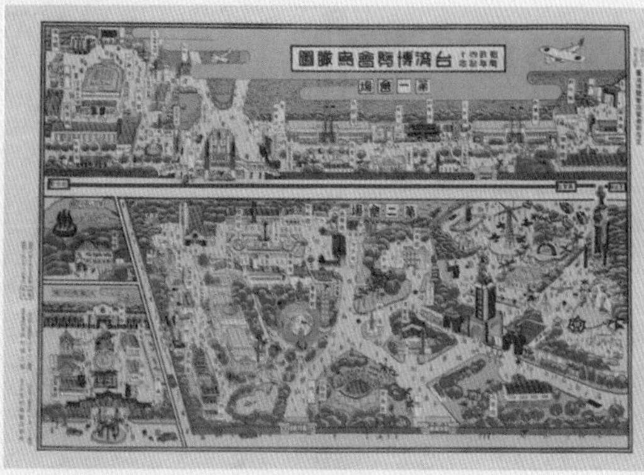

23 始政四十周年記念臺灣博覽會鳥瞰圖

1942 | 1941 | **1937~1938** | 1937 | **1935** | **1933**

1941

日本攻擊美國夏威夷珍珠港，太平洋戰爭爆發。

1942

爲紀念昭和天皇對歐美國家宣戰，日本內閣決議將每個月八日訂定爲「大詔奉戴日」。

1937

◊ 盧溝橋事件爆發，中日戰爭開始。

◊ 新高山阿里山國立公園成立。

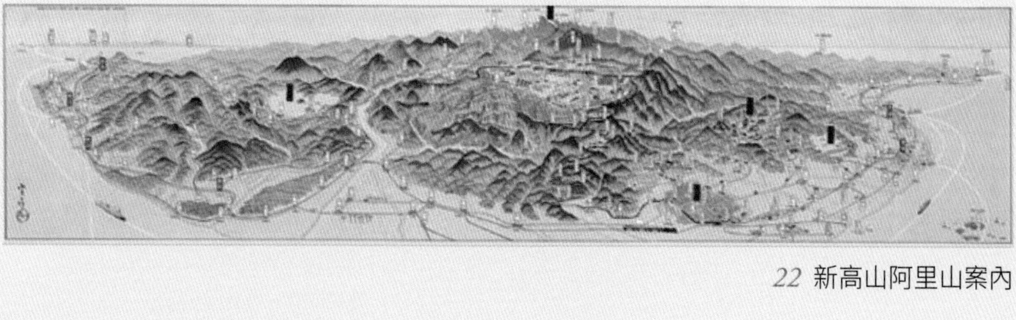

22 新高山阿里山案內

25 米英擊滅大東亞建設大觀宣傳海報

1951 1950 1949 1947 1946 **1945~1949** 1945 1944 **1942~1943**

1951

◊ 美國開始對臺灣提供軍事與經濟援助。

◊ 美國在太平洋的恩尼威托克島進行首次氫彈試。

1950

韓戰爆發。

1949

◊ 中國國民黨失去中國大陸政權，卻仍保有海南島、金門、馬祖、以及浙江沿海舟山全島、大陳島。

◊ 五月二十日零時起，臺灣省實施戒嚴。

◊ 中華人民共和國成立。

1947

二二八事件爆發。

1946

正式廢除臺灣總督府官制。

1945

臺灣地區受降典禮，國民政府接收臺灣。

1944

美國陸軍製圖部完成臺灣地形圖。

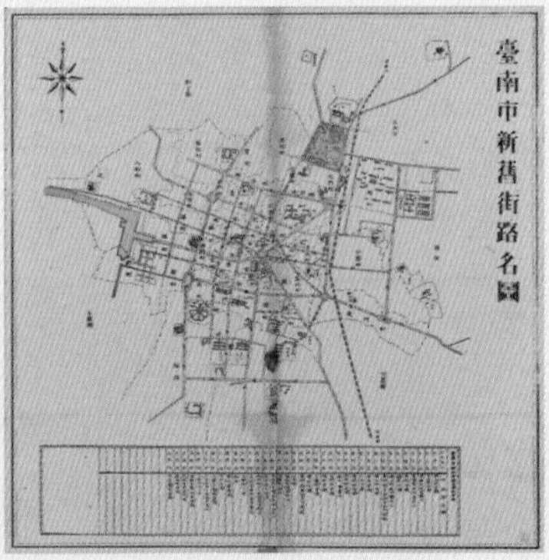

26 臺南市新舊街路名圖

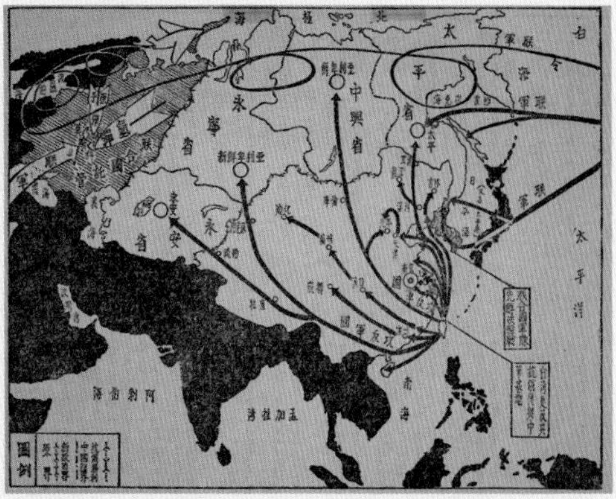

27 反共抗俄勝利中國疆域形勢圖

1952 日本與同盟國成員簽訂《舊金山和約》。

1953

1954
◊ 中華人民共和國對金門展開砲戰，第一次臺海危機。
◊ 中華民國政府與美國簽訂《中美共同防禦條約》。

1955 大陳島軍民撤遷臺灣。

1956 中國農村復興聯合委員會完成〈臺灣土地利用與森林資源圖〉。

1966 高雄加工出口區成立。

1971 中華民國退出聯合國。

1979 美麗島事件爆發。

1987 開放兩岸探親，由中華民國紅十字會受理民眾登記。

1988 解除報禁。

29 美麗富饒的臺灣省

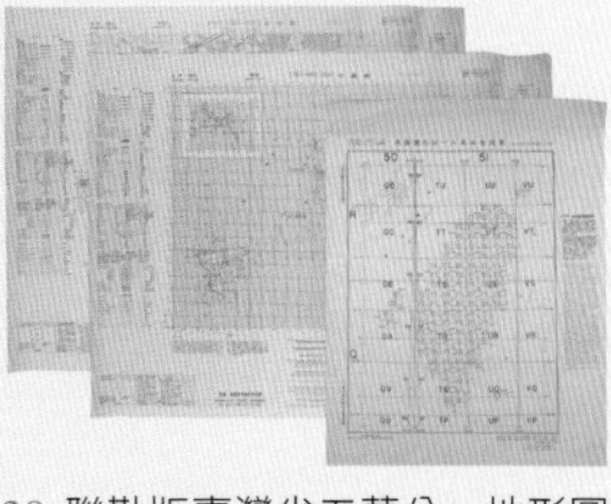

28 聯勤版臺灣省五萬分一地形圖

2014

爲抗議《海峽兩岸服務貿易協議》未審查卽存查，三月十八日晚間學生占據立法院議場。此場因「反服貿」而起的抗爭行動，占領立法院二四天，於四月十日撤出立法院，被稱作太陽花學運、三一八公民運動等等。

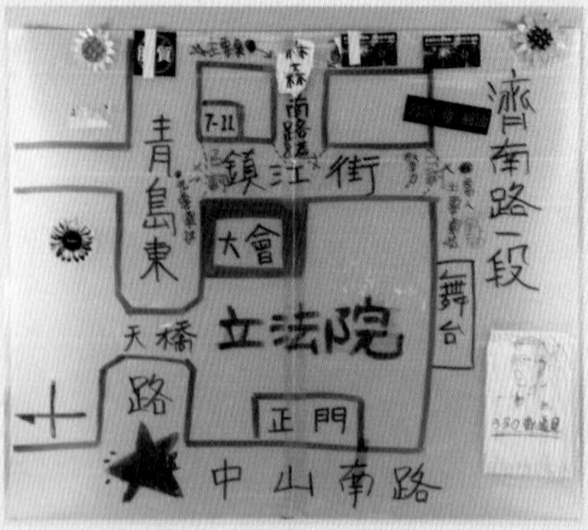

30 三一八公民運動的手繪立法院周邊地圖

2007

中正紀念堂改名爲「國立臺灣民主紀念館」，並卸下「中正紀念堂」匾額，以及將大門牌樓的「大中至正」改爲「自由廣場」。2008年中國國民黨再次執政後，又重新復名爲「中正紀念堂」，惟大門牌樓仍維持「自由廣場」字樣。

2000

中華民國第十屆總統選舉，由民主進步黨陳水扁、呂秀蓮當選，爲第一次政黨輪替。

1996

中華民國第九屆總統選舉，爲第一次總統、副總統的公民直選，由中國國民黨提名的李登輝、連戰當選。

1991

總統令公告廢止《動員戡亂時期臨時條款》。

1990

學生至前往中正紀念堂靜坐抗議，正式掀起野百合三月學運的序幕。

1989

《自由時代》雜誌負責人鄭南榕於雜誌社辦公室自焚。

作者簡介

蘇峯楠

國立臺灣歷史博物館研究組研究助理。國立政治大學臺灣史研究所博士，研究專注臺灣史、地圖史、歷史地理、圖像研究、物質文化。有《紫線番界：臺灣田園分別墾禁圖說解讀》、《地輿縱覽：法國國家圖書館所藏中文古地圖》等地圖史料解讀整理成果。

石文誠

國立臺灣歷史博物館副研究員兼數位創新中心主任。國立成功大學歷史學系博士。博物館的工作目的是要跟眾人的生活產生更多的關連與影響力，我們的地圖館藏與與書寫，能產生怎樣的效益與影響力？而不只是把故事說完寫完。這是「博物館歷史學」所需思考與面對的。

張安理

國立臺灣歷史博物館研究組專案助理。國立臺灣師範大學歷史所碩士，研究關注帝國、國際關係及博物學知識所交織的十九世紀世界，且持續好奇科學發展過程，學術理論與田野實務之間如何取得最佳平衡。

鄭勤思

國立臺灣歷史博物館典藏近用組研究助理。藝術史、古物維護背景出身，負責修護、保存與科學分析工作，曾在德國日耳曼國家博物館的書籍、圖像與檔案部門擔任實習生，以科學理性解析文物和博物館學，是工作最大的樂趣。

陳怡宏

國立臺灣歷史博物館副研究員兼典藏近用組組長。國立臺灣大學歷史學系博士，研究關注日治時期臺灣史，近期專注乙未之役非文字資料解析議題。有〈戰爭的再現：一八九五年乙未之役駐守臺南時期劉永福抗日形象〉、〈近現代臺南鄉土研究的成立與變遷（一九三〇－一九六〇年代）〉等著作。

李文媛

國立臺灣歷史博物館研究組研究助理。

莊梓忻

國立臺灣歷史博物館研究組專案助理。喜歡品嚐各地美食，透過食物認識一地發展脈絡與文化特色，研究關注日常生活、討論飲食文化，記憶與認同之關聯。

莊竣雅

國立臺灣歷史博物館數位創新中心專案助理。喜歡以步行方式探索不同城市空間。

謝燕蓉

國立臺灣歷史博物館數位創新中心研究助理。在博物館工作中關注臺灣歷史，博物館學開展議題，持續在博物館場域中學習與服務。

曾婉琳

國立臺灣歷史博物館數位創新中心研究助理。關注臺灣戰後有爭議、困難的歷史，策劃過「二二八・七〇：我們的二二八特展」、「挑戰者們：解嚴三十週年特展」、「迫力・破力：臺灣戰後社會運動特展」等特展。目前在臺史博推動當代蒐藏工作。

曾明德

曾任國立臺灣歷史博物館研究組專案助理。國立臺灣大學歷史所碩士。出生於彰化，喜歡音樂與閱讀。因為祖先世居於恆春滿州鄉里德村，而決定以恆春的歷史為碩論主題，開啟了一趟自我追尋的旅程。

看得見的臺灣史・空間篇 30幅地圖裡的真實與想像

策　　劃　國立臺灣歷史博物館
主　　編　蘇峯楠
作　　者　蘇峯楠、石文誠、張安理、鄭勤思、陳怡宏、李文媛、
　　　　　莊梓忻、莊竣雅、謝燕蓉、曾婉琳、曾明德

策劃發行　國立臺灣歷史博物館
發 行 人　張隆志
工作團隊　蘇峯楠、李文媛、陳涵郁
行政統籌　陳靜寬、陳怡宏、石文誠
校　　對　蘇峯楠、陳涵郁、李文媛、鄭勤思
科學檢測　鄭勤思、王少君
藏品數位化　杜偉誌、呂錦瀚、耀點設計有限公司

編印發行　聯經出版事業股份有限公司
特約編輯　林月先
校　　對　謝達文
內頁排版　ivy_design
封面設計　ivy_design

副總編輯　陳逸華
總 編 輯　涂豐恩
總 經 理　陳芝宇
社　　長　羅國俊
發 行 人　林載爵

二〇二二年五月初版・二〇二三年九月初版第四刷
共同出版　國立臺灣歷史博物館、聯經出版事業股份有限公司

國立臺灣歷史博物館
地　　址　709025 臺南市安南區長和路一段 250 號
電　　話　06-356-8889
傳　　真　06-356-4981
網　　址　https://www.nmth.gov.tw

聯經出版事業股份有限公司
地　　址　新北市汐止區大同路一段 369 號 1 樓
電　　話　02-8692-5588
傳　　真　02-8692-5863
網　　址　https://www.linkingbooks.com.tw
電子信箱　linking@udngroup.com
行政院新聞局出版事業登記證局版臺業字第 0130 號

Printed in Taiwan
文聯彩色製版印刷有限公司印製
本書如有缺頁、破損、倒裝請寄回臺北聯經書房更換

定價：四九〇元

ISBN 978-986-532-591-6
GPN 1011100626

國家圖書館出版品預行編目資料

看得見的臺灣史・空間篇：30幅地圖裡的真實與想像/
國立臺灣歷史博物館策劃．蘇峯楠主編．蘇峯楠、石文誠、張安理、鄭勤思、
陳怡宏、李文媛、莊梓忻、莊竣雅、謝燕蓉、曾婉琳、曾明德著．初版．
台南市：國立臺灣歷史博物館；新北市：聯經．2022年5月．296面．17×23公分
ISBN 978-986-532-591-6（平裝）
[2023年9月初版第四刷]

1.CST：臺灣史

733.21 111007090